Jess Coppom

CORNER-TO-CORNER HÄKELN

C2C – Der ultimative Grundkurs für Einsteiger

CV

Inhalt

VORWORT 4

UTENSILIEN UND MATERIAL 6

So geht C2C-Häkeln 8

C2C-GRUNDLAGEN 10

ZUNEHMEN 12

ABNEHMEN 14

FARBWECHSEL 16

GARN-MANAGEMENT 18

Projekte 22

WOLKENKRATZER-BABYDECKE 24

DEZENTE PFEILDECKE 30

ZICKZACK-BEANIE 36

WELTENBUMMLER-BABYDECKE 40

SPIEGELBILD-DECKE 46

EISBLUMEN-DECKE 52

SKIHÜTTEN-KISSEN 56

FAHRRAD-KISSEN 62

GOBELIN-KISSEN 68

HERZENSSACHE-WASCHLAPPEN 74

PLUS-TEPPICH 78

KUSCHELIGER OVERSIZE-SCHLAUCHSCHAL 82

PINSELSTRICH-SCHAL 86

HIMMELWEIT-PONCHO 92

FARBVERLAUF-DECKENPONCHO 106

Techniken 114

GRUNDLAGEN BEIM HÄKELN 116

ALLGEMEINE TECHNIKEN 118

NÜTZLICHE ADRESSEN 126

DANKSAGUNG 126

ÜBER DIE AUTORIN 126

REGISTER 127

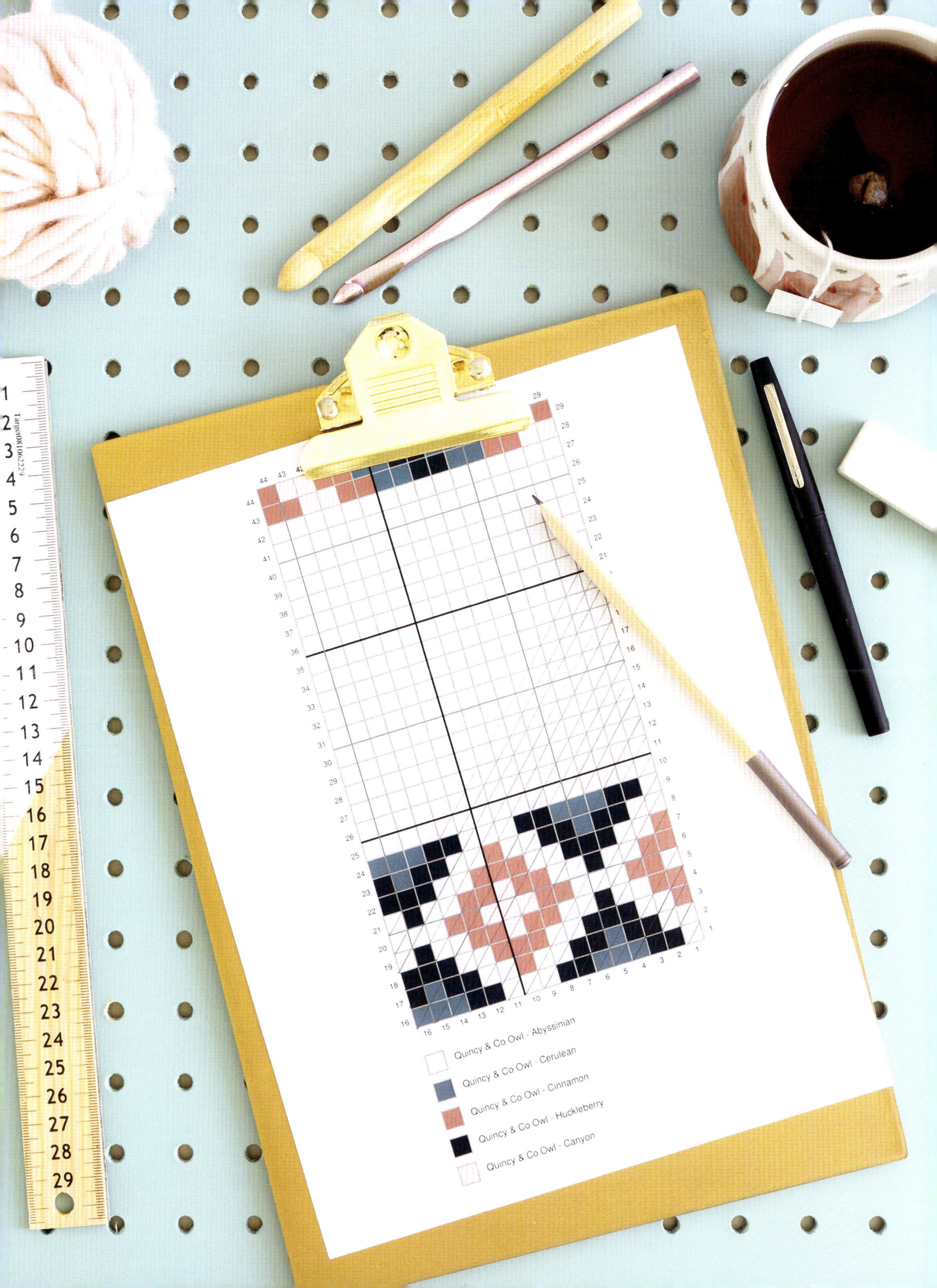
Quincy & Co Owl - Abyssinian
Quincy & Co Owl - Cerulean
Quincy & Co Owl - Cinnamon
Quincy & Co Owl - Huckleberry
Quincy & Co Owl - Canyon

Vorwort

Als ich acht Jahre alt war, kam meine Mutter in meine Schule, um uns die Grundlagen des Häkelns beizubringen. Die meisten meiner Freundinnen verloren nach den ersten Reihen das Interesse. Mich aber hatte es gepackt, und ich häkelte riesige Decken aus festen Maschen im günstigsten Garn, das ich finden konnte. Wenn ich nicht gerade häkelte oder Garn entwirrte, malte ich und versuchte mich im Zeichenstil meiner liebsten Comiczeichner.

Vor ein paar Jahren sah ich eine Corner-to-Corner-Häkeldecke von Sarah Zimmerman von RepeatCrafterMe.com. Die grafischen Weihnachtsmotive in der Decke faszinierten mich, und in meinem Gehirn begann es sofort zu rumoren. Bilder in Garn – das geht? Sehr schnell sah ich die unendlichen Möglichkeiten für Malen nach Zahlen mit Garn. Ich begann, meine eigenen C2C-Pixeldiagramme zu malen und auf meinem Blog, MakeAndDoCrew.com zu zeigen. Es war spannend zu sehen, dass diese magische Technik meinen Leser*innen ebenfalls viel Spaß machte.

Es gibt zahllose kreative Möglichkeiten beim Gestalten mit C2C. Ich übertrage jedoch am liebsten die visuelle Sprache, Muster und Symbole moderner Kultur in Häkelprojekte. Teppiche, Fliesen, geflochtene Körbe, Kreuzstich und Kleidung – all dies kann den Ausgangspunkt für ein wunderbares C2C-Design bilden. Wenn du erst einmal die Grundlagen des C2C erlernt hast, siehst du vielleicht auch die ganze Welt in Pixeln!

Falls du Einsteiger*in beim C2C-Häkeln bist, findest du in diesem Buch leichte Muster, die mit einfachen Techniken große Wirkung erzielen. Die grundlegende diagonale C2C-Blockmasche geht recht schnell. Wie du beim kuscheligen Oversize-Schlauchschal und bei der Eisblumen-Decke sehen wirst, erzeugen schon ein paar einfache C2C-Häkelmaschen mit ganz wenigen Farbwechseln und ohne schwierige Zählmuster eine interessante Wirkung und Struktur.

Und wenn du schon ein alter Hase beim C2C bist, hoffe ich, dass dieses Buch dich dazu inspiriert, diese Technik auf neue Weise einzusetzen. Ich bin gespannt, wie du diese Anleitungen verwendest, um deine eigenen kreativen Ideen zu verwirklichen. Vielleicht holst du sogar das Karopapier (oder deinen Laptop) vor und entwirfst deine eigenen C2C-Diagramme. Ich würde mich riesig freuen, wenn du deine Projekte unter dem Hashtag **#c2ccrochetcrew** mit der Make & Do Crew-Gemeinschaft teilst.

Viel Spaß beim Häkeln!

Jess

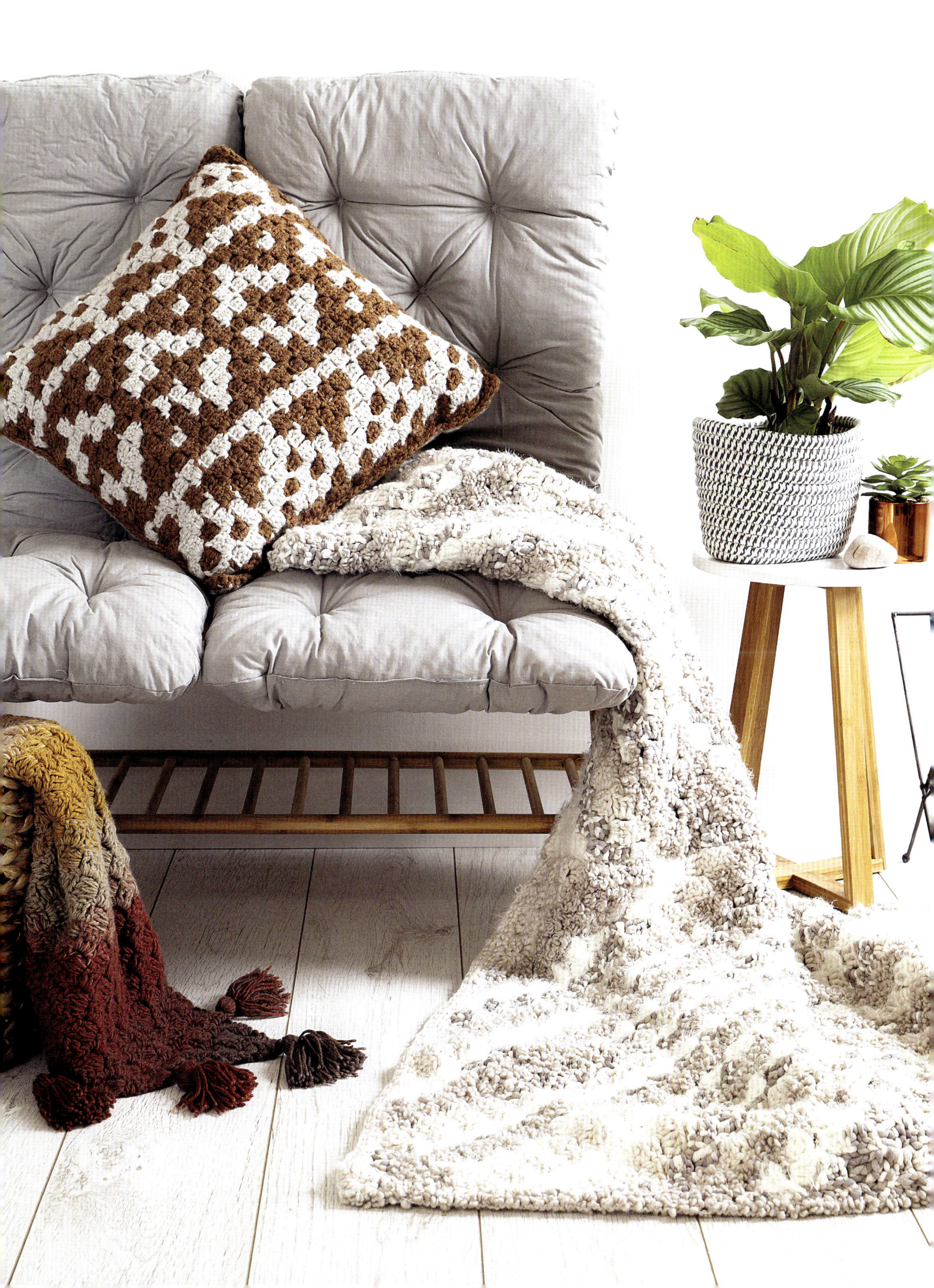

Utensilien und Material

Beim C2C-Häkeln benötigst du dieselben Utensilien wie auch sonst beim Häkeln. Mit ein paar zusätzlichen Dingen macht die Technik allerdings gleich noch mehr Spaß.

Lineal
Ein Lineal ist praktisch, um jede Reihe im Diagramm durchzustreichen, nachdem du sie fertiggestellt hast. Außerdem solltest du vor Projektbeginn eine Häkelprobe machen und messen.

Klemmbrett
Wenn du beim Häkeln auf dem Sofa dein Diagramm in ein Klemmbrett klemmst, ist es wesentlich einfacher, die Reihen nacheinander durchzustreichen. Und je weniger du nach deinem Stift suchst, desto mehr Zeit hast du zum Häkeln!

Schere
Halte eine kleine Schere für Farbwechsel und zum Abschneiden der Fäden bereit.

Wollnadel
Zum Vernähen der Fadenenden solltest du eine Wollnadel zur Hand haben. Bei dichteren, stoffartigen Garnen ist es eventuell nützlich, eine spitzere Polsternadel oder eine kleine Häkelnadel bereitzuhalten.

Spulen
Wenn du mit einem Diagramm mit mehreren Farbwechseln arbeitest, kannst du kleine Garnmengen zu Knäueln wickeln und mit Wäscheklammern, Federklammern oder Ähnlichem an das Projekt oder an einen Gegenstand in der Nähe klammern.

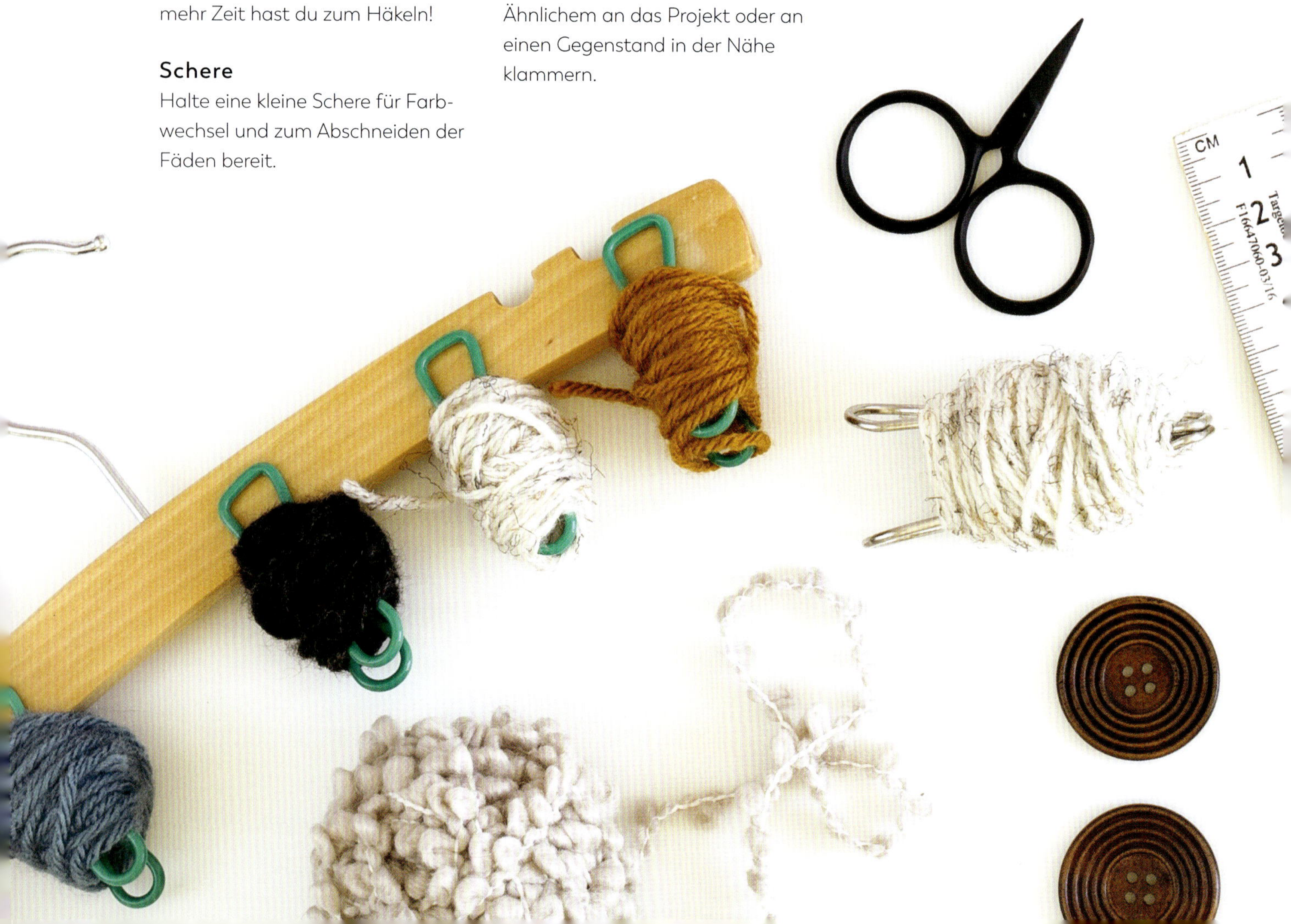

Spulen-Management

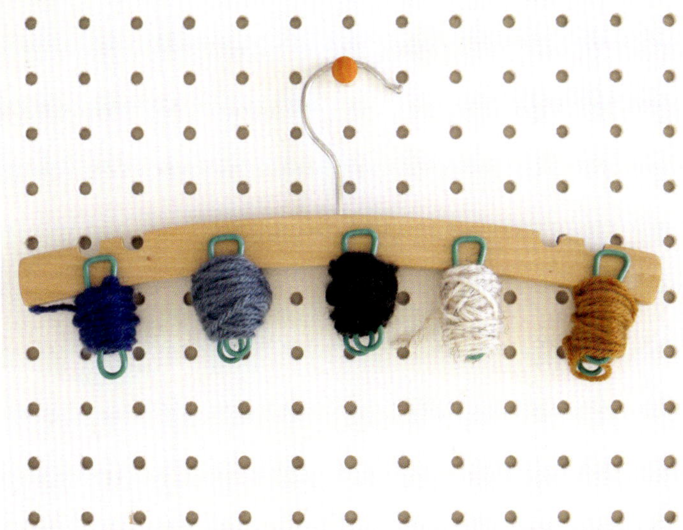

Wir sprechen später noch weiter über Spulen (siehe »Garn-Management: Tipps zum Zähmen des Garns«). Erst mal solltest du einfach wissen, dass du deine eigene Methode zum Ordnen deiner Spulen oder Knäuel bei Farbwechseln entwickeln wirst. Wäschekörbe mit Löchern, ein Schuhkarton mit Löchern im Deckel oder ein Ständer zum Trocknen von Flaschen sind alles günstige Haushaltslösungen.

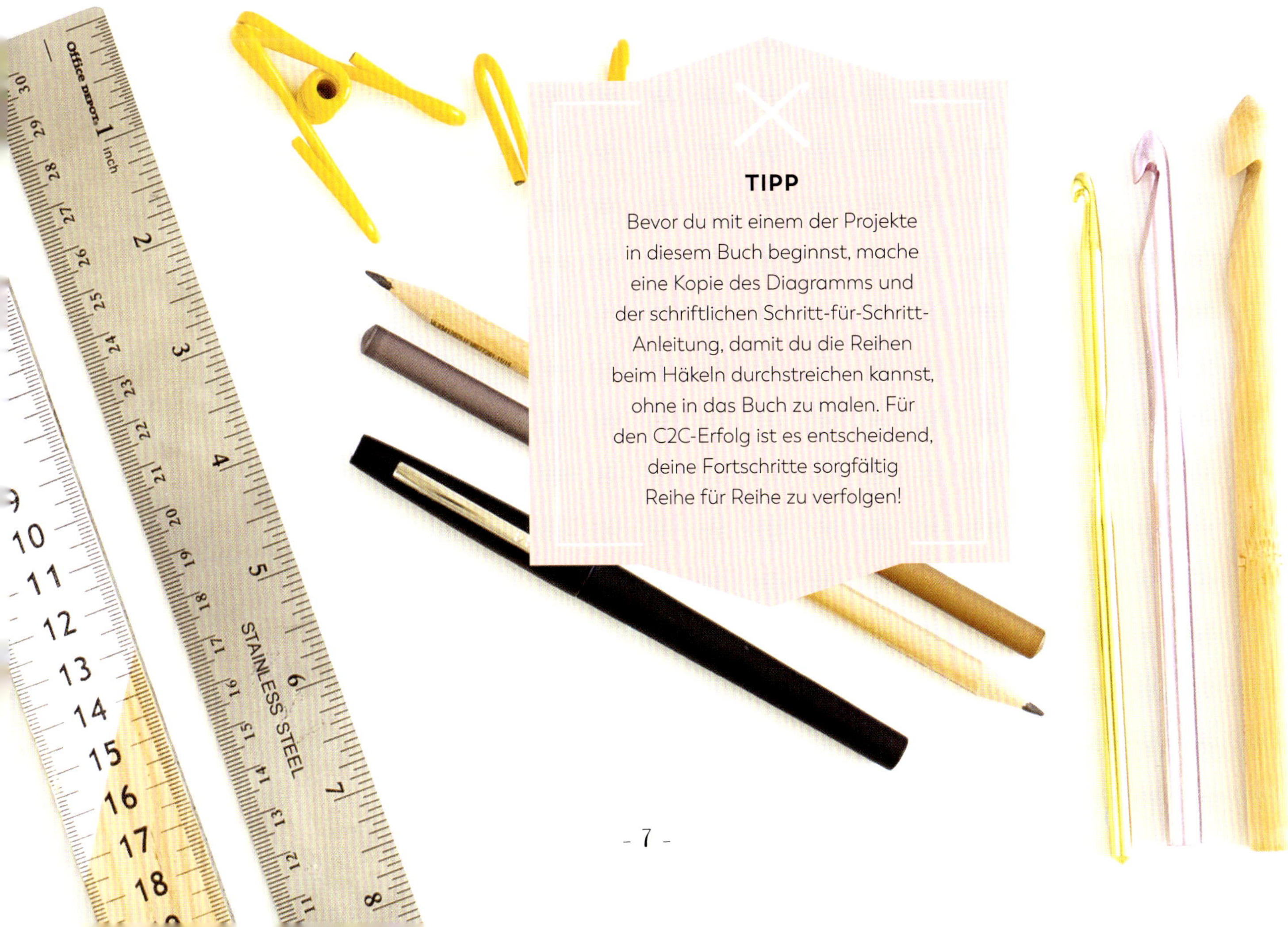

TIPP

Bevor du mit einem der Projekte in diesem Buch beginnst, mache eine Kopie des Diagramms und der schriftlichen Schritt-für-Schritt-Anleitung, damit du die Reihen beim Häkeln durchstreichen kannst, ohne in das Buch zu malen. Für den C2C-Erfolg ist es entscheidend, deine Fortschritte sorgfältig Reihe für Reihe zu verfolgen!

So geht C2C-Häkeln

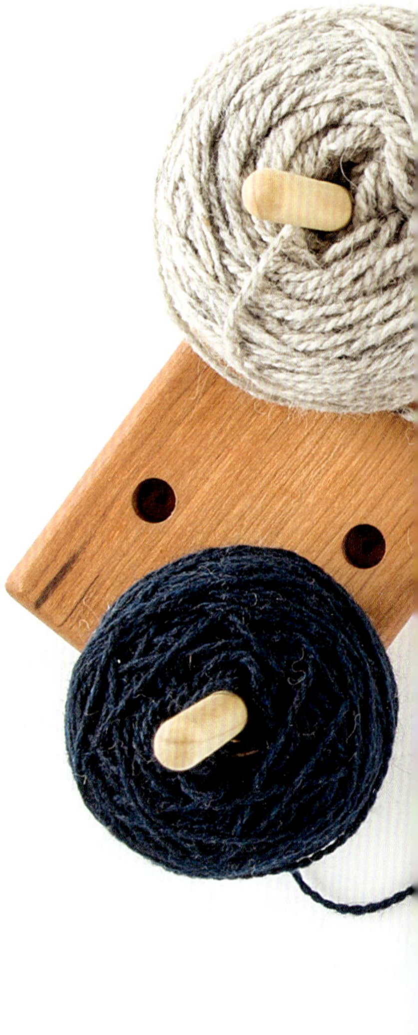

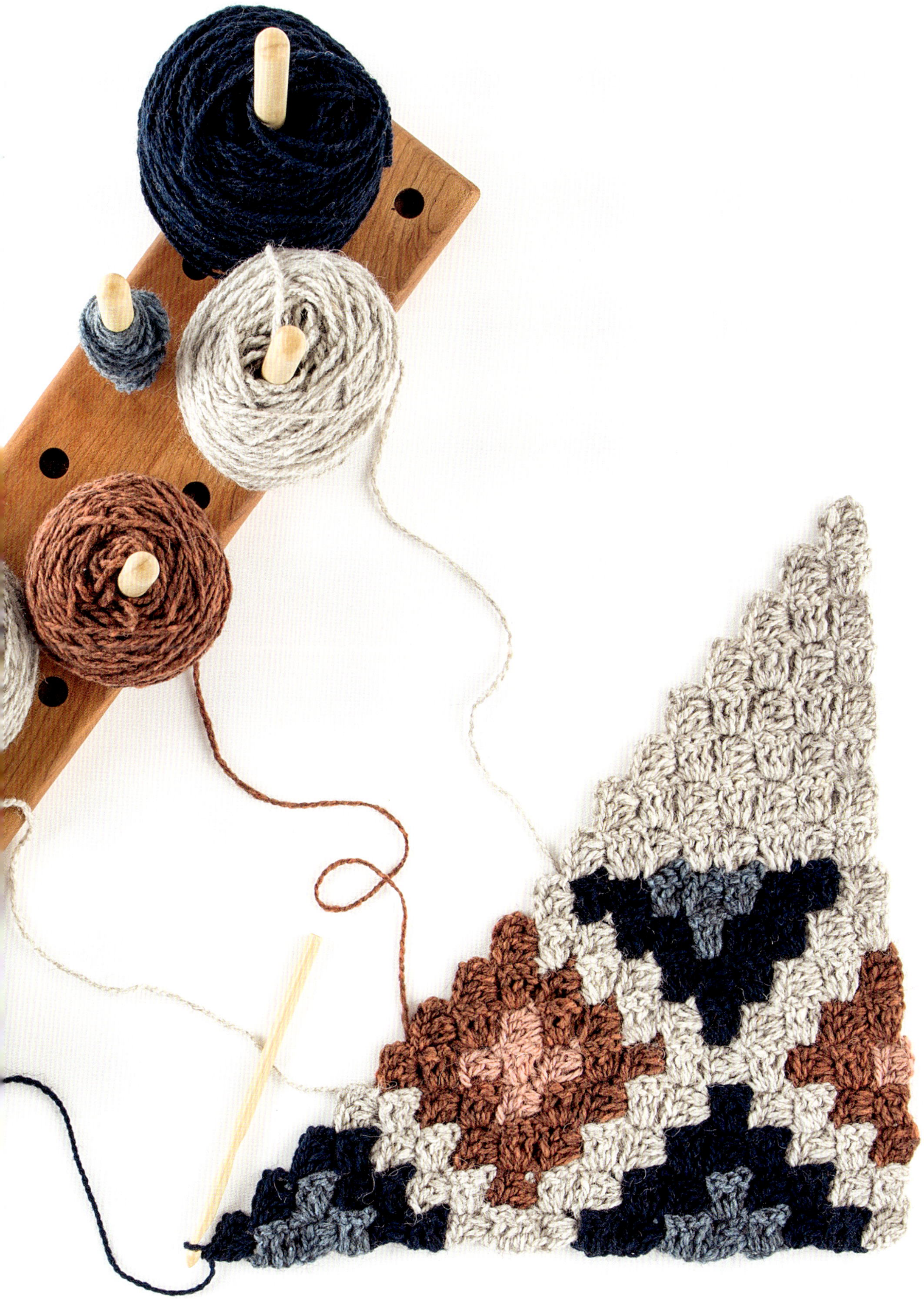

C2C-Grundlagen

Bei der Corner-to-Corner-Häkeltechnik (oft als C2C abgekürzt) sagt der Name schon alles: Es wird diagonal von einer Ecke eines Quadrats oder Rechtecks zur anderen gearbeitet. Beim C2C kommt eine sogenannte »diagonale Blockmasche« zum Einsatz, die mit Stäbchen oder halben Stäbchen gehäkelt wird. Mit Stäbchen sind die Projekte schneller fertig, aber mit halben Stäbchen sind detailliertere »Bilder« möglich, da die Quadrate kleiner sind. Für die Projekte in diesem Buch ist die jeweilige Maschenart angegeben.

SO LIEST DU EINE C2C-ANLEITUNG

C2C-Anleitungen bestehen in der Regel aus einer Kombination aus einem Diagramm und einer schriftlichen Anleitung. Jedes Pixel im Diagramm steht für ein C2C-Quadrat. Die Quadrate werden in der Regel jeweils mit 3 Stäbchen oder halben Stäbchen gehäkelt. C2C-Decken mit Bilddesigns werden oft als »Graphghans« bezeichnet, also grafische Afghan-Decken.

Die Anleitungen in diesem Buch enthalten ein Diagramm sowie eine Musterbeschreibung der Reihen. Vielleicht ist es für dich einfacher, hauptsächlich nach der Musterbeschreibung zu arbeiten. Ich empfehle jedoch, deinen Fortschritt alle paar Reihen mit dem Diagramm abzugleichen, damit du Fehler gegebenenfalls schnell findest. (Ich spreche aus Erfahrung!)

Jedes Projekt beginnt im Diagramm in der Ecke unten rechts, auch für Linkshänder*innen. Pro Reihe nimmst du ein Quadrat zu (siehe »Zunehmen«), bis die längste(n) Reihe(n) des Musters fertiggestellt sind. An diesem Punkt beginnst du, ein Quadrat pro Reihe abzunehmen, bis du das letzte Quadrat oben links im Diagramm erreichst (siehe »Abnehmen«).

Die Anleitungen enthalten viele nützliche Informationen:

Garnart und Lauflänge: Die Menge ist großzügig berechnet, sodass du mehrere Arbeitsspulen in jeder Farbe verwenden kannst.

Maschenart: Sie beschreibt, ob Stäbchen oder halbe Stäbchen für die Maschen verwendet werden sollen.

Farblegende: Stellt die Verbindung zwischen den visuellen Informationen im Diagramm und der Beschreibung her. Aus Einfachheitsgründen tragen die Farben in der Beschreibung die Farbbezeichnung der Garnmarke. Du kannst die Farbauswahl bei jedem Projekt natürlich ganz nach deinem Stil abändern.

Richtungspfeile: Diese Pfeile in der Beschreibung können nützlich sein, um deine Fortschritte im Diagramm zu verfolgen und zu erkennen, wann du am Anfang einer Reihe zu- bzw. abnehmen musst.

Musterbeschreibungen Reihe für Reihe: Wie viele Quadrate von jeder Farbe gehäkelt werden.

Schwierigkeitsgrad: Damit du weißt, worauf du dich einlässt.

Farbnamen: Werden in der Musterbeschreibung kürzere Farbbezeichnungen verwendet als die der Garnmarke, sind diese in der Materialangabe hinter dem jeweiligen Garn vermerkt.

Einfach: Ohne Farbwechsel und Zählen	
Mittelschwer: Begrenzte Anzahl von Farbwechseln und Spulen/Knäueln	
Fortgeschritten: Mehr Zählen und mehrere Spulen/Knäuel auf einmal	

Ein Diagramm lesen

ANLEITUNGSBEISPIEL

◀ **Reihe 1 (RS):** 1x Coral

▶ **Reihe 2 (LS):** 2x Coral

◀ **Reihe 3:** 3x Coral

▶ **Reihe 4:** 1x Coral, 2x Grey, 1x Coral

◀ **Reihe 5:** 2x Coral, 1x Grey, 2x Coral

ECKE *(zu Beginn jeder Reihe abnehmen)*

▶ **Reihe 6 (LS):** 1x Coral, 2x Grey, 1x Coral

◀ **Reihe 7 (RS):** 3x Coral

▶ **Reihe 8:** 2x Coral

◀ **Reihe 9:** 1x Coral

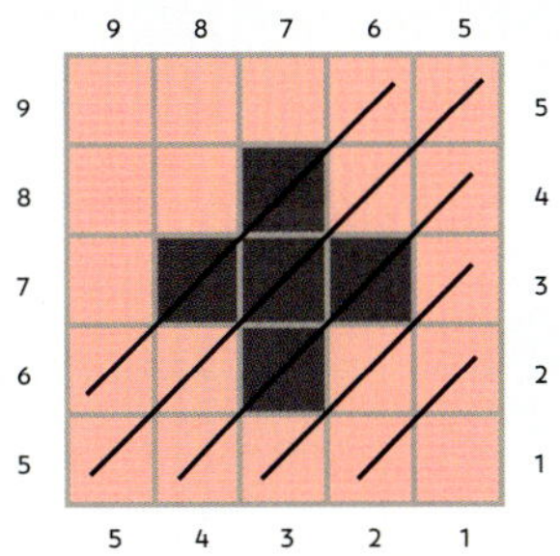

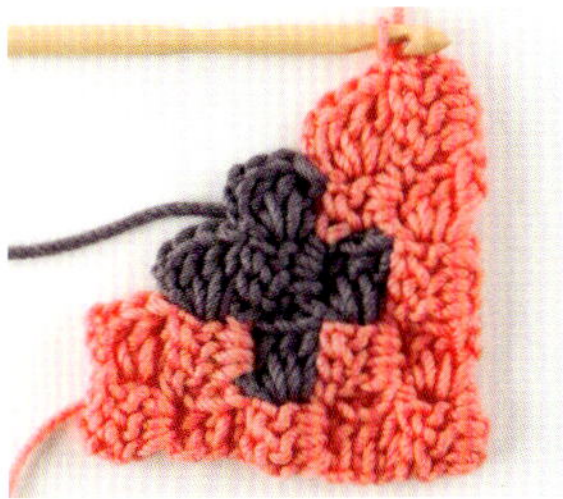

DEINE EIGENEN DIAGRAMME ENTWERFEN

Du willst dein eigenes Design entwickeln? Klasse! Hier sind ein paar Tipps, bevor du loslegst.

1. Überlege dir ein Konzept. Diagramme für Bügelperlen, Kreuzstich und moderne Textilien sind alles tolle Inspirationsquellen für C2C-Projekte.

2. Lege die Größe fest. Um zu ermitteln, wie viele Quadrate dein Projekt in Länge und Breite enthalten soll, um die gewünschte Größe zu erreichen, solltest du zunächst eine Maschenprobe machen. Häkele eine kleine Probe, die 6 Quadrate hoch und breit ist. Miss die mittleren 4 Quadrate in beide Richtungen und nimm den Durchschnitt dieser Zahl, um die Länge von 4 Quadraten zu bestimmen. Teile diese Länge durch 4 (das Ergebnis ist die ungefähre Länge eines Quadrats). Teile die gewünschte Gesamtbreite deines Projekts durch die Länge eines Quadrats. Dies ist die ungefähre Anzahl von Quadraten für die Breite deines Projekts. Wiederhole dies, um die Anzahl von Quadraten für die gewünschte Länge des Projekts zu ermitteln.

Beispiel:
Wenn 4 Quadrate 12 cm lang sind und ich eine 120 cm x 180 cm große Decke häkeln möchte:

Die ungefähre Länge eines Quadrats beträgt 3 cm

Gewünschte Breite der Decke = 120 cm geteilt durch 3 cm = 40 Quadrate

Gewünschte Länge der Decke = 180 cm geteilt durch 3 cm = 60 Quadrate

3. Zeichne ein Diagramm. Selbst wenn dein Design nur aus Streifen besteht, lohnt es sich, dein Konzept zunächst aufzuzeichnen. Nimm ein paar Bogen Karopapier oder gehe auf stitchfiddle.com, um dein Diagramm auf Grundlage der eben berechneten Zahl an Quadraten zu entwerfen. Stitchfiddle ist eine fantastische Website, wo du sogar ein Foto hochladen und in ein Diagramm verwandeln, Schritt-für-Schritt-Beschreibungen von deinem Diagramm erhalten und deinen Fortschritt beim Häkeln verfolgen kannst.

Zunehmen

Bei C2C bedeutet »zunehmen« ein Quadrat pro Reihe hinzuzufügen. In der ersten Hälfte eines Projekts wird zu Beginn jeder Reihe zugenommen. Wenn du die längste Reihe im Diagramm fertiggestellt hast, beginnst du, zu Beginn jeder Reihe abzunehmen.

SO NIMMST DU BEI DER C2C-MASCHE MIT STÄBCHEN ZU

Reihe 1:

Schritt 1: 6 Lm

Schritt 2: 1 Stb in die 4. Lm ab der Nadel

Schritt 3: Je 1 Stb in die nächsten 2 Lm, wenden

Reihe 2:

Schritt 4: 6 Lm

Schritt 5: Je 1 Stb in die 4. Lm ab der Nadel und in die nächsten 2 Lm

Schritt 6: Die nächsten 3 Stb überspr, dann 1 Km in die 3 Lm-Kette am Ende des Quadrats

Schritt 7: 3 Lm, möglichst fest arbeiten

Schritt 8: 3 weitere Stb in dieselbe Lm-Kette wie zuvor, wenden. (1 Quadrat ist fertig.)

Reihe 3 und alle weiteren Reihen:

Die Schritte 4 bis 8 zu Beginn jeder Reihe wdh. Mit jeder Reihe steigt die Anzahl der Quadrate, bei allen bereits fertigen Quadraten der Reihe wdh die Schritte 6 bis 8.

1

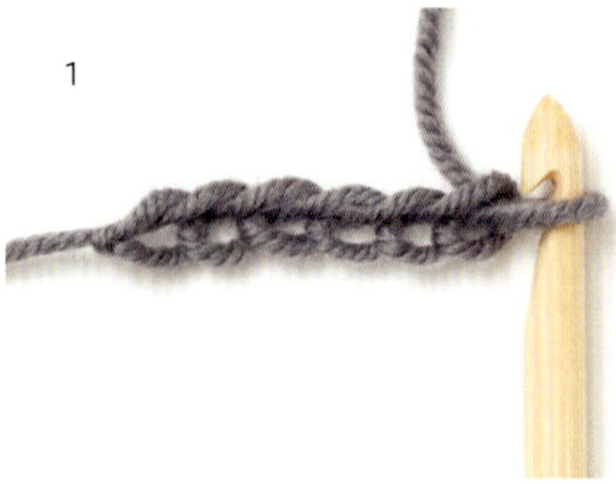

2

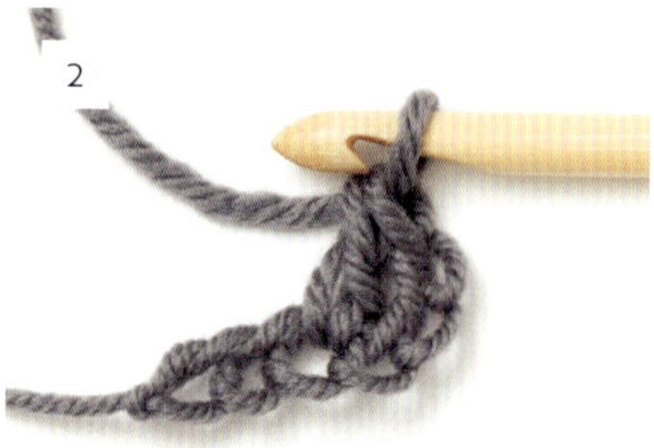

3

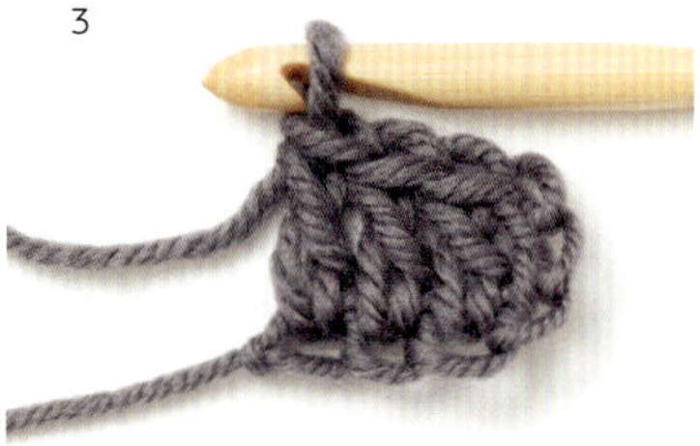

4

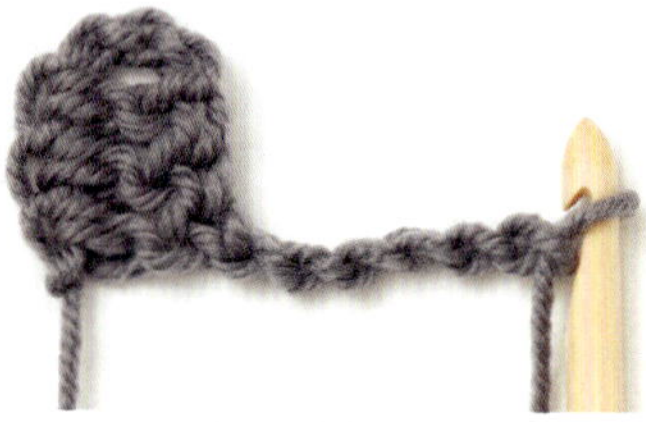

5

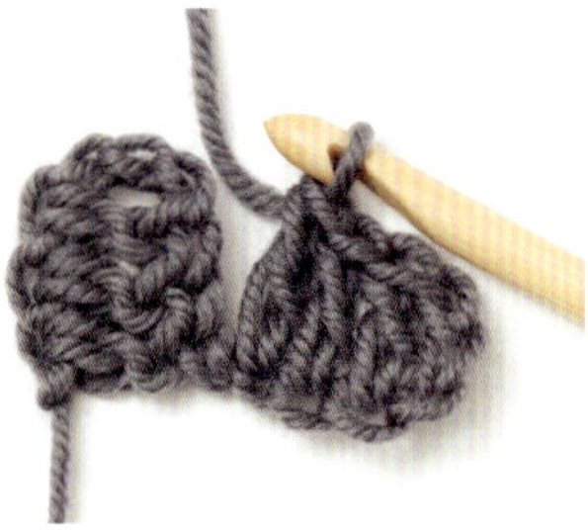

6

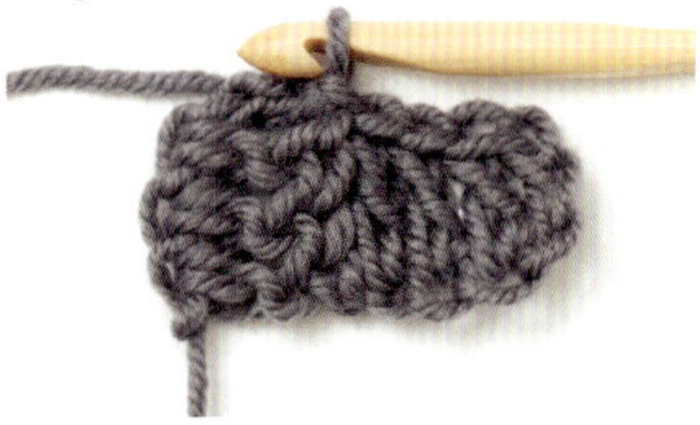

7

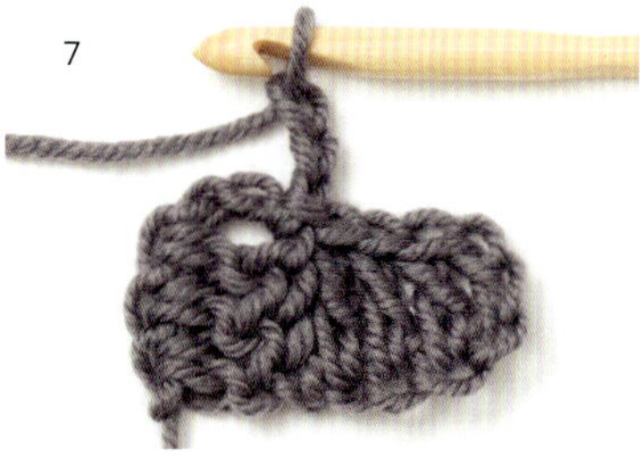

8

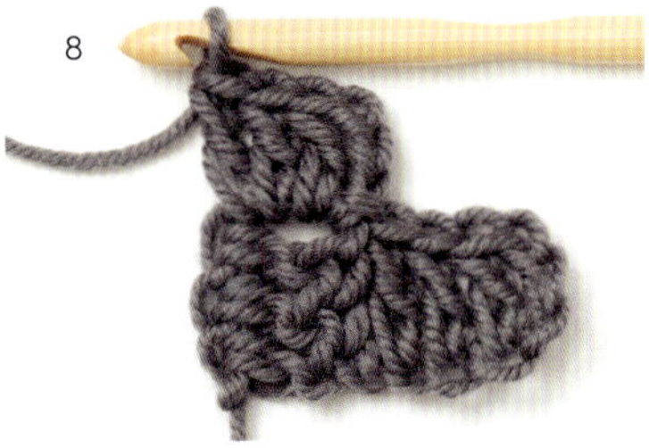

SO NIMMST DU BEI DER C2C-MASCHE MIT HALBEN STÄBCHEN ZU

Reihe 1:

Schritt 1: 5 Lm

Schritt 2: 1 hStb in die 3. Lm ab der Nadel

Schritt 3: Je 1 hStb in die nächsten 2 Lm, wenden

Reihe 2:

Schritt 4: 5 Lm

Schritt 5: Je 1 hStb in die 3. Lm ab der Nadel und die nächsten 2 Lm

Schritt 6: Die nächsten 3 hStb überspr, dann 1 Km in die 2 Lm-Kette am Ende des Quadrats

Schritt 7: 2 Lm, ziemlich fest arbeiten

Schritt 8: 3 hStb in dieselbe 2 Lm-Kette wie zuvor, wenden. (1 Quadrat ist fertig.)

Reihe 3 und alle weiteren Reihen:

Wdh die Schritte 4 bis 8 zu Beginn jeder Reihe. Während in jeder Reihe die Anzahl der Quadrate steigt, wdh die Schritte 6 bis 8 bei allen übrigen Quadraten der Reihe.

Die Schritte 4 bis 8 zu Beginn jeder Reihe wdh. Mit jeder Reihe steigt die Anzahl der Quadrate, bei allen bereits fertigen Quadraten der Reihe wdh die Schritte 6 bis 8.

1

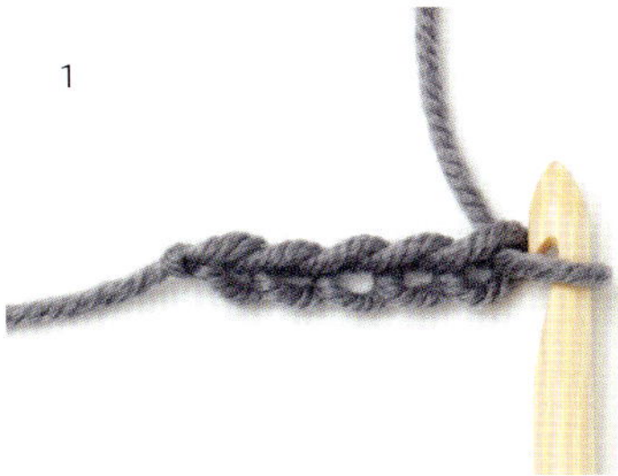

2

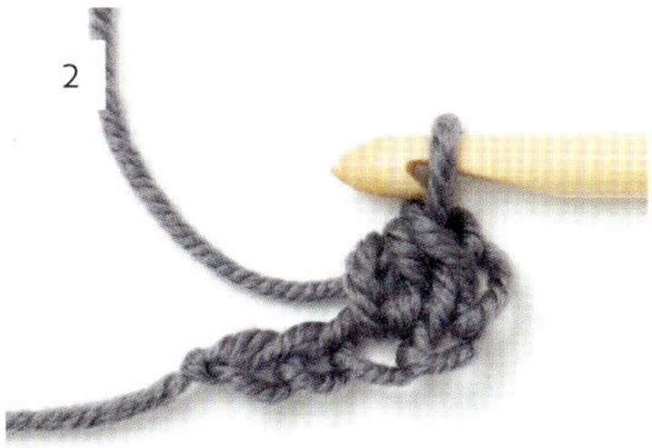

3

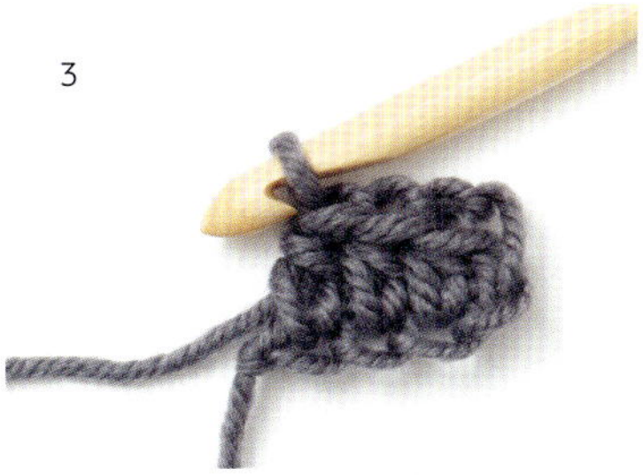

4

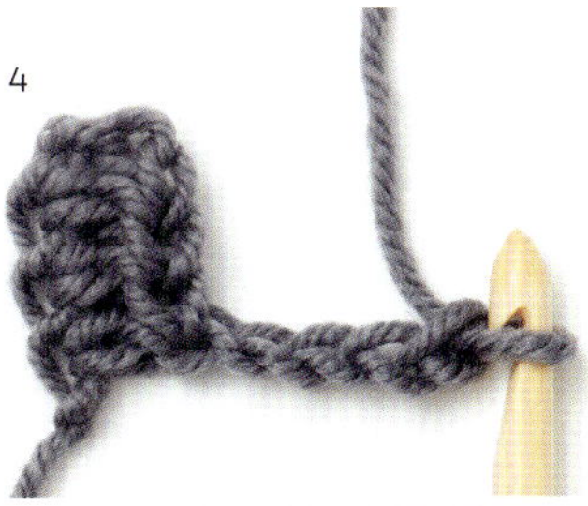

5

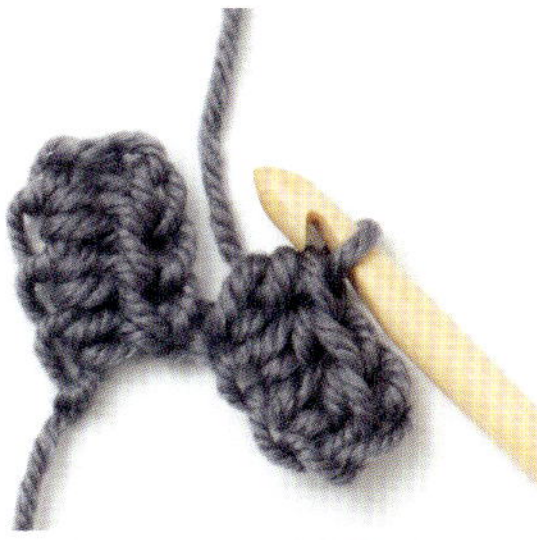

6

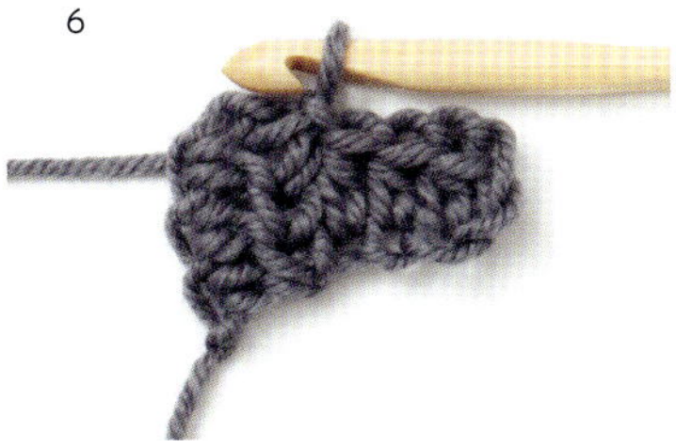

7

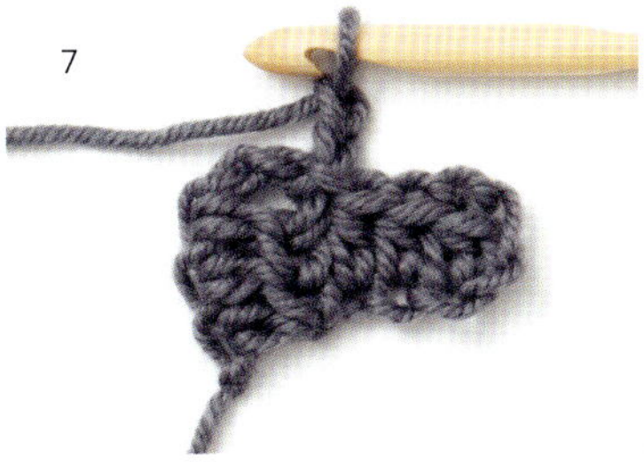

8

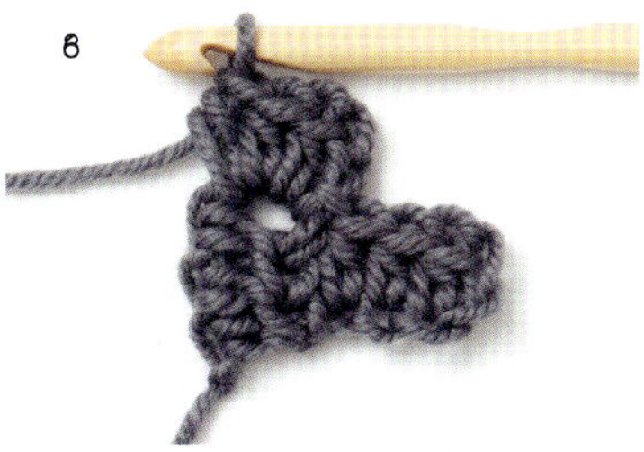

Abnehmen

Der Begriff »Abnehmen« beim C2C kann ein bisschen verwirren, da es einen anderen Effekt als sonst beim Häkeln hat. Beim C2C wird durch Abnehmen aus jeder Reihe ein ganzes Quadrat entfernt, wodurch ein gerader Rand entsteht. Du arbeitest die C2C-Abnahme zu Beginn jeder Reihe, nachdem du die längste Reihe im Diagramm fertiggestellt hast.

SO NIMMST DU BEI DER C2C-MASCHE MIT STÄBCHEN AB

Schritt 1: 1 Lm, je 1 Km in die nächsten 3 Stb

Schritt 2: 1 Km in die 3 Lm-Kette am Ende des Quadrats

Schritt 3: 3 Lm, ziemlich fest arbeiten

Schritt 4: 3 Stb in dieselbe 3 Lm-Kette wie zuvor

Die Schritte 6 bis 8 der Anleitung »So nimmst du bei der C2C-Masche mit Stäbchen zu« bei den übrigen Quadraten der Reihe wdh (siehe »Zunehmen«).

1

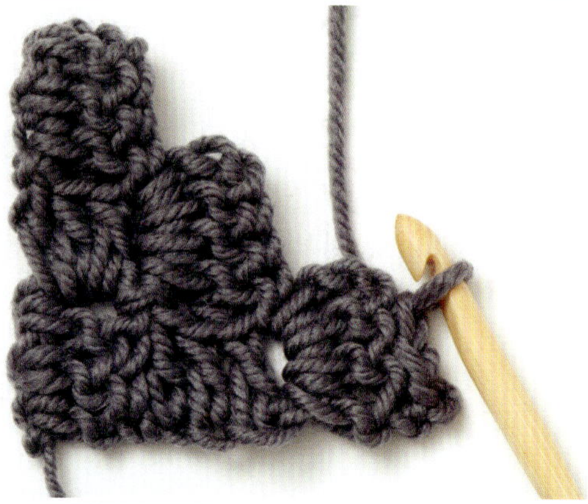

2

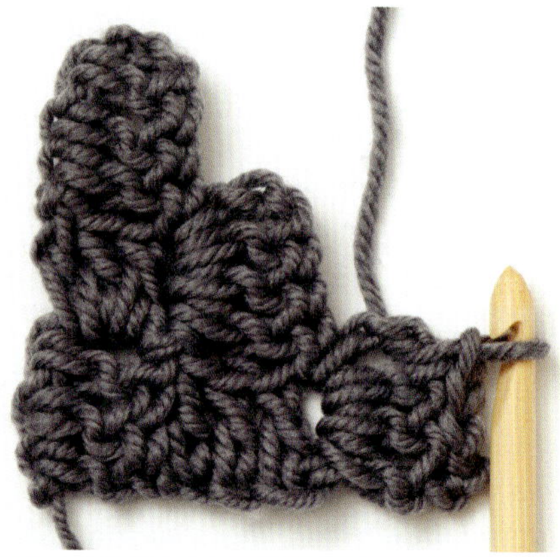

3

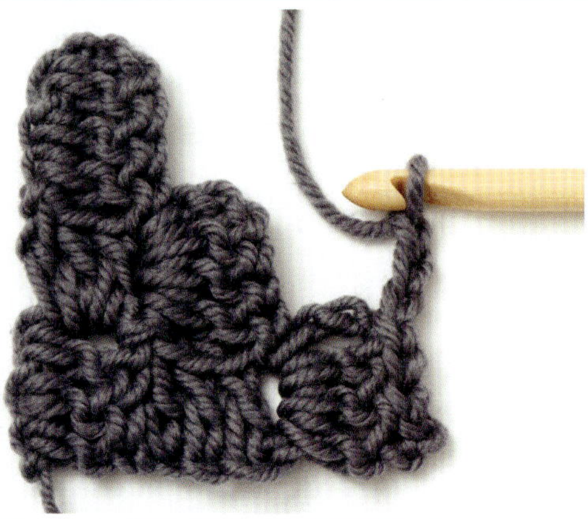

4

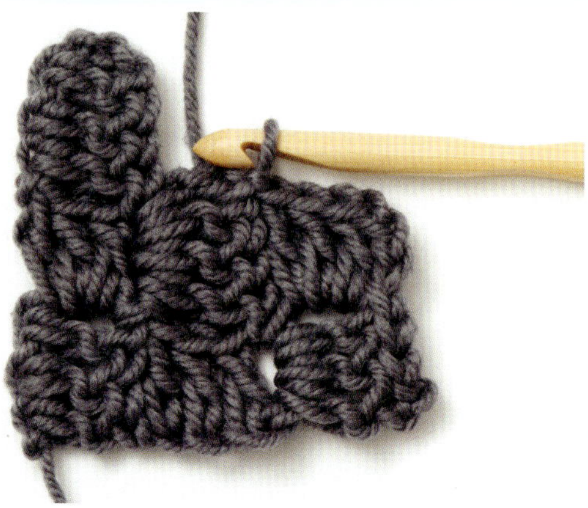

SO NIMMST DU BEI DER C2C-MASCHE MIT HALBEN STÄBCHEN AB

Schritt 1: 1 Lm, je 1 Km in die nächsten 3 hStb

Schritt 2: 1 Km in die 2 Lm-Kette am Ende des Quadrats

Schritt 3: 2 Lm, ziemlich fest arbeiten

Schritt 4: 3 hStb in dieselbe 2 Lm-Kette wie zuvor

Die Schritte 6 bis 8 der Anleitung »So nimmst du bei der C2C-Masche mit halben Stäbchen zu« bei den übrigen Quadraten der Reihe wdh (siehe »Zunehmen«).

1

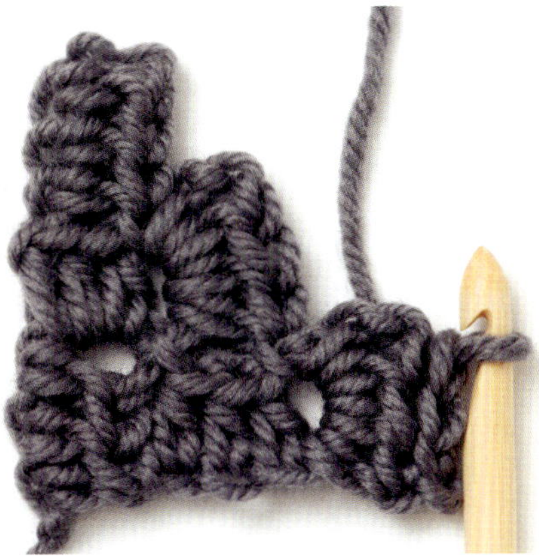

2

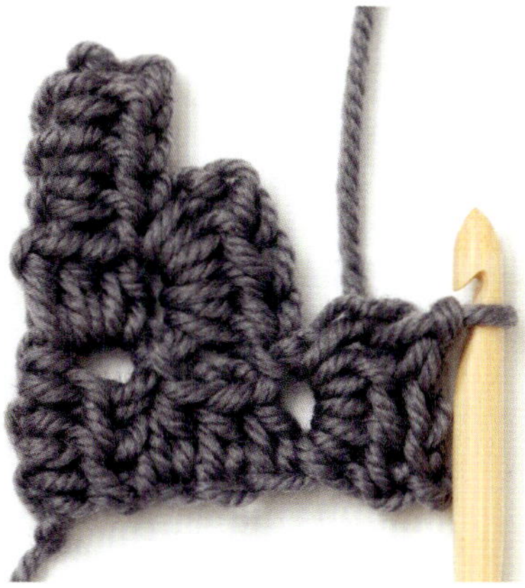

3

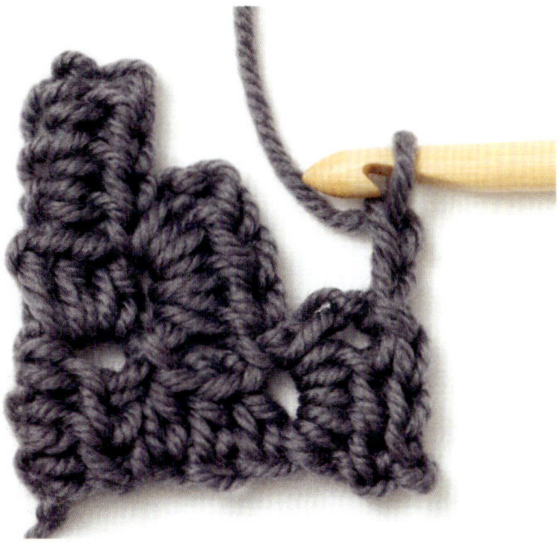

4

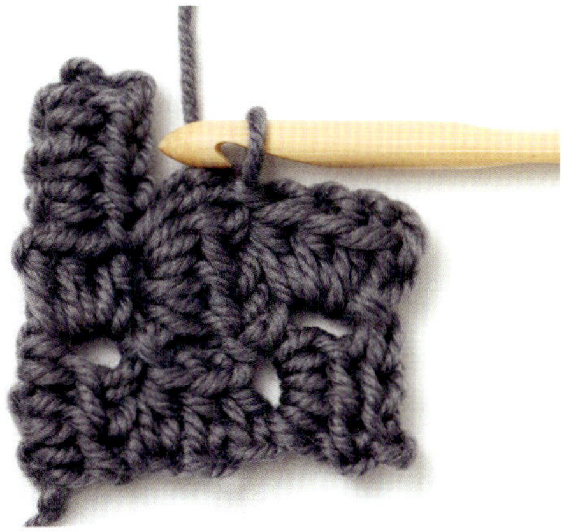

Farbwechsel

Wenn in deiner C2C-Anleitung oder im Diagramm angegeben ist, dass ein Quadrat in einer neuen Farbe gearbeitet werden soll, beginnst du den Farbwechsel beim letzten Umschlag des Quadrats der vorherigen Farbe.

Die Anleitung unten erläutert, wie du Farben beim Häkeln von Stäbchen wechselst. Die Technik ist jedoch auch bei halben Stäbchen genau gleich. Häkele einfach Quadrate in halben Stäbchen statt in Stäbchen.

Schritt 1: Den letzten Umschlag des 3. Stb nicht arbeiten (= nicht abmaschen)

Schritt 2: Stattdessen das Stb mit der neuen Farbe fertigstellen

Schritt 3: Die nächsten 3 Stb überspr, 1 Km in die 3 Lm-Kette am Ende des nächsten Quadrats und 3 Lm mit der neuen Farbe möglichst fest häkeln

Schritt 4: Mit der neuen Farbe 3 Stb in dieselbe 3 Lm-Kette wie zuvor

Die Schritte 1 bis 4 jedes Mal wdh, wenn die Farbe entsprechend dem Diagramm gewechselt werden soll.

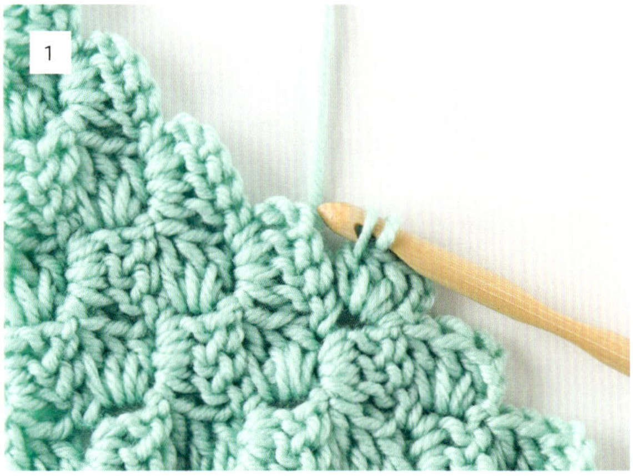

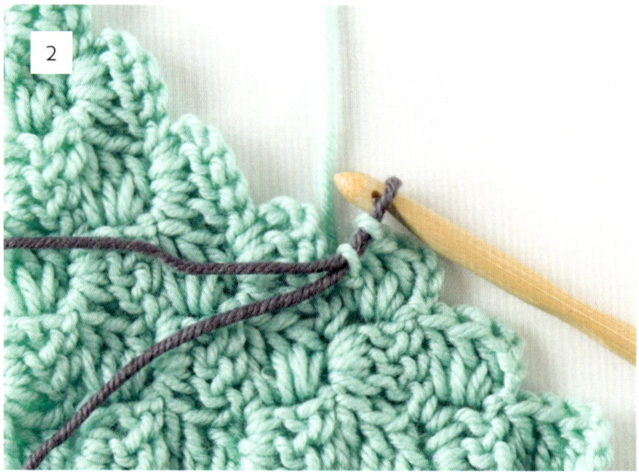

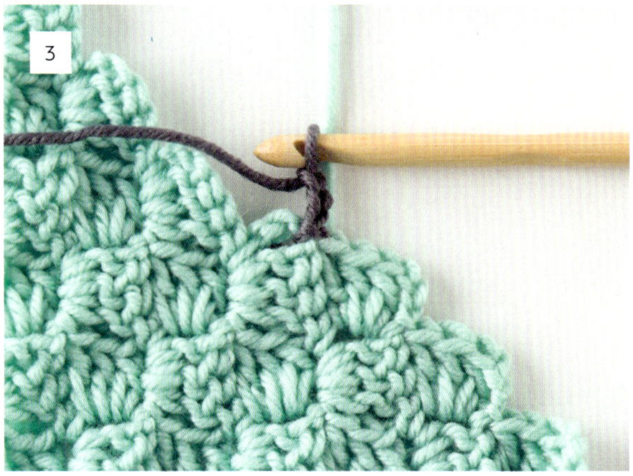

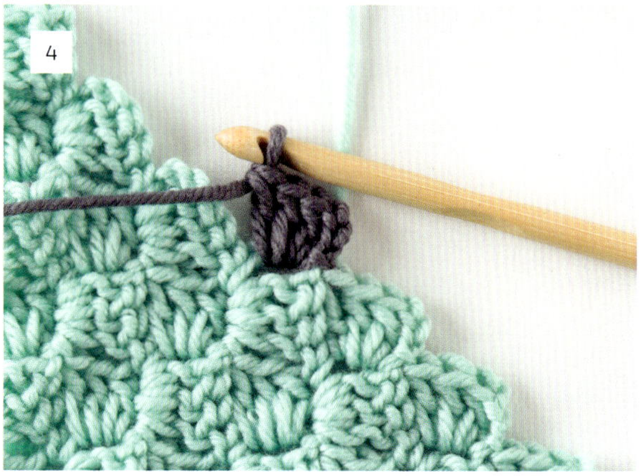

TIPP

Ich werde oft gefragt, wie die Rückseite eines C2C-Projekts aussieht. Antwort: Sie ist das genaue Spiegelbild der Vorderseite. Enthält dein Projekt Text, ist er also auf der Rückseite spiegelverkehrt.

REIHE MIT EINER NEUEN FARBE BEGINNEN

Bei Farbwechseln zu Beginn einer Reihe gehst du ähnlich vor, je nachdem, ob du zu- oder abnimmst.

› Wenn du eine Zunahmereihe in einer neuen Farbe beginnst, findet der Farbwechsel beim letzten Umschlag in der vorherigen Reihe statt. 6 Lm in der neuen Farbe und wie gewohnt fortfahren.

› Bei einer Abnahmereihe die Reihe beginnen, indem du 3 Km in der vorherigen Farbe am Rand des letzten Quadrats der vorherigen Reihe häkelst. Zur neuen Farbe wechseln, um die 4. Km fertigzustellen, und wie gewohnt fortfahren.

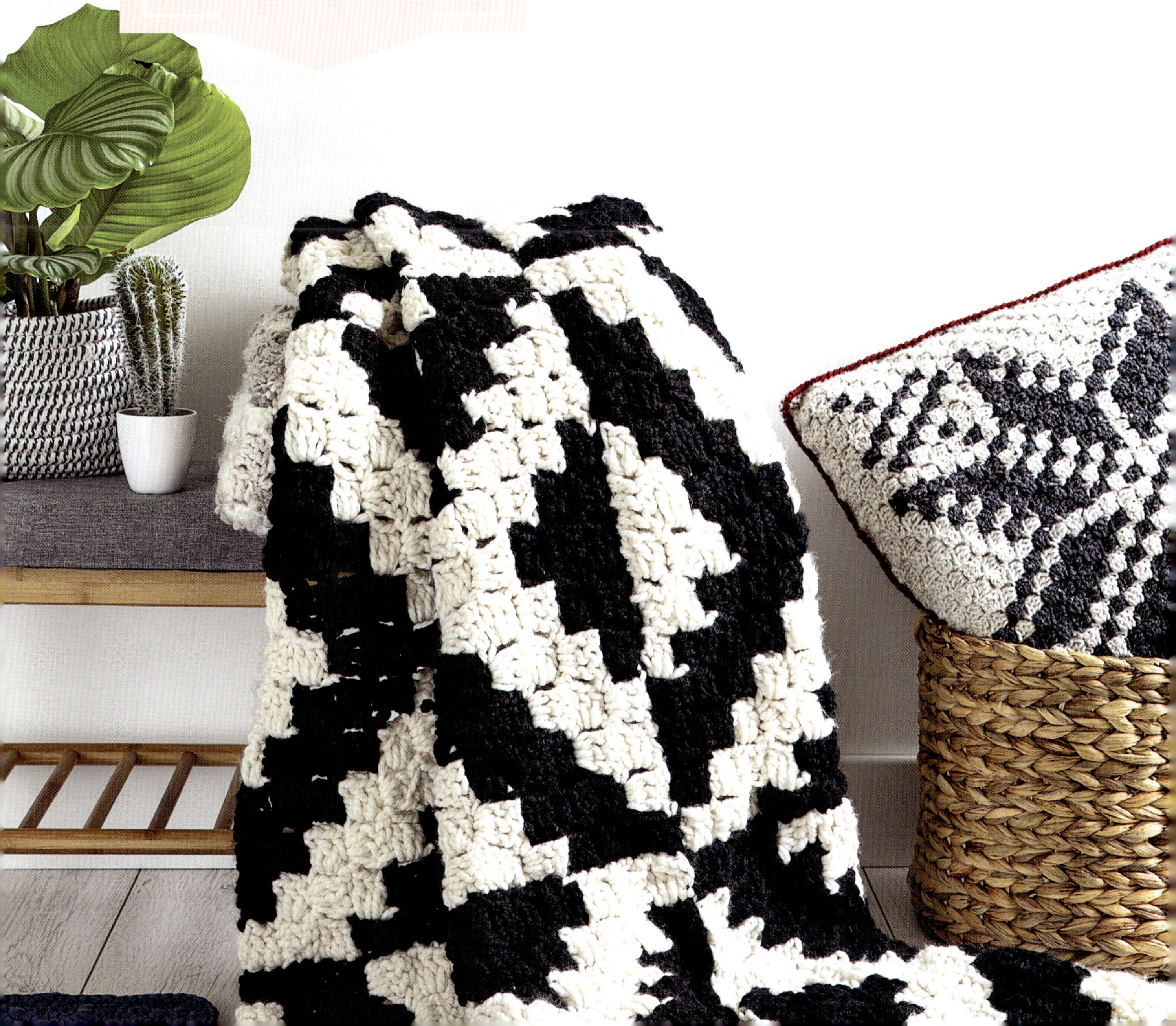

Garn-Management

FADENENDEN – JE WENIGER, DESTO BESSER

Das Vernähen von Fäden ist oft der Preis, den man für ein spektakuläres C2C-Design zahlt. Es gibt jedoch Methoden, wie du den Aufwand möglichst gering hältst. Zunächst ist es nicht notwendig, den Faden in der ursprünglichen Farbe nach jedem Farbwechsel abzuschneiden. Wenn du ihn hängen lässt, wo dies möglich ist, kannst du ihn gegebenenfalls in der nächsten Reihe wieder aufnehmen.

Wenn du über die Fäden häkelst, die du abgeschnitten hast, reduzierst du die Anzahl der zu vernähenden Fäden beträchtlich. Meine Faustregel lautet: Wenn die Farbe des Fadens dem Quadrat darunter oder darüber entspricht, häkele ich über das Fadenende. Wenn jedoch ein Faden eine dunkle Farbe hat und die Quadrate darüber und darunter hell sind, würde ich nicht darüberhäkeln, da er im hellen Garn zu sehen wäre. In diesem Fall lasse ich ihn hängen und vernähe ihn später in einem dunklen Quadrat. An manchen Stellen in den Anleitungen verwendest du mehrere Farben in einer Reihe. In diesem Fall kann es nützlich sein, mehrere Knäuel oder Spulen gleichzeitig zu verwenden. Dadurch kannst du jede Farbe nach Bedarf aufnehmen und dann hängen lassen (ohne den Faden durchzuschneiden), wenn die Farbe gewechselt werden muss.

Achte beim Hängenlassen einer Farbe darauf, dass der Faden auf der Rückseite der Arbeit liegt, damit die Vorderseite schön ordentlich bleibt. Es kann nützlich sein, nach den ersten paar Reihen eine Sicherheitsnadel oder einen Maschenmarkierer auf der rechten Seite des Projekts anzubringen. So weißt du gleich, auf welcher Seite du die Fäden hängen lässt, wenn du zu einer anderen Farbe wechselst.

Manchmal hängt der Faden in der gewünschten Farbe schon in der Nähe, aber nicht direkt bei dem Quadrat, das du häkeln willst. Wie du in dem nachstehenden Beispiel siehst, kannst du den roten Faden nach rechts führen (bzw. nach links für Linkshänder*innen), um die Farbe zu wechseln, ohne den Faden durchzuschneiden und neu anzusetzen. Nach dem letzten Umschlag der letzten Masche mit dem roten Faden kannst du das erste rote Quadrat über den entlanggeführten Faden arbeiten und ihn dadurch verstecken. Achte auf die Spannung des mitgeführten Fadens, damit er die Arbeit nicht zusammenzieht.

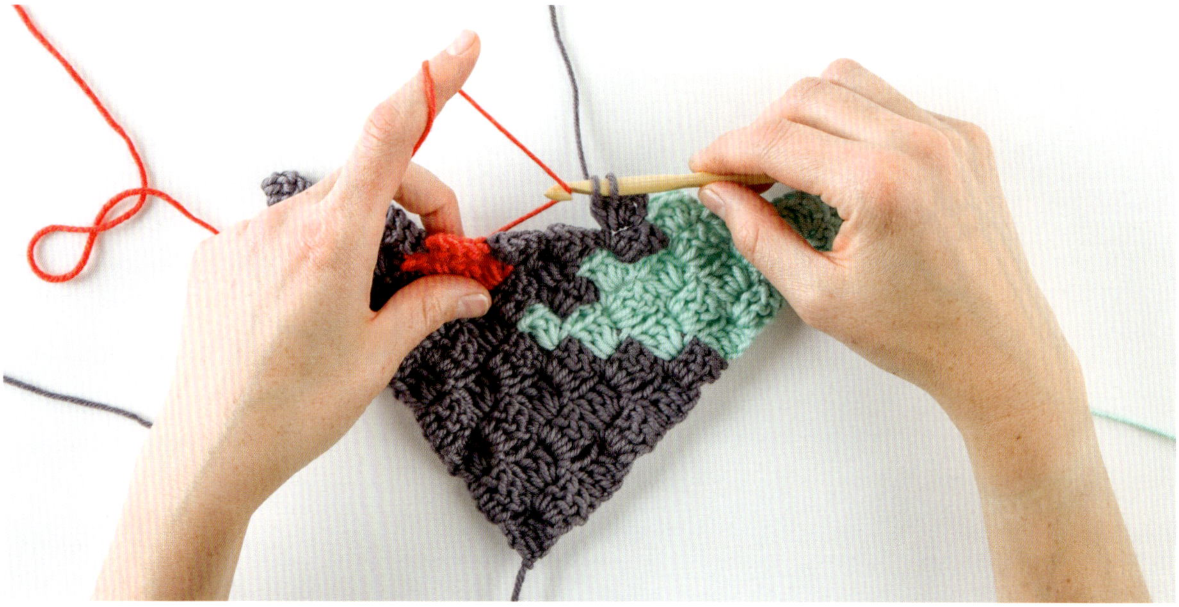

TIPPS ZUM ZÄHMEN DES GARNS

Sobald du die Farbwechsel beim C2C-Häkeln gemeistert hast, ist deine nächste Frage wahrscheinlich: »Wie um alles in der Welt halte ich beim Arbeiten mein Garn in Ordnung?« Du wirst ganz sicher deine eigenen Strategien zum Arbeiten mit mehreren Knäueln entwickeln, aber hier sind ein paar grundlegende Konzepte als Ausgangspunkt.

Kleine Spulen

Suche dir ein Utensil, um Garn darauf zu wickeln (nachstehend ein paar Vorschläge), und befestige diese Garnspulen dann irgendwo, sodass sie nicht durch die Gegend rollen. Wenn du Garn auf Wäsche- oder Federklammern wickelst, klemme sie in der Reihenfolge, in der du sie bei dem Muster benötigst, an einem Korb fest.

Achte auf die Richtung, in der du deine Arbeit wendest

Betrachte das Wenden deiner Arbeit wie das wiederholte Lesen der gleichen Seiten in einem Buch. Wenn du die »Seite« am Ende der Reihe von links nach rechts umschlägst, achte darauf, sie in der nächsten Reihe wieder von rechts nach links umzuschlagen. Dadurch werden die Fäden nicht nach ein paar Reihen verdreht.

Herumrollen vermeiden

Wenn du einfach mit ein paar Knäueln arbeitest und nicht mit Spulen, solltest du versuchen, sie am Herumrollen zu hindern. Lege die Knäuel in einen Karton oder Korb und starte jedes Knäuel von der Mitte statt von außen, sodass das Garn nicht jedes Mal rollt, wenn du am Faden ziehst (leere Taschentuchkartons sind eine hervorragende Aufbewahrung für Knäuel).

Zwischendurch entwirren

Es passiert garantiert – du verhedderst dich im Garn und fühlst dich wie eine Fliege im Spinnennetz. Nicht verzweifeln! Nimm dir alle paar Reihen oder am Ende einer Häkelsession die Zeit, dein Garn zu sortieren. Im schlimmsten Fall kannst du den Faden einfach durchschneiden und wieder neu ansetzen.

TIPP

Bevor du mit einem Projekt startest, häkele ein Quadrat in einer Farbe, trenne es auf und miss, wie viel Garn dafür nötig war. Sieh dir das Diagramm an und schätze, wie viele Quadrate du in der Farbe mit dieser Spule arbeiten wirst. Dann wickele die ungefähre Garnmenge auf die Spule auf.

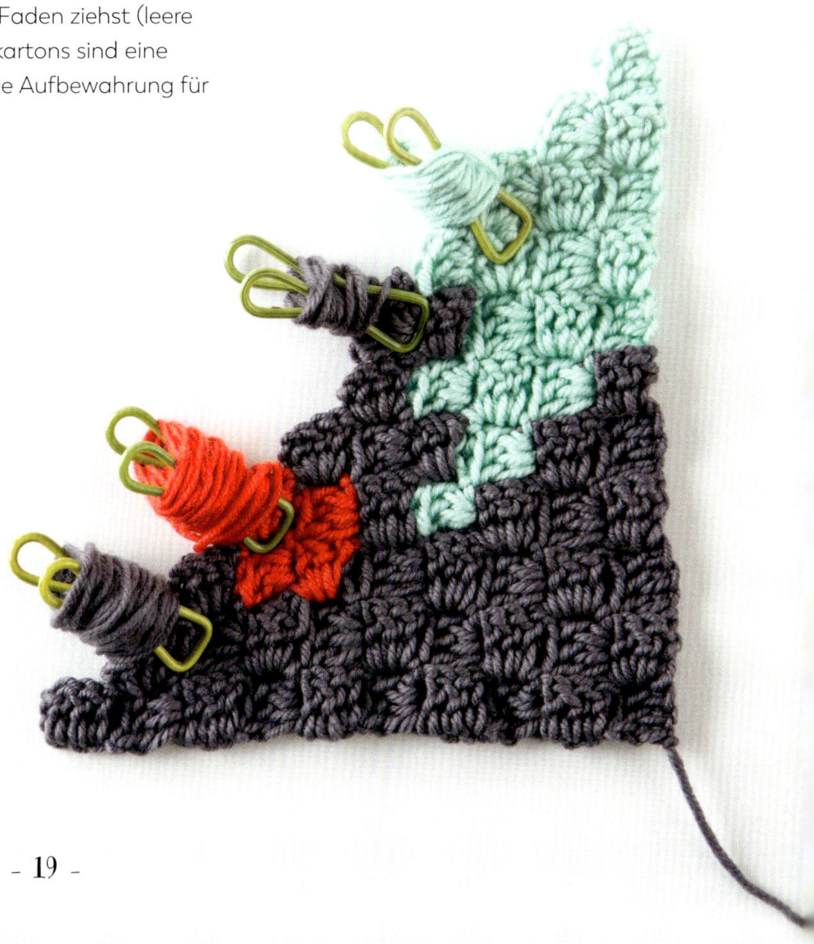

NÜTZLICHE UTENSILIEN

Kleine Spulen: Du kannst Garn auf kleine Haushaltsgegenstände wickeln, die du dann an einem festen Korb, einem Buch, einem Kleiderbügel oder dem Projekt selbst anklammern kannst. Wäscheklammern eignen sich gut, ebenso Klammern aus dem Bürobedarf, Federklammern oder die Pappe von Toilettenpapierrollen.

Behälter mit Löchern: Lege deine Knäuel in einen einfachen Behälter, z. B. einen Wäschekorb. Führe die Fäden der verschiedenen Farben aus der Mitte des Knäuels durch ein Loch im Korb, bevor du mit dem Häkeln beginnst. Diese Methode hat den zusätzlichen Vorteil, dass du gleich einen praktischen Behälter für die Aufbewahrung deines Projekts parat hast, bis du an ihm weiterarbeitest.

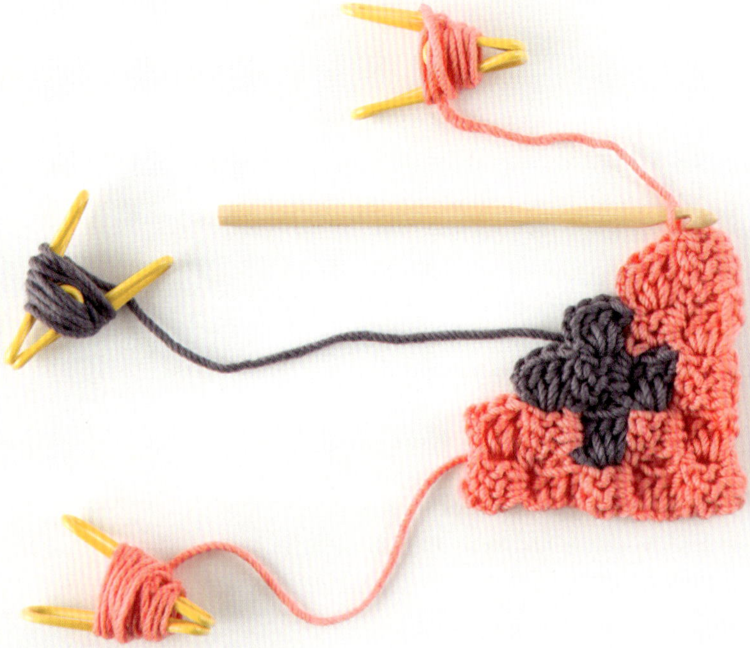

Spulenhalter

Probiere einen Ständer zum Trocknen von Babyflaschen aus oder suche auf Etsy nach einem C2C-Spulenhalter wie dem hier gezeigten. Es gibt viele talentierte Handwerker*innen, die fantastische Hilfsmittel für Häkler*innen wie uns entwickelt haben. 1DogWoof.com hat sogar eine Anleitung, wie du deinen eigenen modularen Spulenhalter anfertigen kannst.

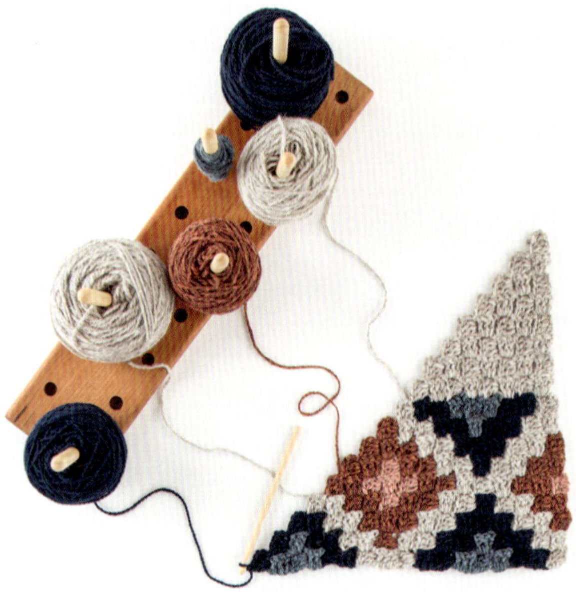

FÄDEN VERNÄHEN

Einige Häkler*innen vernähen alle paar Reihen die Fäden, andere vernähen sie am Ende jeden Tages. Wieder andere vernähen sie alle in einem Zug am Ende des Projekts.

In jedem Fall ist das Vernähen der Fäden auch eine Gelegenheit, Bereiche deines Projekts sauberer zu gestalten, in denen du die einzelnen Quadrate visuell stärker verknüpfen möchtest. Mache dazu einfach mit dem Fadenende ein paar Überwendlichstiche zum Verbinden der Quadrate. Vernähe dann den Rest des Fadens wie im Folgenden beschrieben. Zum Vernähen nimmst du am besten eine Woll- oder Polsternadel, aber bei dicht gearbeiteten Projekten kannst du auch eine feine Häkelnadel verwenden.

Schritt 1: Fädele das Fadenende auf eine Wollnadel. Ziehe sie unten durch den dicksten Abschnitt eines Quadrats.

Schritt 2: Ziehe die Nadel in entgegengesetzte Richtung erneut durch das Quadrat. Achte darauf, einen vertikalen Faden des Quadrats, an dem du gerade arbeitest, mit aufzunehmen.

Schritt 3: Den Schritt 2 wdh.

Schritt 4: Schneide den Faden ab und freue dich, dass du der Fertigstellung deines C2C-Projekts einen Schritt näher bist.

Wdh die Schritte 1 bis 4 für jedes Fadenende.

1

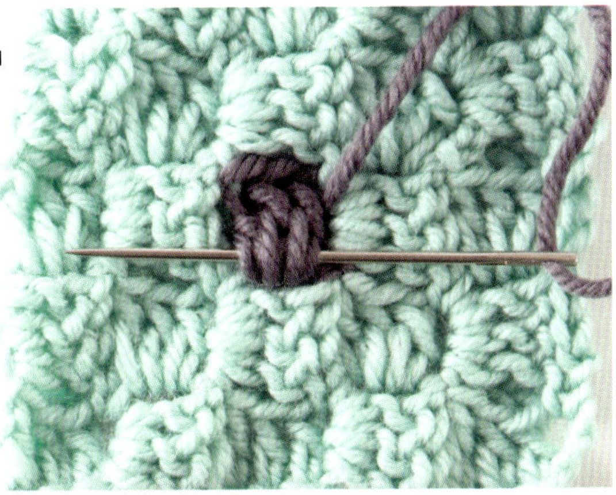

2

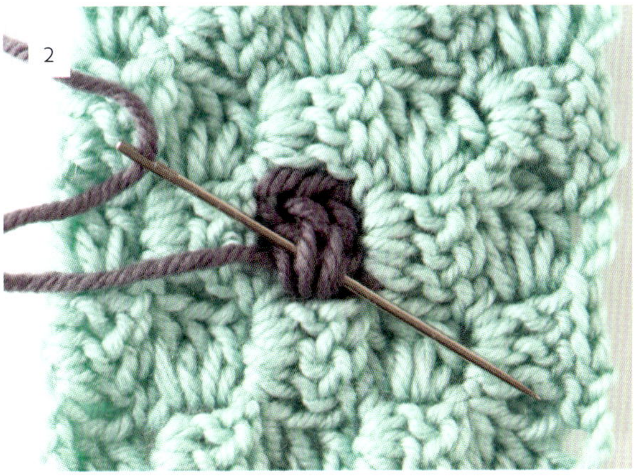

3

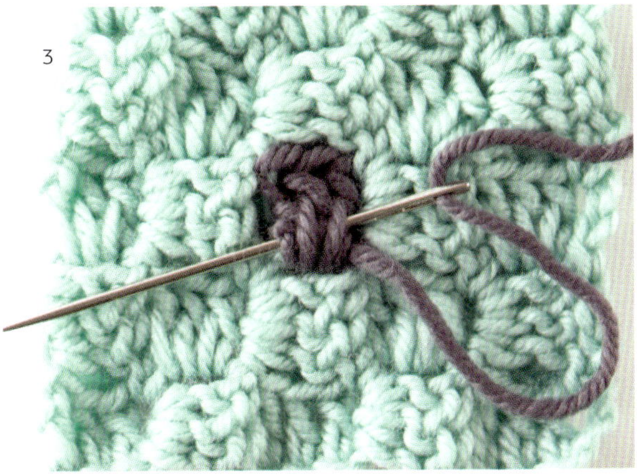

4

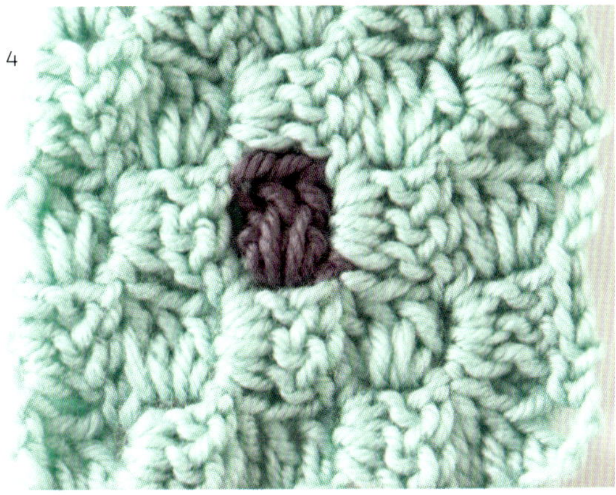

Projekte

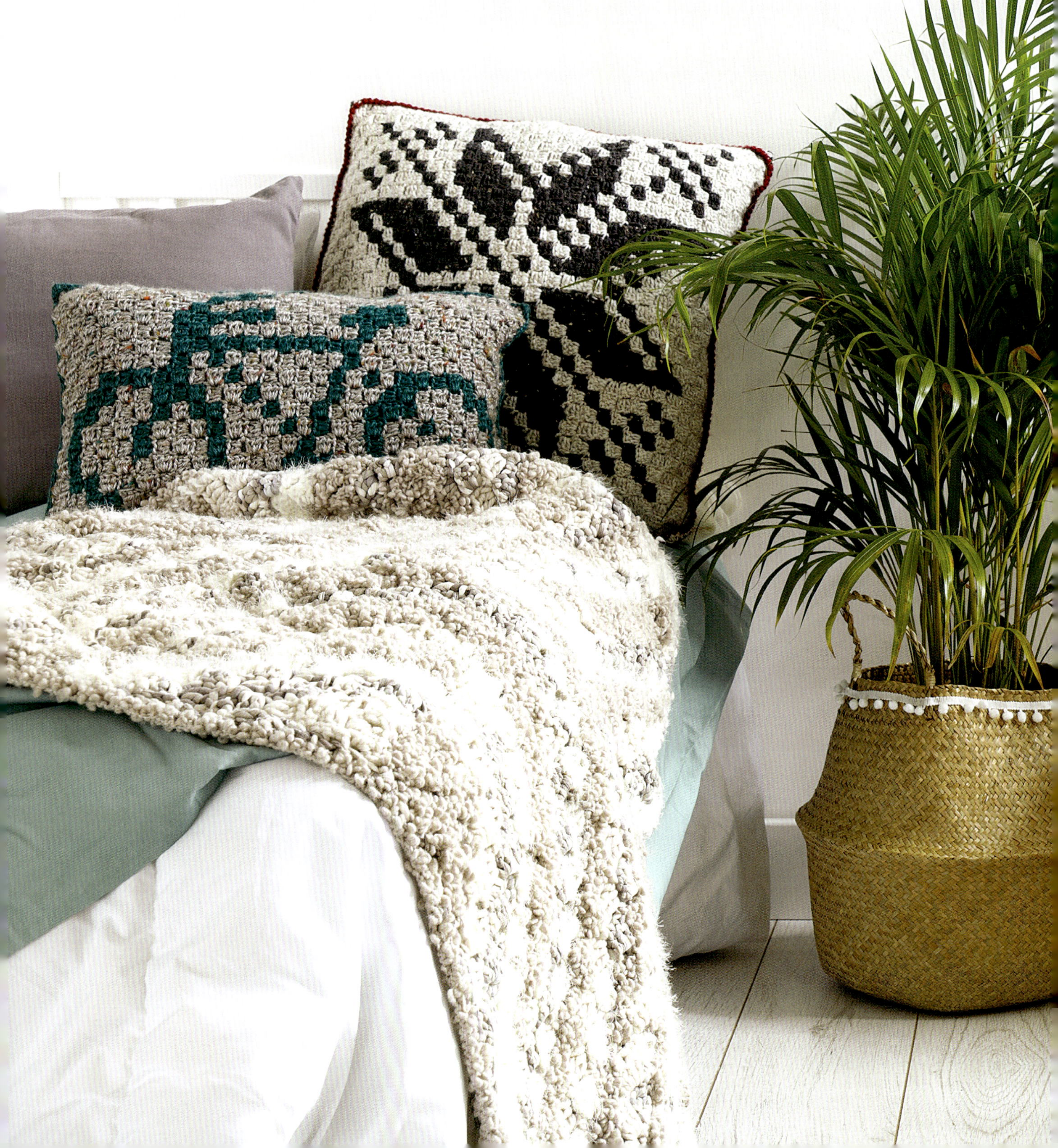

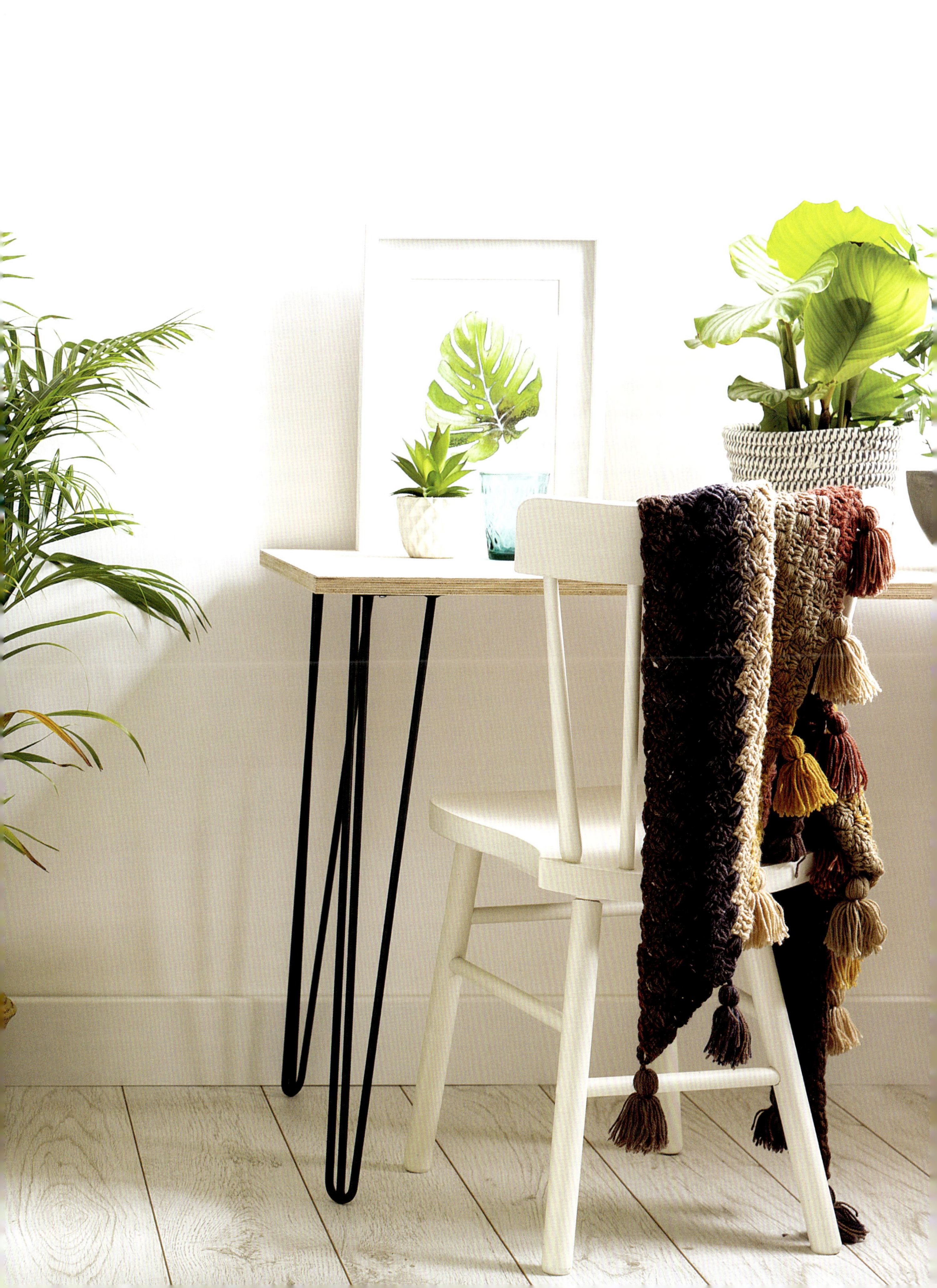

WOLKENKRATZER-BABYDECKE

Diese moderne Alternative für die klassische Baby-Häkeldecke eignet sich für Mädchen und Jungen gleichermaßen, egal ob in der Stadt oder auf dem Land. Babys werden die kontrastreichen grafischen Muster lieben, während Eltern sich über ein handgearbeitetes Kunstwerk fürs Kinderzimmer freuen werden. Für einen Pop-Art-Look kannst du auch den hellblauen Himmel in einer leuchtenden Farbe häkeln. Mit dickerem Garn und größerer Häkelnadel wird eine Decke für Erwachsene daraus.

Schwierigkeitsgrad

Garn

Lion Brand Vanna's Choice (100 % Acryl; LL = 156 m/100 g) in den Farben:

› Silver Grey (149); 1 Knäuel – Silver

› Dark Grey Heather (404); 1 Knäuel – Heather

› Charcoal Grey (151); 2 Knäuel – Charcoal

› White (100); 1 Knäuel

› Silver Blue (105); 3 Knäuel – Blue

Utensilien

5 mm Häkelnadel

Fertige Größe

77,5 cm x 90 cm

Maschenprobe

4 Quadrate messen 9 cm mit 5 mm Häkelnadel und Lion Brand Vanna's Choice

Maschentyp

Stäbchen-C2C

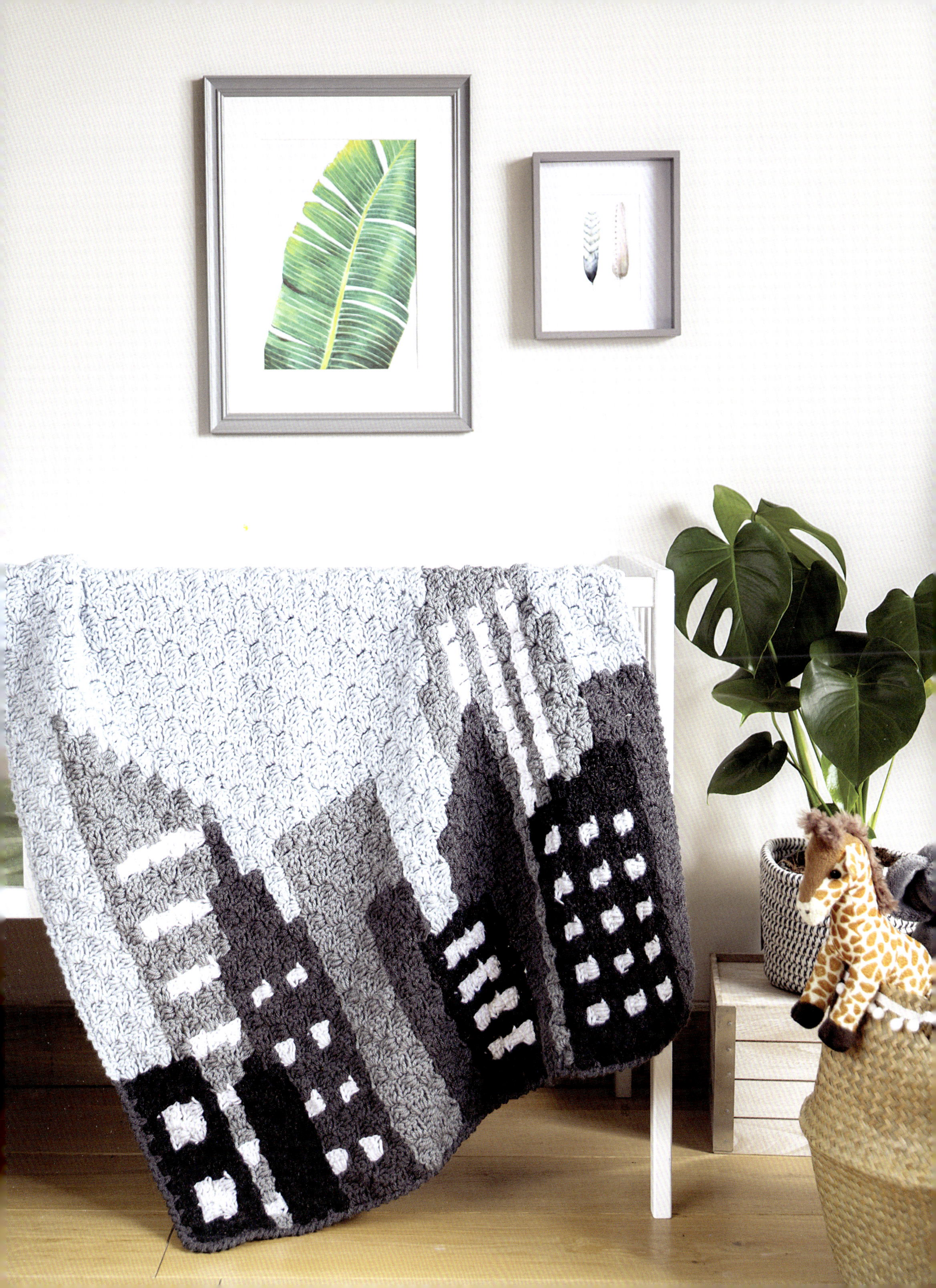

Anleitung

SO HÄKELST DU DIE DECKE

› Arbeite die Decke nach der Musterbeschreibung und dem Diagramm.

› Vernähe alle Fadenenden (du schaffst das, versprochen!).

› Für die Borte arbeite 1 Runde fM (siehe »Allgemeine Techniken: Borte aus festen Maschen«), dann 1 Runde Krebsmaschen (siehe »Allgemeine Techniken: Krebsmaschenborte«). Verwende für die Borten Silver Blue im Himmelabschnitt und Charcoal Grey im Stadtabschnitt.

TIPP

Bei diesem Projekt gibt es relativ viele Farbwechsel. Damit du nicht zu oft den Faden abschneiden musst, wickele mehrere Arbeitsspulen mit Garn derselben Farbe.

Muster

◀ **Reihe 1 (RS):** 1x Charcoal

▶ **Reihe 2 (LS):** 2x Charcoal

◀ **Reihe 3:** 2x Charcoal, 1x Heather

▶ **Reihe 4:** 2x Heather, 2x Charcoal

◀ **Reihe 5:** 2x Charcoal, 3x Heather

▶ **Reihe 6:** 2x Heather, 1x White, 1x Heather, 2x Charcoal

◀ **Reihe 7:** 2x Charcoal, 5x Heather

▶ **Reihe 8:** 2x Heather, 2x (1x White, 1x Heather), 2x Charcoal

◀ **Reihe 9:** 2x Charcoal, 7x Heather

▶ **Reihe 10:** 1x Silver, 3x (1x Heather, 1x White), 1x Heather, 2x Charcoal

◀ **Reihe 11:** 2x Charcoal, 7x Heather, 1x Silver, 1x Charcoal

▶ **Reihe 12:** 2x Charcoal, 1x Silver, 1x Heather, 3x (1x White, 1x Heather), 2x Charcoal

◀ **Reihe 13:** 2x Charcoal, 7x Heather, 1x Silver, 3x Charcoal

▶ **Reihe 14:** 1x Heather, 3x Charcoal, 1x Silver, 3x (1x Heather, 1x White), 1x Heather, 2x Charcoal

◀ **Reihe 15:** 2x Charcoal, 7x Heather, 1x Silver, 3x Charcoal, 2x Heather

▶ **Reihe 16:** 3x Heather, 3x Charcoal, 1x Silver, 2x (1x Heather, 1x White), 3x Heather, 2x Charcoal

◀ **Reihe 17:** 3x Charcoal, 6x Heather, 1x Silver, 3x Charcoal, 1x Heather, 1x White, 2x Heather

▶ **Reihe 18:** 2x Heather, 1x White, 2x Heather, 3x Charcoal, 1x Silver, 1x Heather, 1x White, 3x Heather, 3x Charcoal, 1x Blue

◀ **Reihe 19:** 2x Blue, 2x Charcoal, 2x Silver, 3x Heather, 1x Silver, 3x Charcoal, 2x (1x Heather, 1x White), 1x Heather, 1x Charcoal

▶ **Reihe 20:** 2x Charcoal, 2x Heather, 1x White, 2x Heather, 3x Charcoal, 1x Silver, 1x Heather, 1x Silver, 1x White, 2x Silver, 1x Charcoal, 3x Blue

◀ **Reihe 21:** 4x Blue, 2x Silver, 2x (1x White, 1x Silver), 3x Charcoal, 2x (1x Heather, 1x White), 1x Heather, 2x Charcoal, 1x Silver

▶ **Reihe 22:** 2x Silver, 2x Charcoal, 2x Heather, 1x White, 2x Heather, 3x Charcoal, 2x (1x Silver, 1x White), 2x Silver, 4x Blue

◀ **Reihe 23:** 4x Blue, 2x Silver, 2x (1x White, 1x Silver), 3x Charcoal, 2x (1x Heather, 1x White), 1x Heather, 2x Charcoal, 3x Silver

▶ **Reihe 24:** 1x Charcoal, 3x Silver, 2x Charcoal, 2x Heather, 1x White, 1x Heather, 4x Charcoal, 2x (1x Silver, 1x White), 2x Silver, 4x Blue

◀ **Reihe 25:** 5x Blue, 2x (1x Silver, 1x White), 1x Silver, 5x Charcoal, 1x Heather, 1x White, 1x Heather, 2x Charcoal, 3x Silver, 2x Charcoal

▶ **Reihe 26:** 3x Charcoal, 3x Silver, 2x Charcoal, 2x Heather, 1x Blue, 5x Charcoal, 2x (1x Silver, 1x White), 1x Silver, 5x Blue

◀ **Reihe 27:** 5x Blue, 2x (1x Silver, 1x White), 1x Silver, 5x Charcoal, 2x Blue, 1x Heather, 2x Charcoal, 3x Silver, 1x Charcoal, 1x White, 2x Charcoal

▶ **Reihe 28:** 1x Heather, 4x Charcoal, 3x Silver, 3x Charcoal, 2x Blue, 5x Charcoal, 2x (1x Silver, 1x White), 1x Silver, 5x Blue

◀ **Reihe 29:** 6x Blue, 2x Silver, 1x White, 1x Silver, 1x White, 2x Silver, 4x Blue, 3x Charcoal, 3x Silver, 3x Charcoal, 1x White, 2x Heather

▶ **Reihe 30:** 3x Heather, 2x Charcoal, 1x White, 1x Charcoal, 3x Silver, 3x Charcoal, 4x Blue, 2x Silver, 1x White, 1x Silver, 1x White, 2x Silver, 6x Blue

◀ **Reihe 31:** 6x Blue, 4x Silver, 1x White, 2x Silver, 4x Blue, 1x Silver, 2x Charcoal, 3x Silver, 4x Charcoal, 3x Heather, 1x Silver

▶ **Reihe 32:** 1x Heather, 1x White, 3x Heather, 1x White, 3x Charcoal, 3x Silver, 1x Charcoal, 2x Silver, 4x Blue, 2x Silver, 1x White, 3x Silver, 7x Blue

◀ **Reihe 33:** 8x Blue, 4x Silver, 5x Blue, 6x Silver, 1x Charcoal, 1x White, 2x Charcoal, 3x Heather, 1x Silver, 2x Heather

▶ **Reihe 34:** 3x Heather, 1x Silver, 3x Heather, 4x Charcoal, 6x Silver, 5x Blue, 4x Silver, 8x Blue

◀ **Reihe 35:** 8x Blue, 1x Silver, 1x Blue, 1x Silver, 6x Blue, 6x Silver, 3x Charcoal, 1x White, 3x Heather, 1x White, 1x Heather, 1x White, 2x Heather

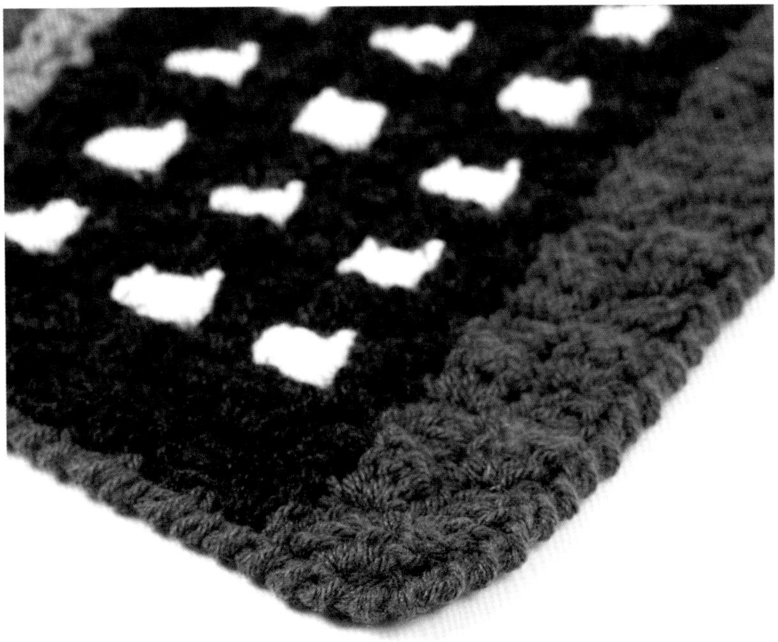

ECKE *(zu Beginn aller Rückreihen auf der LS abnehmen, zu Beginn aller Hinreihen auf der RS zunehmen)*

▶ **Reihe 36 (LS, Rückreihe):** 1x Heather, 2x White, 1x Heather, 1x Silver, 2x Heather, 3x Charcoal, 1x White, 1x Charcoal, 5x Silver, 9x Blue, 1x Silver, 8x Blue

◀ **Reihe 37 (RS, Hinreihe):** 8x Blue, 1x Silver, 10x Blue, 4x Silver, 5x Charcoal, 2x Heather, 1x Silver, 2x Heather, 1x White, 1x Heather

▶ **Reihe 38:** 4x Heather, 1x White, 2x Silver, 1x Charcoal, 1x White, 2x Charcoal, 1x Blue, 3x Silver, 20x Blue

◀ **Reihe 39:** 21x Blue, 2x Silver, 1x Blue, 4x Charcoal, 1x White, 2x Silver, 1x Heather, 1x White, 2x Heather

ECKE *(zu Beginn jeder Reihe abnehmen)*

▶ **Reihe 40 (LS):** 1x Heather, 2x White, 1x Heather, 1x Silver, 1x White, 1x Silver, 4x Charcoal, 1x Blue, 1x Silver, 21x Blue

◀ **Reihe 41 (RS):** 22x Blue, 4x Charcoal, 2x Silver, 1x White, 2x Heather, 1x White, 1x Heather

▶ **Reihe 42:** 3x Heather, 3x Silver, 1x White, 1x Silver, 2x Charcoal, 22x Blue

◀ **Reihe 43:** 21x Blue, 2x Charcoal, 2x Silver, 1x White, 2x Silver, 1x Blue, 2x Heather

▶ **Reihe 44:** 1x Heather, 2x Blue, 1x Silver, 1x White, 2x Silver, 1x White, 1x Silver, 1x Charcoal, 20x Blue

◀ **Reihe 45:** 19x Blue, 1x Charcoal, 2x Silver, 1x White, 3x Silver, 3x Blue

▶ **Reihe 46:** 3x Blue, 2x (2x Silver, 1x White), 1x Silver, 18x Blue

◀ **Reihe 47:** 18x Blue, 1x Silver, 1x White, 2x Silver, 1x White, 1x Silver, 3x Blue

▶ **Reihe 48:** 3x Blue, 3x Silver, 1x White, 2x Silver, 17x Blue

◀ **Reihe 49:** 17x Blue, 2x Silver, 1x White, 2x Silver, 3x Blue

▶ **Reihe 50:** 3x Blue, 1x Silver, 1x White, 3x Silver, 16x Blue

◀ **Reihe 51:** 16x Blue, 4x Silver, 3x Blue

▶ **Reihe 52:** 3x Blue, 4x Silver, 15x Blue

◀ **Reihe 53:** 15x Blue, 3x Silver, 3x Blue

▶ **Reihe 54:** 3x Blue, 3x Silver, 14x Blue

◀ **Reihe 55:** 14x Blue, 2x Silver, 3x Blue

▶ **Reihe 56:** 3x Blue, 2x Silver, 13x Blue

◀ **Reihe 57:** 13x Blue, 1x Silver, 3x Blue

▶ **Reihe 58:** 3x Blue, 1x Silver, 12x Blue

◀ **Reihe 59:** 15x Blue

▶ **Reihe 60:** 14x Blue

◀ **Reihe 61:** 13x Blue

▶ **Reihe 62:** 12x Blue

◀ **Reihe 63:** 11x Blue

▶ **Reihe 64:** 10x Blue

◀ **Reihe 65:** 9x Blue

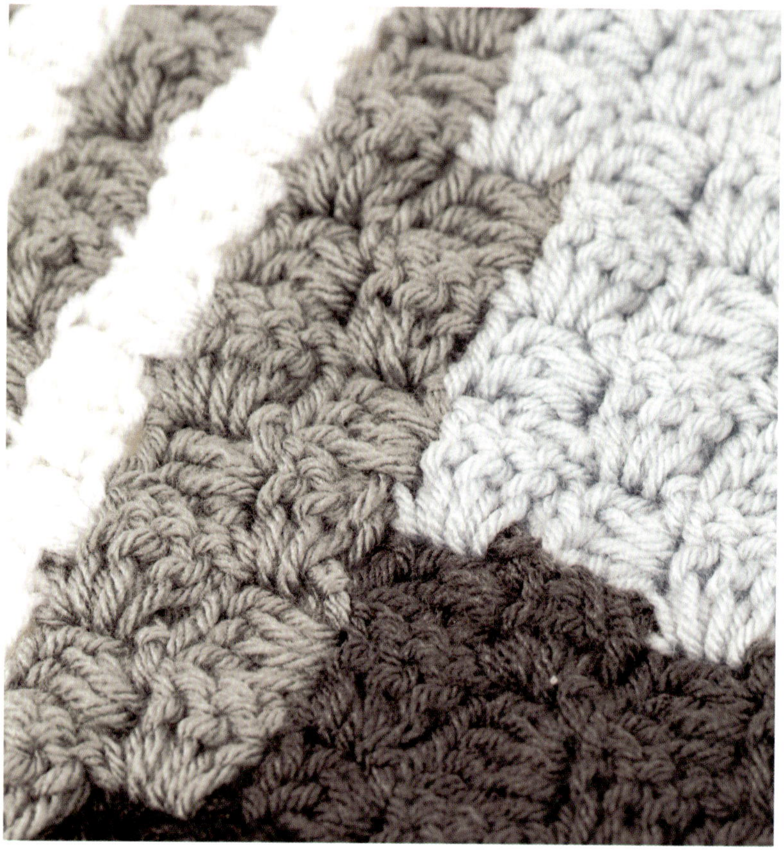

▶ **Reihe 66:** 8x Blue

◀ **Reihe 67:** 7x Blue

▶ **Reihe 68:** 6x Blue

◀ **Reihe 69:** 5x Blue

▶ **Reihe 70:** 4x Blue

◀ **Reihe 71:** 3x Blue

▶ **Reihe 72:** 2x Blue

◀ **Reihe 73:** 1x Blue

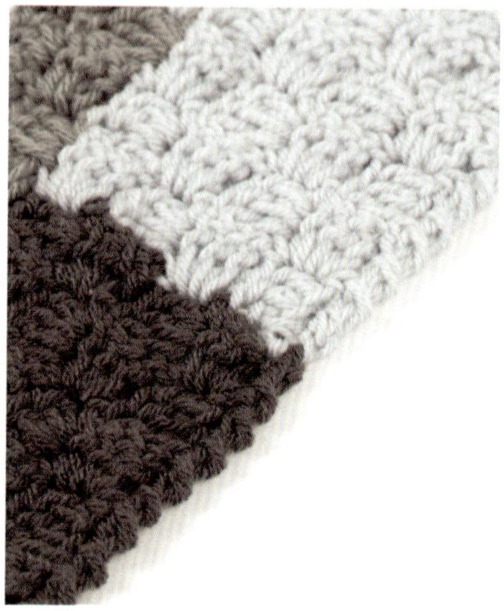

DIAGRAMM

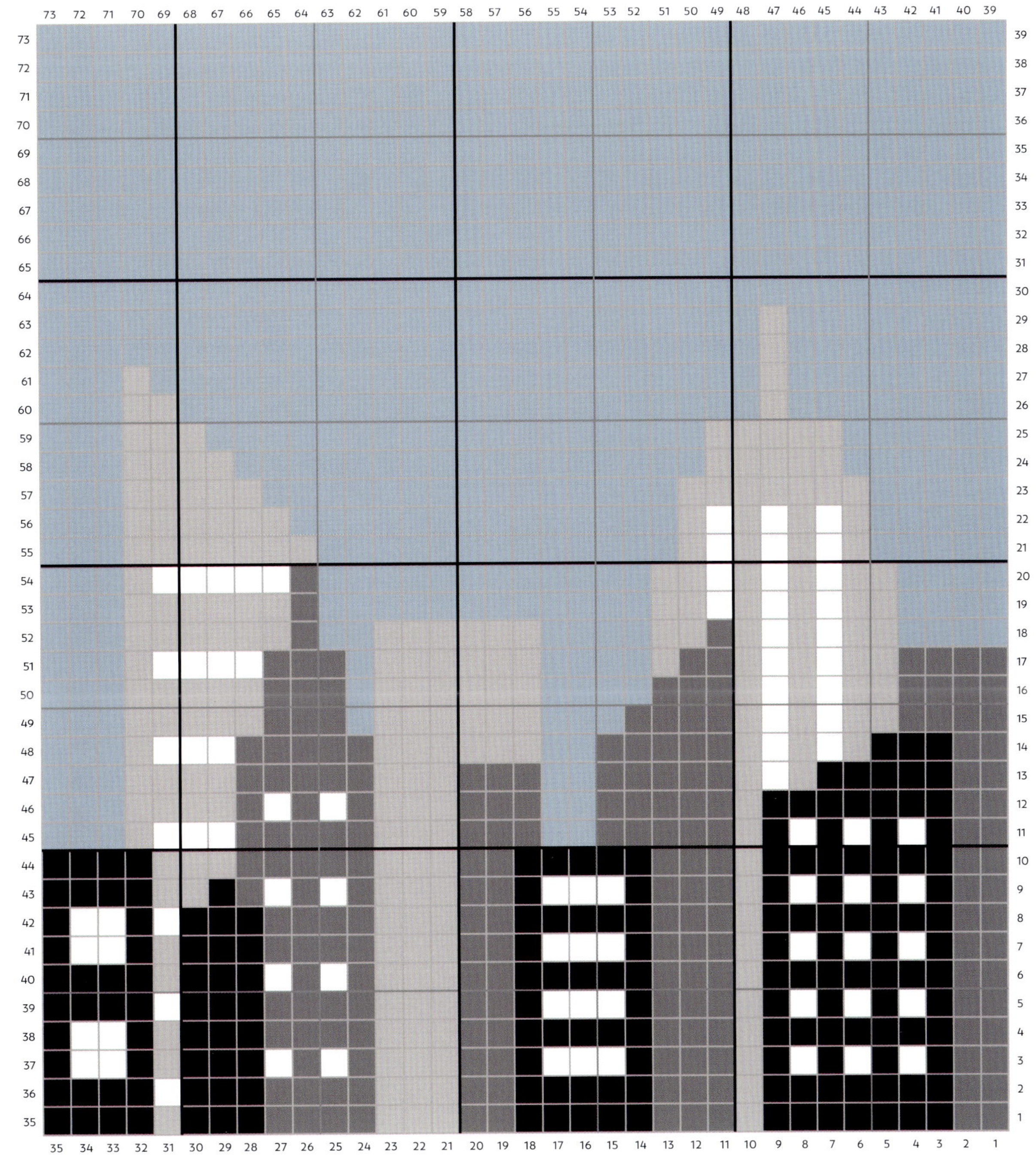

- Lion Brand Vanna's Choice – Charcoal Grey
- Lion Brand Vanna's Choice – Dark Grey Heather
- Lion Brand Vanna's Choice – White
- Lion Brand Vanna's Choice – Silver Grey
- Lion Brand Vanna's Choice – Silver Blue

DEZENTE PFEILDECKE

Dieser relativ leichte Graphghan ist ein toller Hingucker. Wenn du die Grundlagen der C2C-Masche gemeistert hast, kannst du mit diesem Projekt wunderbar Farbwechsel üben und dabei eine echte Schönheit häkeln. Die Jersey-artige Qualität des Garns sorgt für ein klares Maschenbild, während die zarte Musterung perfekt in jedes Zimmer passt.

Schwierigkeitsgrad

✚ ✚ ✚

Garn

Bernat Maker Home Dec (72 % Baumwolle, 28 % Nylon; 290 m pro 250 g-Knäuel, das entspricht einer LL = 58 m/50 g) in den Farben:

- Clay (11008); 7 Knäuel
- Cream (11009); 2 Knäuel

Utensilien

6,5 mm Häkelnadel

Kleinere Häkelnadel zum Vernähen der Fäden

Tassel-Maker oder 14 cm großes Stück Pappe

Fertige Größe

Etwa 105 cm x 127 cm ohne Quasten

Maschenprobe

4 Quadrate messen 9 cm mit 6,5 mm Häkelnadel und Bernat Maker Home Dec

Maschentyp

Stäbchen-C2C

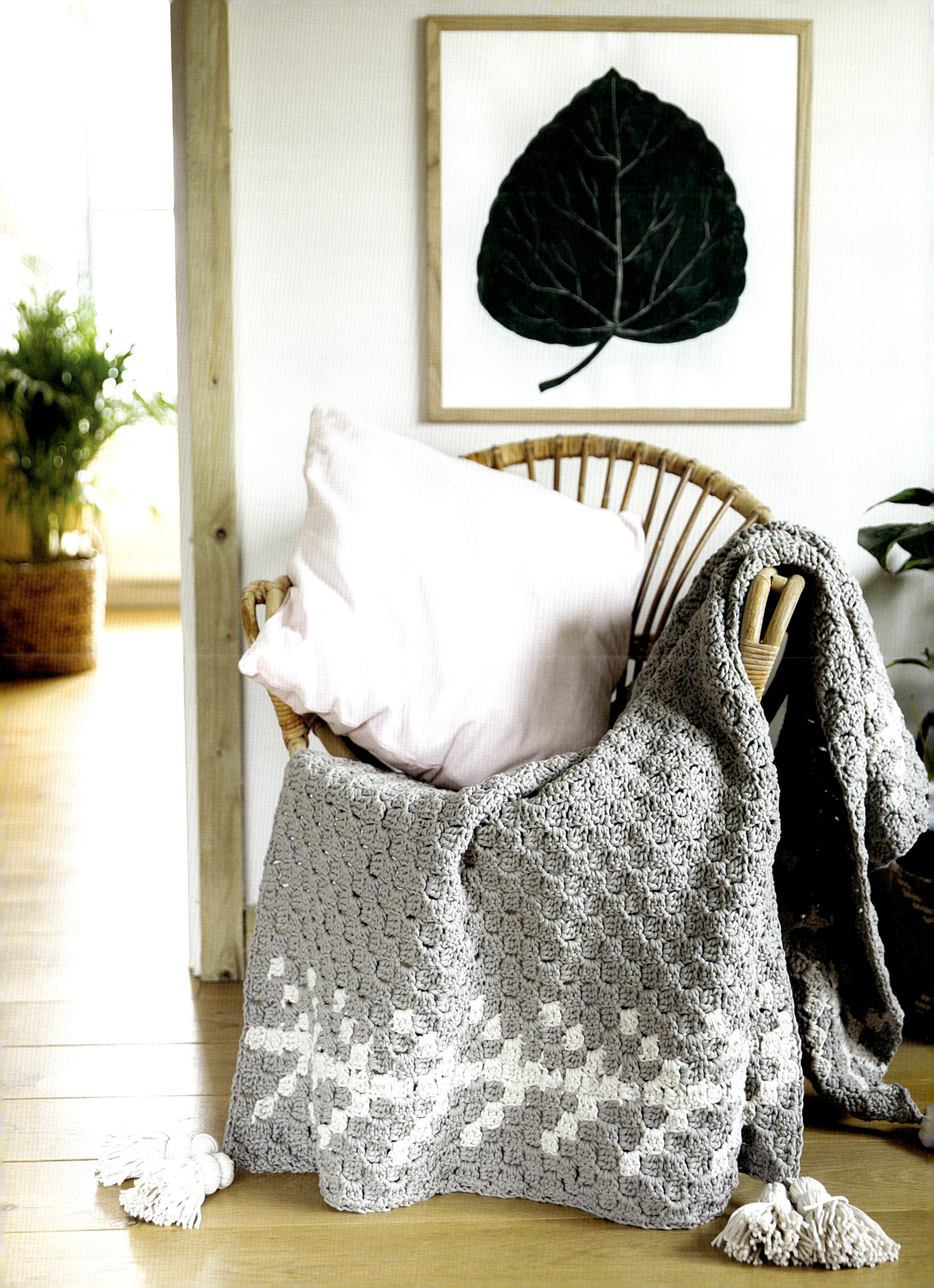

HINWEISE

◢ *Mit anderen Fasern und Farben kannst du den Stil dieser Decke komplett verändern. Keine Angst vor Experimenten!*

◢ *Für einen verspielteren Look könntest du die Quasten auch gegen eine Reihe flauschiger Bommel an den beiden kurzen Seiten der Decke austauschen.*

TIPP

Aufgrund der stoffartigen Struktur dieses Garns ist es eventuell einfacher, die Fäden mit einer feineren Häkelnadel zu vernähen als mit einer Wollnadel.

Anleitung

SO HÄKELST DU DIE DECKE

› Arbeite die Decke nach der Musterbeschreibung und dem Diagramm.

› Für die Borte arbeite 1 Runde fM in Clay (siehe »Allgemeine Techniken: Borte aus festen Maschen«). Dann die Arbeit beenden.

› Zum Abschluss alle Fäden vernähen.

› Mit einem auf 14 cm eingestellten Tassel-Maker oder einem 14 cm großen Stück Pappe und dem letzten Knäuel in Cream 8 dicke Quasten herstellen. Den Faden etwa 75x wickeln, um eine dichte Quaste wie auf dem Bild zu erzielen. Befestige mit einer Wollnadel jeweils 2 Quasten an jeder Ecke der Decke (siehe »Allgemeine Techniken: Eine Quaste anfertigen«).

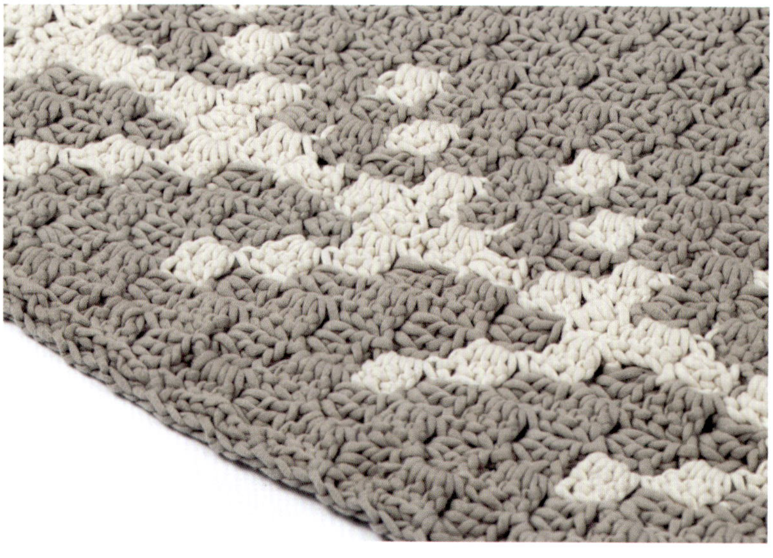

Muster

◀ **Reihe 1 (RS):** 1x Clay

▶ **Reihe 2 (LS):** 2x Clay

◀ **Reihe 3:** 3x Clay

▶ **Reihe 4:** 4x Clay

◀ **Reihe 5:** 5x Clay

▶ **Reihe 6:** 2x Clay, 4x Cream

◀ **Reihe 7:** 1x Clay, 1x Cream, 5x Clay

▶ **Reihe 8:** 5x Clay, 2x Cream, 1x Clay

◀ **Reihe 9:** 3x Clay, 4x Cream, 2x Clay

▶ **Reihe 10:** 5x Clay, 1x Cream, 1x Clay, 1x Cream, 2x Clay

◀ **Reihe 11:** 4x Clay, 2x Cream, 5x Clay

▶ **Reihe 12:** 5x Clay, 1x Cream, 2x Clay, 1x Cream, 3x Clay

◀ **Reihe 13:** 5x Clay, 1x Cream, 1x Clay, 4x Cream, 2x Clay

▶ **Reihe 14:** 5x Clay, 1x Cream, 8x Clay

◀ **Reihe 15:** 6x Clay, 1x Cream, 1x Clay, 2x Cream, 5x Clay

▶ **Reihe 16:** 5x Clay, 1x Cream, 10x Clay

◀ **Reihe 17:** 9x Clay, 1x Cream, 1x Clay, 4x Cream, 2x Clay

▶ **Reihe 18:** 5x Clay, 1x Cream, 12x Clay

◀ **Reihe 19:** 10x Clay, 1x Cream, 1x Clay, 2x Cream, 5x Clay

▶ **Reihe 20:** 5x Clay, 1x Cream, 14x Clay

◀ **Reihe 21:** 13x Clay, 1x Cream, 1x Clay, 4x Cream, 2x Clay

▶ **Reihe 22:** 5x Clay, 1x Cream, 16x Clay

◀ **Reihe 23:** 14x Clay, 1x Cream, 1x Clay, 2x Cream, 5x Clay

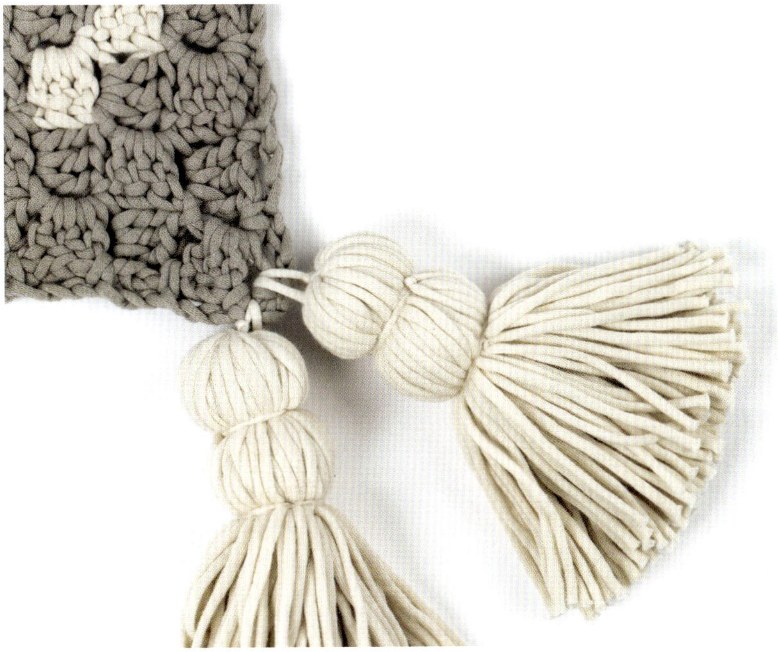

▶ **Reihe 24:** 5x Clay, 1x Cream, 18x Clay

◀ **Reihe 25:** 17x Clay, 1x Cream, 1x Clay, 4x Cream, 2x Clay

▶ **Reihe 26:** 5x Clay, 1x Cream, 20x Clay

◀ **Reihe 27:** 18x Clay, 1x Cream, 1x Clay, 2x Cream, 5x Clay

▶ **Reihe 28:** 5x Clay, 1x Cream, 22x Clay

◀ **Reihe 29:** 21x Clay, 1x Cream, 1x Clay, 4x Cream, 2x Clay

▶ **Reihe 30:** 5x Clay, 1x Cream, 24x Clay

◀ **Reihe 31:** 22x Clay, 1x Cream, 1x Clay, 2x Cream, 5x Clay

▶ **Reihe 32:** 5x Clay, 1x Cream, 26x Clay

◀ **Reihe 33:** 25x Clay, 1x Cream, 1x Clay, 4x Cream, 2x Clay

▶ **Reihe 34:** 5x Clay, 1x Cream, 28x Clay

◀ **Reihe 35:** 26x Clay, 1x Cream, 1x Clay, 2x Cream, 5x Clay

▶ **Reihe 36:** 5x Clay, 1x Cream, 30x Clay

◀ **Reihe 37:** 29x Clay, 1x Cream, 1x Clay, 4x Cream, 2x Clay

▶ **Reihe 38:** 5x Clay, 1x Cream, 32x Clay

◀ **Reihe 39:** 30x Clay, 1x Cream, 1x Clay, 2x Cream, 5x Clay

▶ **Reihe 40:** 5x Clay, 1x Cream, 34x Clay

◀ **Reihe 41:** 33x Clay, 1x Cream, 1x Clay, 4x Cream, 2x Clay

▶ **Reihe 42:** 5x Clay, 1x Cream, 36x Clay

◀ **Reihe 43:** 34x Clay, 1x Cream, 1x Clay, 2x Cream, 5x Clay

▶ **Reihe 44:** 5x Clay, 1x Cream, 38x Clay

◀ **Reihe 45:** 37x Clay, 1x Cream, 1x Clay, 4x Cream, 2x Clay

▶ **Reihe 46:** 5x Clay, 1x Cream, 40x Clay

◀ **Reihe 47:** 38x Clay, 1x Cream, 1x Clay, 2x Cream, 5x Clay

ECKE *(zu Beginn aller Rückreihen auf der LS abnehmen, zu Beginn aller Hinreihen auf der RS zunehmen)*

▶ **Reihe 48 (LS):** 4x Clay, 1x Cream, 42x Clay

◀ **Reihe 49 (RS):** 41x Clay, 1x Cream, 1x Clay, 4x Cream

▶ **Reihe 50:** 2x Clay, 1x Cream, 42x Clay, 1x Cream, 1x Clay

◀ **Reihe 51:** 42x Clay, 1x Cream, 1x Clay, 2x Cream, 1x Clay

▶ **Reihe 52:** 1x Cream, 43x Clay, 1x Cream, 1x Clay, 1x Cream

◀ **Reihe 53:** 1x Clay, 1x Cream, 2x Clay, 1x Cream, 40x Clay, 1x Cream, 1x Clay

▶ **Reihe 54:** 43x Clay, 2x Cream, 2x Clay

◀ **Reihe 55:** 3x Clay, 1x Cream, 1x Clay, 1x Cream, 40x Clay, 1x Cream

▶ **Reihe 56:** 42x Clay, 4x Cream, 1x Clay

◀ **Reihe 57:** 5x Clay, 2x Cream, 1x Clay, 1x Cream, 38x Clay

ECKE *(zu Beginn jeder Reihe abnehmen)*

▶ **Reihe 58 (LS):** 40x Clay, 1x Cream, 5x Clay

◀ **Reihe 59 (RS):** 2x Clay, 4x Cream, 1x Clay, 1x Cream, 37x Clay

▶ **Reihe 60:** 38x Clay, 1x Cream, 5x Clay

◀ **Reihe 61:** 5x Clay, 2x Cream, 1x Clay, 1x Cream, 34x Clay

▶ **Reihe 62:** 36x Clay, 1x Cream, 5x Clay

◀ **Reihe 63:** 2x Clay, 4x Cream, 1x Clay, 1x Cream, 33x Clay

▶ **Reihe 64:** 34x Clay, 1x Cream, 5x Clay

◀ **Reihe 65:** 5x Clay, 2x Cream, 1x Clay, 1x Cream, 30x Clay

▶ **Reihe 66:** 32x Clay, 1x Cream, 5x Clay

◀ **Reihe 67:** 2x Clay, 4x Cream, 1x Clay, 1x Cream, 29x Clay

▶ **Reihe 68:** 30x Clay, 1x Cream, 5x Clay

◀ **Reihe 69:** 5x Clay, 2x Cream, 1x Clay, 1x Cream, 26x Clay

▶ **Reihe 70:** 28x Clay, 1x Cream, 5x Clay

◀ **Reihe 71:** 2x Clay, 4x Cream, 1x Clay, 1x Cream, 25x Clay

▶ **Reihe 72:** 26x Clay, 1x Cream, 5x Clay

◀ **Reihe 73:** 5x Clay, 2x Cream, 1x Clay, 1x Cream, 22x Clay

▶ **Reihe 74:** 24x Clay, 1x Cream, 5x Clay

◀ **Reihe 75:** 2x Clay, 4x Cream, 1x Clay, 1x Cream, 21x Clay

▶ **Reihe 76:** 22x Clay, 1x Cream, 5x Clay

◀ **Reihe 77:** 5x Clay, 2x Cream, 1x Clay, 1x Cream, 18x Clay

▶ **Reihe 78:** 20x Clay, 1x Cream, 5x Clay

◀ **Reihe 79:** 2x Clay, 4x Cream, 1x Clay, 1x Cream, 17x Clay

▶ **Reihe 80:** 18x Clay, 1x Cream, 5x Clay

◀ **Reihe 81:** 5x Clay, 2x Cream, 1x Clay, 1x Cream, 14x Clay

▶ **Reihe 82:** 16x Clay, 1x Cream, 5x Clay

◀ **Reihe 83:** 2x Clay, 4x Cream, 1x Clay, 1x Cream, 13x Clay

▶ **Reihe 84:** 14x Clay, 1x Cream, 5x Clay

◀ **Reihe 85:** 5x Clay, 2x Cream, 1x Clay, 1x Cream, 10x Clay

▶ **Reihe 86:** 1x Clay2, 1x Cream, 5x Clay

◀ **Reihe 87:** 2x Clay, 4x Cream, 1x Clay, 1x Cream, 9x Clay

▶ **Reihe 88:** 10x Clay, 1x Cream, 5x Clay

◀ **Reihe 89:** 5x Clay, 2x Cream, 1x Clay, 1x Cream, 6x Clay

▶ **Reihe 90:** 8x Clay, 1x Cream, 5x Clay

◀ **Reihe 91:** 2x Clay, 4x Cream, 1x Clay, 1x Cream, 5x Clay

▶ **Reihe 92:** 6x Clay, 1x Cream, 5x Clay

◀ **Reihe 93:** 5x Clay, 2x Cream, 1x Clay, 1x Cream, 2x Clay

▶ **Reihe 94:** 4x Clay, 1x Cream, 5x Clay

◀ **Reihe 95:** 2x Clay, 4x Cream, 1x Clay, 1x Cream, 1x Clay

▶ **Reihe 96:** 2x Clay, 1x Cream, 5x Clay

◀ **Reihe 97:** 5x Clay, 2x Cream

▶ **Reihe 98:** 1x Cream, 5x Clay

◀ **Reihe 99:** 2x Clay, 3x Cream

▶ **Reihe 100:** 4x Clay

◀ **Reihe 101:** 3x Clay

▶ **Reihe 102:** 2x Clay

◀ **Reihe 103:** 1x Clay

TIPP

Mit einem Garn mittlerer Stärke wird eine Babydecke daraus.

DIAGRAMM

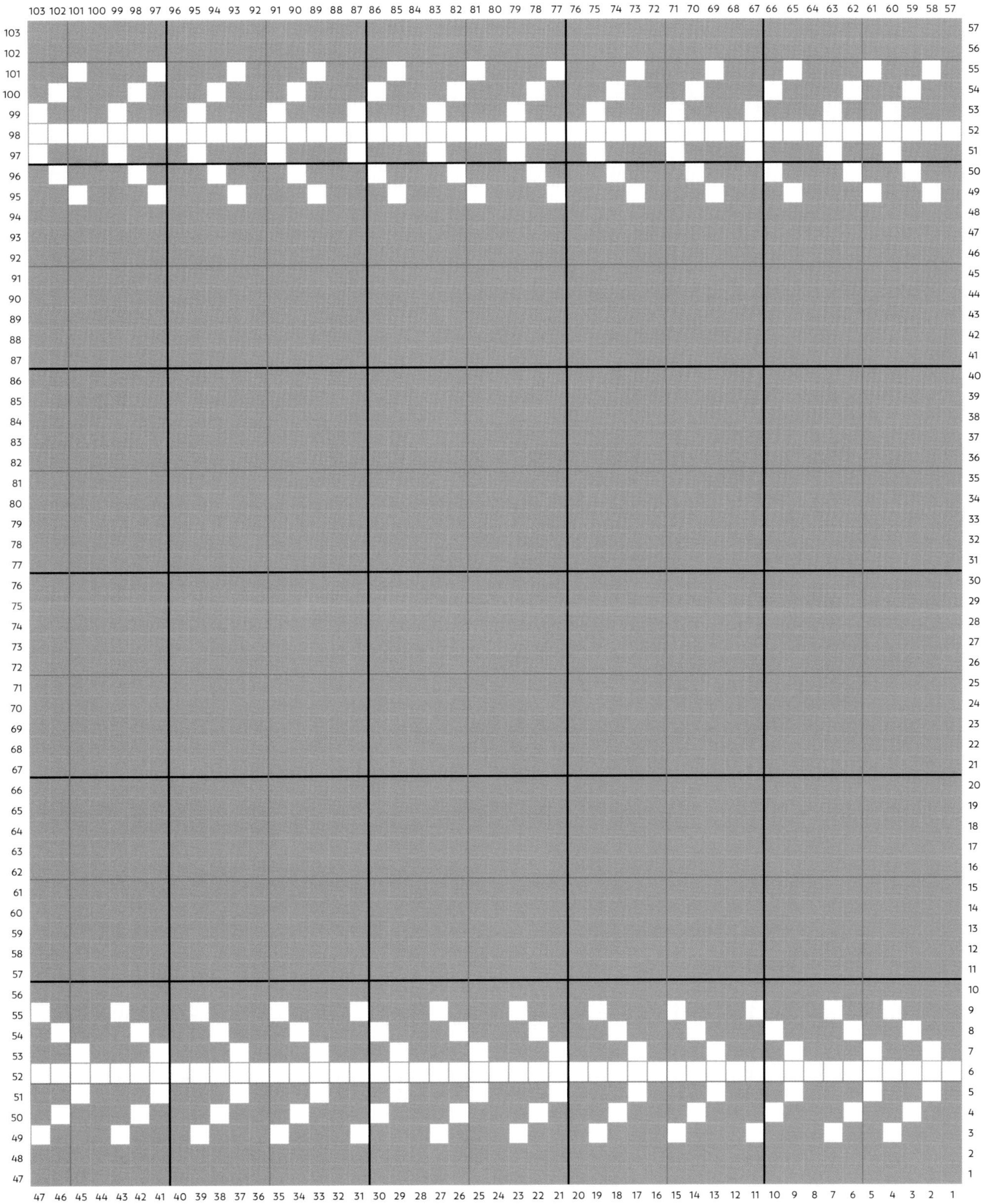

Bernat Maker Home Dec – Clay

Bernat Maker Home Dec – Cream

ZICKZACK-BEANIE

Diese schöne Mütze gelingt leicht und beweist, dass ein einfaches C2C-Rechteck ungeahnte Möglichkeiten birgt. Die Farben im Diagramm sind in Abschnitten gruppiert. Du verwendest daher nie mehr als 3 Knäuel gleichzeitig, wodurch das Projekt einfacher ist, als es wirkt.

Schwierigkeitsgrad

✚ ✚ ✚

Garn

Wool and The Gang Feeling Good Yarn (70 % Alpaca, 23 % Nylon, 7 % Merino; LL = 130 m/50 g) in den Farben:

- Cameo Rose; 1 Knäuel – Rose
- Forest Green; 1 Knäuel – Green
- Mellow Mauve; 1 Knäuel – Mauve

Utensilien

6,5 mm Häkelnadel

Fell-Bommel, 11,5 cm groß

Abmessungen und Größen

Einheitsgröße: mittlere Damengröße

Umfang: Etwa 50 cm

Höhe: Etwa 25 cm bei umgeklapptem Rand, ohne Bommel

Maschenprobe

4 Quadrate messen 8,25 cm mit 6,5 mm Häkelnadel und Wool and The Gang Feeling Good Yarn

Maschentyp

Stäbchen-C2C

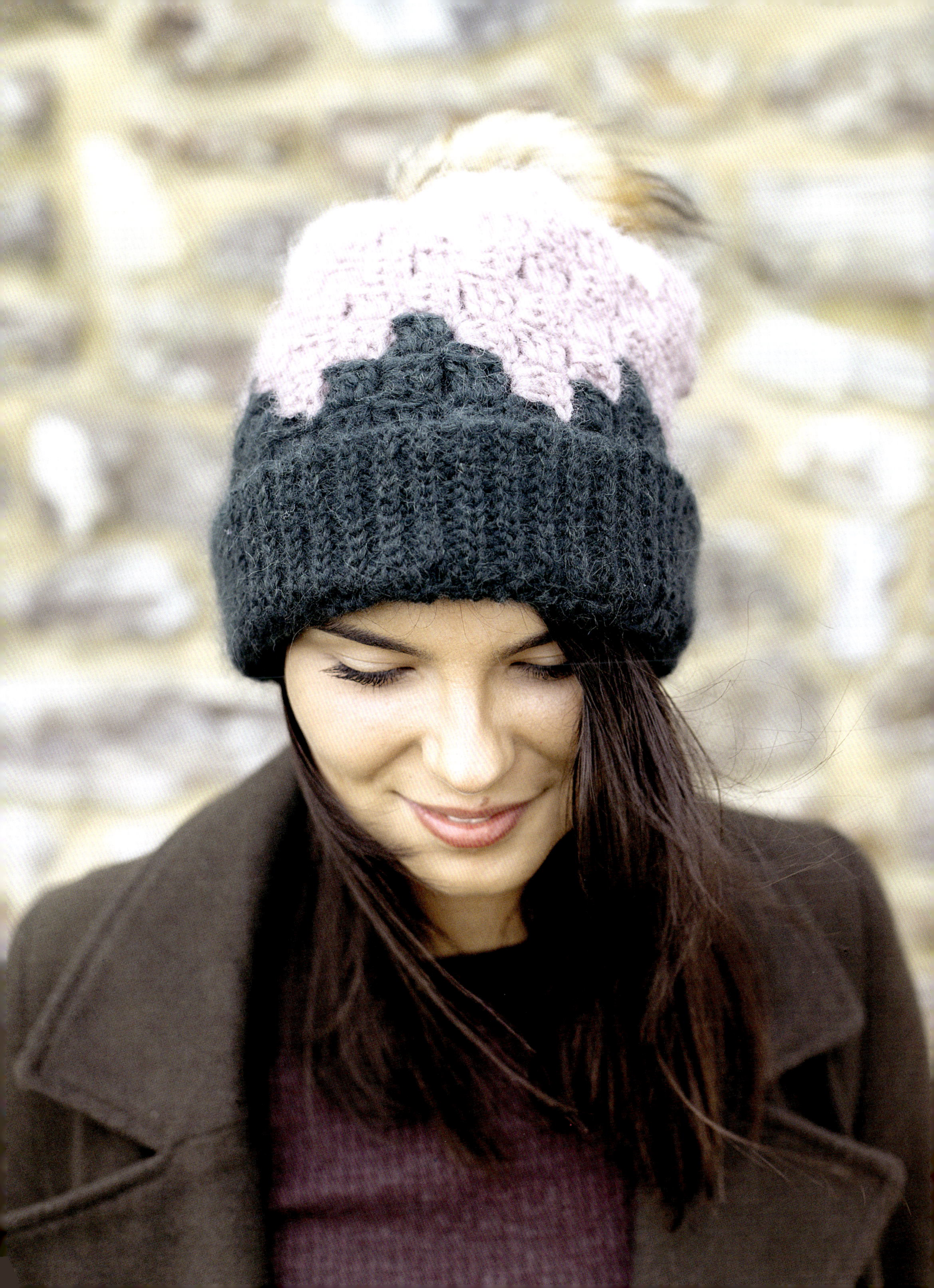

HINWEIS

◢ *Da die einzelnen Farbabschnitte durchgehend sind, arbeite nach dem Diagramm, ohne das Garn bei den Farbwechseln abzuschneiden. Lasse stattdessen die erste Farbe auf der LS hängen und nimm die zweite Farbe auf. Dann wartet die vorherige Farbe schon, um in der nächsten Reihe wieder aufgenommen zu werden.*

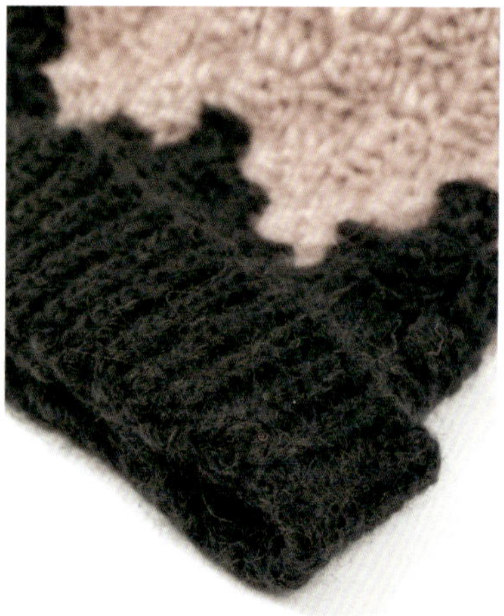

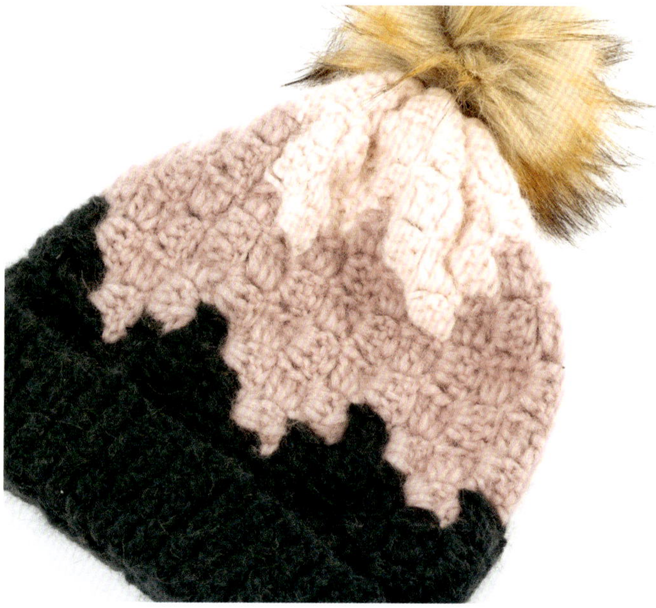

Anleitung

SO HÄKELST DU DIE MÜTZE

› Arbeite das Rechteck für die Mütze nach der Musterbeschreibung und dem Diagramm. Lasse beim Abschneiden der Fäden für jede Farbe ein 30 cm langes Ende hängen.

› Arbeite das gerippte Bündchen in Forest Green, wie unten beschrieben. Km können dabei recht fest werden. Achte darauf, sie relativ locker zu häkeln, wenn du Probleme hast, die Nadel einzustechen.

Basisreihe für das Rippenmuster: 12 Lm.

Reihe 1: Die 1. Lm überspr, je 1 Km in jede Lm, wenden. (11 M)

Reihen 2–84: 1 Lm, je 1 fM ins hintere M-Glied jeder Km, wenden.

Das Stück sollte nun 42 vorstehende Rippen zeigen. Den Faden mit einem etwa 75 cm langen Ende abschneiden.

› Die Teile haben keine definierte RS oder LS. Wähle beim Zusammennähen daher einfach die schönsten Seiten als RS.

› Schließe alle Nähte mit einer Wollnadel und dem Stich, der unter »C2C-Teile zusammennähen« beschrieben ist (siehe »Allgemeine Techniken«).

› Während die LS nach oben zeigt, lege das Rippenbündchen an den unteren Rand des Mützenteils. Nähe das Bündchen mit dem Fadenende in Forest Green an die Mütze (siehe »Allgemeine Techniken: C2C-Teile zusammennähen«).

› Falte das Mützenrechteck in der Breite, sodass die beiden kurzen Seiten sich berühren und die LS nach außen zeigt. Mit der Wollnadel und den Fadenenden des Rechtecks verbinde die einzelnen Farbabschnitte und das Rippenbündchen (siehe »Allgemeine Techniken: C2C-Teile zusammennähen«).

› Mit einem Faden in Cameo Rose und der Wollnadel schließe die Mütze mit Überwendlichstichen am oberen Rand des Rechtecks. Ziehe leicht daran, um das Rechteck zu kräuseln. Es macht nichts, wenn es oben an der Mütze noch ein kleines Loch gibt, da der Bommel es verdecken wird.

› Die Mütze auf rechts drehen. Mit dem gleichen Faden den Bommel oben auf die Mütze nähen. Den Faden abschneiden.

› Alle übrigen Fadenenden vernähen. Das Rippenbündchen wie gezeigt umklappen.

Muster

◀ **Reihe 1 (RS):** 1x Green

▶ **Reihe 2 (LS):** 2x Green

◀ **Reihe 3:** 3x Green

▶ **Reihe 4:** 4x Green

◀ **Reihe 5:** 5x Green

▶ **Reihe 6:** 5x Green, 1x Mauve

◀ **Reihe 7:** 1x Mauve, 6x Green

▶ **Reihe 8:** 4x Green, 4x Mauve

◀ **Reihe 9:** 4x Mauve, 5x Green

▶ **Reihe 10:** 5x Green, 3x Mauve, 2x Rose

◀ **Reihe 11:** 2x Rose, 3x Mauve, 6x Green

▶ **Reihe 12:** 4x Green, 5x Mauve, 3x Rose

◀ **Reihe 13:** 3x Rose, 5x Mauve, 5x Green

ECKE *(zu Beginn aller Rückreihen auf der LS zunehmen, zu Beginn aller Hinreihen auf der RS abnehmen)*

▶ **Reihe 14 (LS):** 5x Green, 3x Mauve, 5x Rose

◀ **Reihe 15 (RS):** 4x Rose, 3x Mauve, 6x Green

▶ **Reihe 16:** 4x Green, 5x Mauve, 4x Rose

◀ **Reihe 17:** 3x Rose, 5x Mauve, 5x Green

▶ **Reihe 18:** 5x Green, 3x Mauve, 5x Rose

◀ **Reihe 19:** 4x Rose, 3x Mauve, 6x Green

▶ **Reihe 20:** 4x Green, 5x Mauve, 4x Rose

◀ **Reihe 21:** 3x Rose, 5x Mauve, 5x Green

▶ **Reihe 22:** 5x Green, 3x Mauve, 5x Rose

◀ **Reihe 23:** 4x Rose, 3x Mauve, 6x Green

▶ **Reihe 24:** 4x Green, 5x Mauve, 4x Rose

ECKE *(zu Beginn jeder Reihe abnehmen)*

◀ **Reihe 25 (RS):** 3x Rose, 5x Mauve, 4x Green

▶ **Reihe 26 (LS):** 3x Green, 3x Mauve, 5x Rose

◀ **Reihe 27:** 4x Rose, 3x Mauve, 3x Green

▶ **Reihe 28:** 5x Mauve, 4x Rose

◀ **Reihe 29:** 3x Rose, 5x Mauve

▶ **Reihe 30:** 2x Mauve, 5x Rose

◀ **Reihe 31:** 4x Rose, 2x Mauve

▶ **Reihe 32:** 1x Mauve, 4x Rose

◀ **Reihe 33:** 3x Rose, 1x Mauve

▶ **Reihe 34:** 3x Rose

◀ **Reihe 35:** 2x Rose

▶ **Reihe 36:** 1x Rose

DIAGRAMM

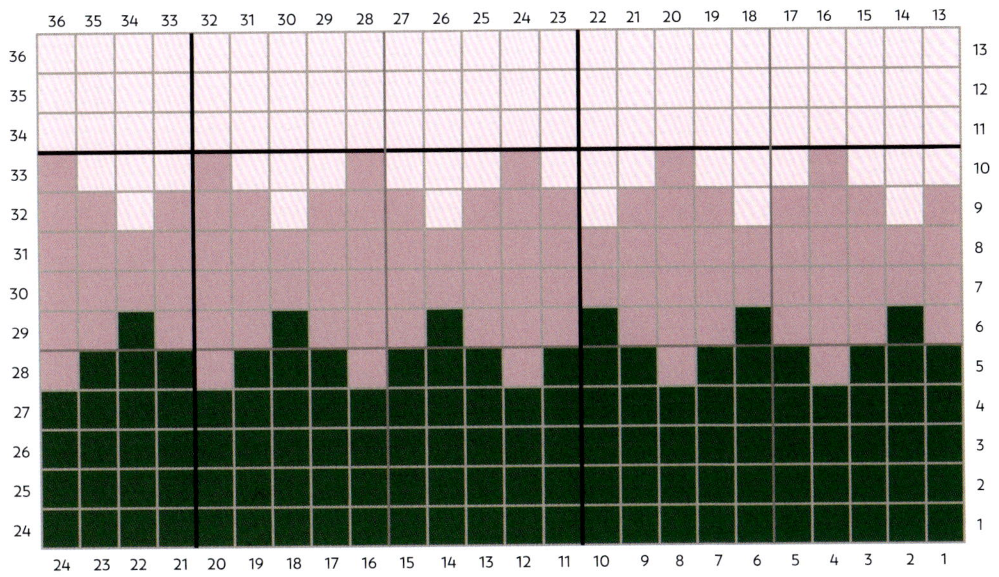

Wool and The Gang Feeling Good Yarn – Cameo Rose

Wool and The Gang Feeling Good Yarn – Mellow Mauve

Wool and The Gang Feeling Good Yarn – Forest Green

WELTENBUMMLER-BABYDECKE

Mit dieser modernen Decke halten kleine Abenteurer*innen sich unterwegs schön warm. Das Design wirkt vielleicht kompliziert, erfordert aber relativ wenig Garn-Management, da die Farben in Abschnitten gearbeitet werden. Halte dich an die Abbildung oder versuche dich in Farbtheorie, indem du andere Farbtöne in verschiedenen überlappenden Kombinationen verwendest.

Schwierigkeitsgrad

✚ ✚ ✚

Garn

Caron Simply Soft (100 % Acryl; 288 m pro 170 g-Knäuel, das entspricht einer LL = 85 m/50 g) in den Farben:

- Off White (9702); 4 Knäuel
- Plum Perfect (9761); 1 Knäuel – Plum
- Kelly Green (9769); 1 Knäuel – Green
- Persimmon (9754); 1 Knäuel
- Chartreuse (9771); 1 Knäuel
- Ocean (9759); 1 Knäuel
- Robin's Egg Blue (9780); 1 Knäuel –Blue
- Lavender Blue (9756); 1 Knäuel – Lavender
- Gold (9782); 1 Knäuel
- Sunshine (9755); 1 Knäuel

Utensilien

5 mm Häkelnadel

Fertige Größe

93 cm x 93 cm

Maschenprobe

4 Quadrate messen 7 cm mit Häkelnadel in 5 mm und Caron Simply Soft

Maschentyp

Stäbchen-C2C

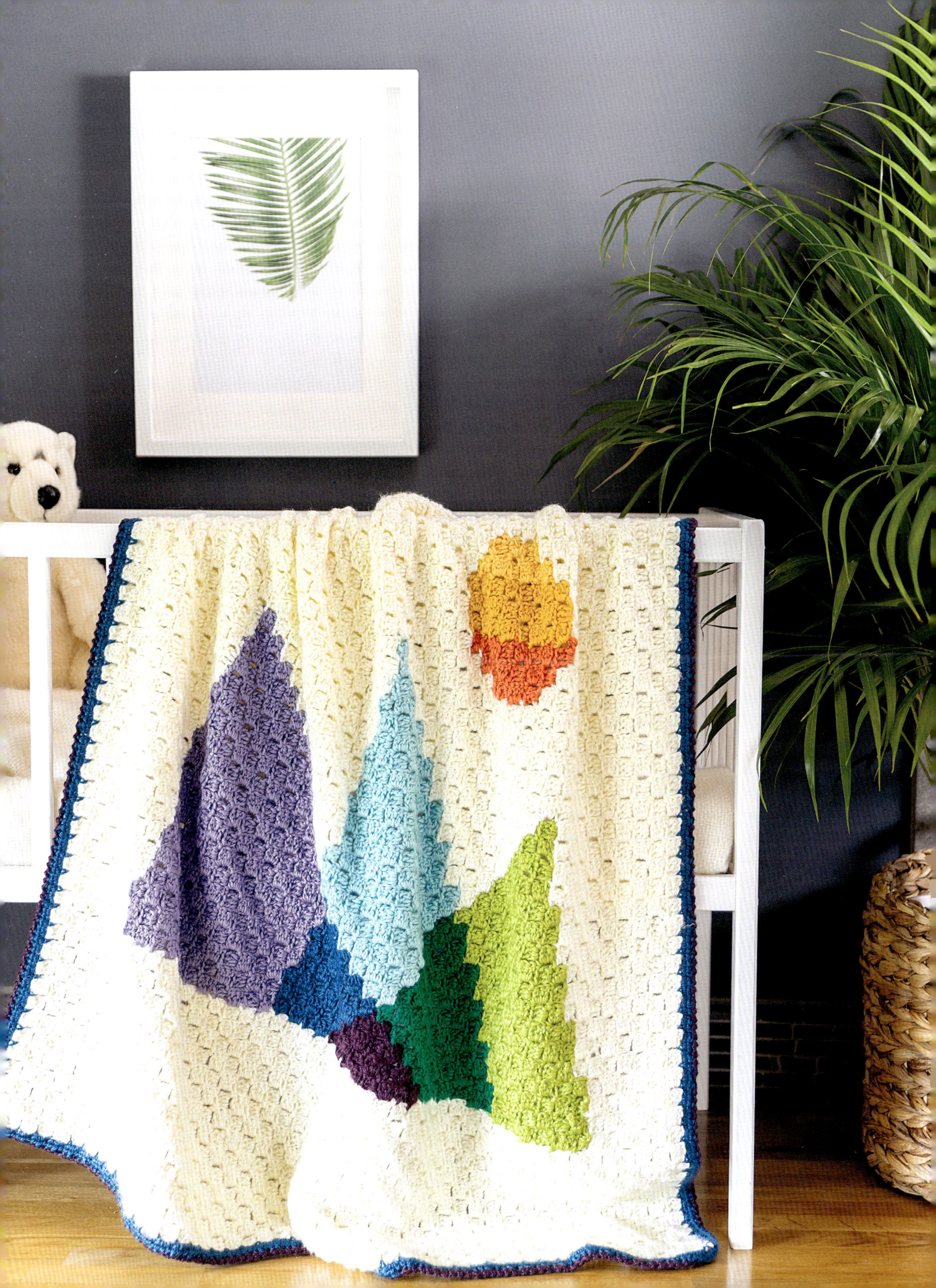

HINWEISE

◢ *Bei dieser hübschen Decke kannst du gut mit einer aufwendigeren Borte experimentieren. Arbeite eine einfache Borte aus fM (siehe »Allgemeine Techniken: Borte aus festen Maschen«) als 1. Runde und füge dann in den nächsten Runden deine Lieblingsborte an.*

◢ *Da jede Farbe für eine größere Fläche verwendet wird, schneide das Garn nach den Farbwechseln nicht ab. Lasse stattdessen die erste Farbe hängen, wenn du zur nächsten Farbe wechselst (siehe »Farbwechsel«). Wenn du dann wieder mit der zweiten Farbe in die andere Richtung arbeitest, nimmst du einfach die erste Farbe entsprechend wieder auf.*

TIPP

Wenn du weniger Garnknäuel kaufen möchtest, kannst du die Sonne in nur einer Farbe arbeiten. Ein Knäuel reicht, um die gesamte Sonne zu häkeln.

Anleitung

SO HÄKELST DU DIE DECKE

› Arbeite die Decke nach der Musterbeschreibung und dem Diagramm.

› Arbeite folgende 3 Runden für die Borte:

Borten-Runde 1: Mit Ocean anschlingen und 1 Runde fM häkeln (siehe »Allgemeine Techniken: Borte aus festen Maschen«).

Borten-Runde 2: Weiter in Ocean: 2 Lm (zählt nicht als M), 1 hStb in die 1. fM, * 2 hStb in die nächste 2 Lm-Kette, 1 hStb in die nächste fM; ab * wdh, dabei an den Ecken 2 hStb in beide fM arbeiten, mit 1 Km in die 2. Anfangs-Lm zur Runde schließen. Den Faden abschneiden.

Borten-Runde 3: Mit Plum Perfect anschlingen und 1 Runde Krebsmaschen häkeln (siehe »Allgemeine Techniken: Krebsmaschenborte«). Den Faden abschneiden.

Alle übrigen Fadenenden vernähen.

Muster

◀ **Reihe 1 (RS):** 1x Off White

▶ **Reihe 2 (LS):** 2x Off White

◀ **Reihe 3:** 3x Off White

▶ **Reihe 4:** 4x Off White

◀ **Reihe 5:** 5x Off White

▶ **Reihe 6:** 6x Off White

◀ **Reihe 7:** 7x Off White

▶ **Reihe 8:** 8x Off White

◀ **Reihe 9:** 9x Off White

▶ **Reihe 10:** 10x Off White

◀ **Reihe 11:** 11x Off White

▶ **Reihe 12:** 12x Off White

◀ **Reihe 13:** 13x Off White

▶ **Reihe 14:** 14x Off White

◀ **Reihe 15:** 15x Off White

▶ **Reihe 16:** 16x Off White

◀ **Reihe 17:** 17x Off White

▶ **Reihe 18:** 18x Off White

◀ **Reihe 19:** 19x Off White

▶ **Reihe 20:** 20x Off White

◀ **Reihe 21:** 6x Off White, 1x Chartreuse, 14x Off White

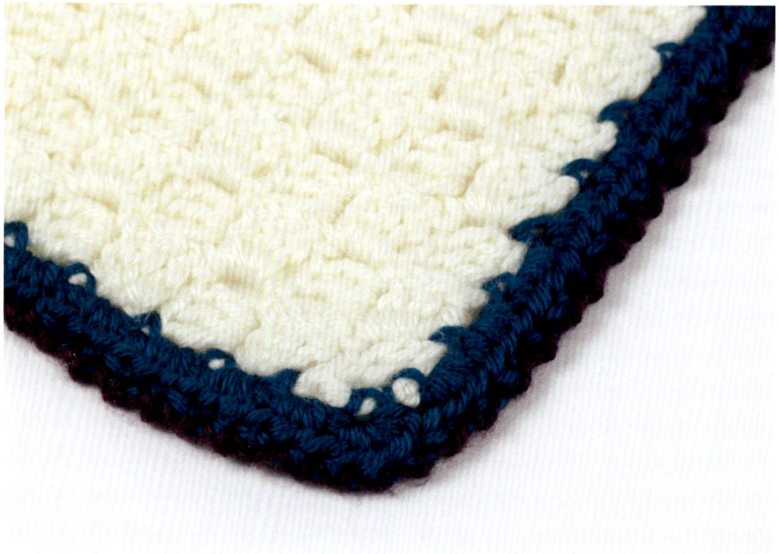

▶ **Reihe 22:** 14x Off White, 2x Chartreuse, 6x Off White

◀ **Reihe 23:** 6x Off White, 3x Chartreuse, 14x Off White

▶ **Reihe 24:** 14x Off White, 4x Chartreuse, 6x Off White

◀ **Reihe 25:** 7x Off White, 4x Chartreuse, 14x Off White

▶ **Reihe 26:** 14x Off White, 5x Chartreuse, 7x Off White

◀ **Reihe 27:** 7x Off White, 5x Chartreuse, 1x Green, 14x Off White

▶ **Reihe 28:** 14x Off White, 2x Green, 5x Chartreuse, 7x Off White

◀ **Reihe 29:** 8x Off White, 5x Chartreuse, 2x Green, 14x Off White

▶ **Reihe 30:** 14x Off White, 3x Green, 5x Chartreuse, 8x Off White

◀ **Reihe 31:** 8x Off White, 5x Chartreuse, 4x Green, 14x Off White

▶ **Reihe 32:** 14x Off White, 4x Green, 6x Chartreuse, 8x Off White

◀ **Reihe 33:** 9x Off White, 5x Chartreuse, 5x Green, 14x Off White

▶ **Reihe 34:** 14x Off White, 1x Plum, 5x Green, 5x Chartreuse, 9x Off White

◀ **Reihe 35:** 9x Off White, 6x Chartreuse, 5x Green, 1x Plum, 14x Off White

▶ **Reihe 36:** 14x Off White, 2x Plum, 5x Green, 6x Chartreuse, 9x Off White

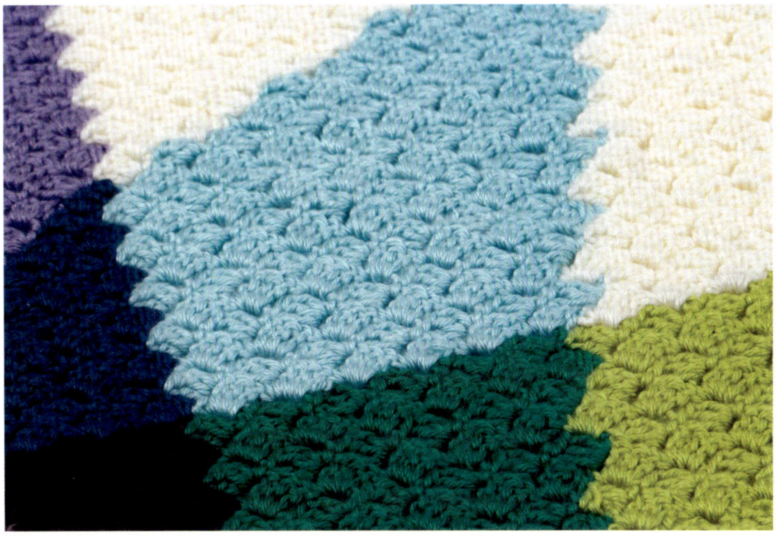

◀ **Reihe 37:** 10x Off White, 5x Chartreuse, 6x Green, 2x Plum, 14x Off White

▶ **Reihe 38:** 14x Off White, 3x Plum, 5x Green, 6x Chartreuse, 10x Off White

◀ **Reihe 39:** 10x Off White, 6x Chartreuse, 6x Green, 3x Plum, 14x Off White

▶ **Reihe 40:** 14x Off White, 4x Plum, 6x Green, 6x Chartreuse, 10x Off White

◀ **Reihe 41:** 10x Off White, 7x Chartreuse, 6x Green, 4x Plum, 14x Off White

▶ **Reihe 42:** 14x Off White, 5x Ocean, 6x Blue, 17x Off White

◀ **Reihe 43:** 17x Off White, 7x Blue, 5x Ocean, 14x Off White

▶ **Reihe 44:** 14x Off White, 6x Ocean, 6x Blue, 18x Off White

◀ **Reihe 45:** 18x Off White, 7x Blue, 6x Ocean, 14x Off White

▶ **Reihe 46:** 14x Off White, 1x Lavender, 6x Ocean, 7x Blue, 18x Off White

◀ **Reihe 47:** 19x Off White, 7x Blue, 5x Ocean, 2x Lavender, 14x Off White

▶ **Reihe 48:** 14x Off White, 4x Lavender, 4x Ocean, 7x Blue, 19x Off White

◀ **Reihe 49:** 10x Off White, 3x Persimmon, 6x Off White, 8x Blue, 3x Ocean, 5x Lavender, 14x Off White

▶ **Reihe 50:** 14x Off White, 7x Lavender, 2x Ocean, 7x Blue, 6x Off White, 3x Persimmon, 1x Gold, 10x Off White

◀ **Reihe 51:** 10x Off White, 2x Gold, 3x Persimmon, 5x Off White, 8x Blue, 1x Ocean, 8x Lavender, 14x Off White

▶ **Reihe 52:** 14x Off White, 9x Lavender, 1x Ocean, 8x Blue, 4x Off White, 3x Persimmon, 3x Gold, 10x Off White

ECKE *(zu Beginn jeder Reihe abnehmen)*

◀ **Reihe 53 (RS):** 10x Off White, 3x Gold, 2x Persimmon, 5x Off White, 7x Blue, 1x Off White, 10x Lavender, 13x Off White

▶ **Reihe 54 (LS):** 12x Off White, 11x Lavender, 2x Off White, 6x Blue, 4x Off White, 2x Persimmon, 3x Gold, 1x Sunshine, 9x Off White

◀ **Reihe 55:** 9x Off White, 1x Sunshine, 3x Gold, 1x Persimmon, 4x Off White, 6x Blue, 3x Off White, 11x Lavender, 11x Off White

▶ **Reihe 56:** 10x Off White, 12x Lavender, 4x Off White, 4x Blue, 4x Off White, 1x Persimmon, 3x Gold, 2x Sunshine, 8x Off White

◀ **Reihe 57:** 8x Off White, 2x Sunshine, 3x Gold, 4x Off White, 4x Blue, 5x Off White, 12x Lavender, 9x Off White

▶ **Reihe 58:** 8x Off White, 13x Lavender, 6x Off White, 3x Blue, 4x Off White, 2x Gold, 2x Sunshine, 8x Off White

◀ **Reihe 59:** 8x Off White, 2x Sunshine, 1x Gold, 5x Off White, 2x Blue, 7x Off White, 13x Lavender, 7x Off White

▶ **Reihe 60:** 7x Off White, 13x Lavender, 8x Off White, 1x Blue, 15x Off White

◀ **Reihe 61:** 14x Off White, 1x Blue, 9x Off White, 12x Lavender, 7x Off White

▶ **Reihe 62:** 8x Off White, 11x Lavender, 23x Off White

◀ **Reihe 63:** 23x Off White, 10x Lavender, 8x Off White

▶ **Reihe 64:** 9x Off White, 9x Lavender, 22x Off White

◀ **Reihe 65:** 22x Off White, 8x Lavender, 9x Off White

▶ **Reihe 66:** 10x Off White, 7x Lavender, 21x Off White

◀ **Reihe 67:** 21x Off White, 6x Lavender, 10x Off White

▶ **Reihe 68:** 11x Off White, 5x Lavender, 20x Off White

◀ **Reihe 69:** 20x Off White, 4x Lavender, 11x Off White

▶ **Reihe 70:** 12x Off White, 3x Lavender, 19x Off White

◀ **Reihe 71:** 19x Off White, 2x Lavender, 12x Off White

▶ **Reihe 72:** 13x Off White, 1x Lavender, 18x Off White

◀ **Reihe 73:** 31x Off White

▶ **Reihe 74:** 30x Off White

◀ **Reihe 75:** 29x Off White

▶ **Reihe 76:** 28x Off White

◀ **Reihe 77:** 27x Off White

▶ **Reihe 78:** 26x Off White

◀ **Reihe 79:** 25x Off White

▶ **Reihe 80:** 24x Off White

◀ **Reihe 81:** 23x Off White

▶ **Reihe 82:** 22x Off White

◀ **Reihe 83:** 21x Off White

▶ **Reihe 84:** 20x Off White

◀ **Reihe 85:** 19x Off White

▶ **Reihe 86:** 18x Off White

◀ **Reihe 87:** 17x Off White

▶ **Reihe 88:** 16x Off White

◀ **Reihe 89:** 15x Off White

▶ **Reihe 90:** 14x Off White

◀ **Reihe 91:** 13x Off White

▶ **Reihe 92:** 12x Off White

◀ **Reihe 93:** 11x Off White

▶ **Reihe 94:** 10x Off White

◀ **Reihe 95:** 9x Off White

▶ **Reihe 96:** 8x Off White

◀ **Reihe 97:** 7x Off White

▶ **Reihe 98:** 6x Off White

◀ **Reihe 99:** 5x Off White

▶ **Reihe 100:** 4x Off White

◀ **Reihe 101:** 3x Off White

▶ **Reihe 102:** 2x Off White

◀ **Reihe 103:** 1x Off White

DIAGRAMM

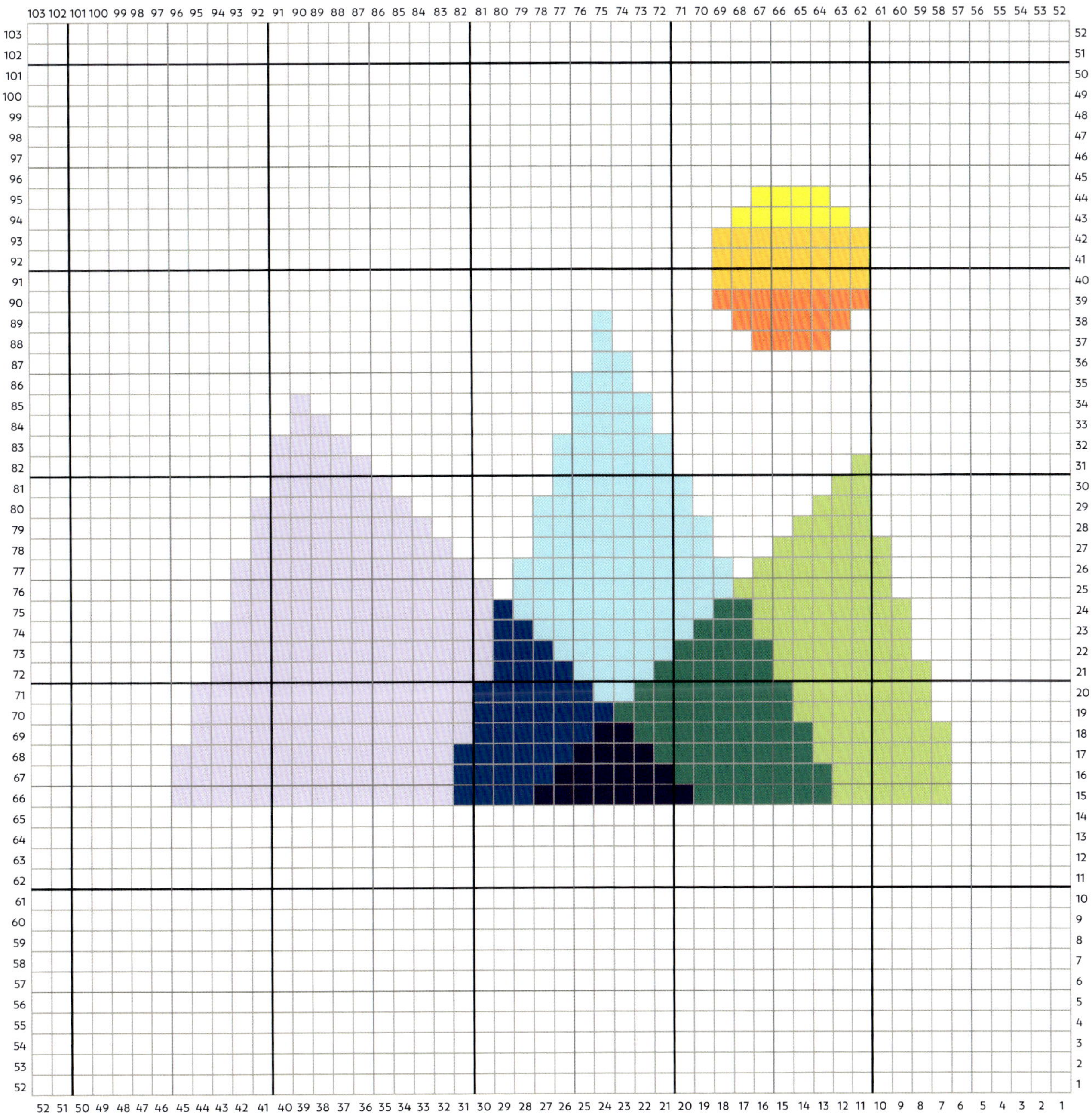

- Caron Simply Soft – Off White
- Caron Simply Soft – Plum Perfect
- Caron Simply Soft – Kelly Green
- Caron Simply Soft – Persimmon
- Caron Simply Soft – Chartreuse
- Caron Simply Soft – Ocean
- Caron Simply Soft – Robin's Egg Blue
- Caron Simply Soft – Lavender Blue
- Caron Simply Soft – Gold
- Caron Simply Soft – Sunshine

SPIEGELBILD-DECKE

Diese kuschelige Decke ist von zeitlosen Fliesenmustern inspiriert und begeistert durch geometrische Gemütlichkeit. Das Projekt wird in neun Rechtecken mit nur zwei Farben gehäkelt und lässt sich dadurch wesentlich besser transportieren als andere C2C-Decken. Für einen dezenteren Effekt ersetze das Schwarz durch einen neutralen Ton wie Graubraun. Mit zusätzlichen Rechtecken kannst du die Decke auch vergrößern.

Schwierigkeitsgrad

Garn

Lion Brand Wool-Ease Thick & Quick Bonus Bundle (80 % Acryl, 20 % Wolle; 193 m pro 340 g-Knäuel, das entspricht einer LL = 28 m/50 g) in den Farben:

- Black (153); 4 Knäuel
- Fisherman (098); 4 Knäuel – White

Utensilien

11,5 mm Häkelnadel

Fertige Größe

132 cm x 158 cm

Maschenprobe

4 Quadrate messen 16 cm mit 11,5 mm Häkelnadel und Lion Brand Wool-Ease Thick & Quick Bonus Bundle

Maschentyp

Stäbchen-C2C

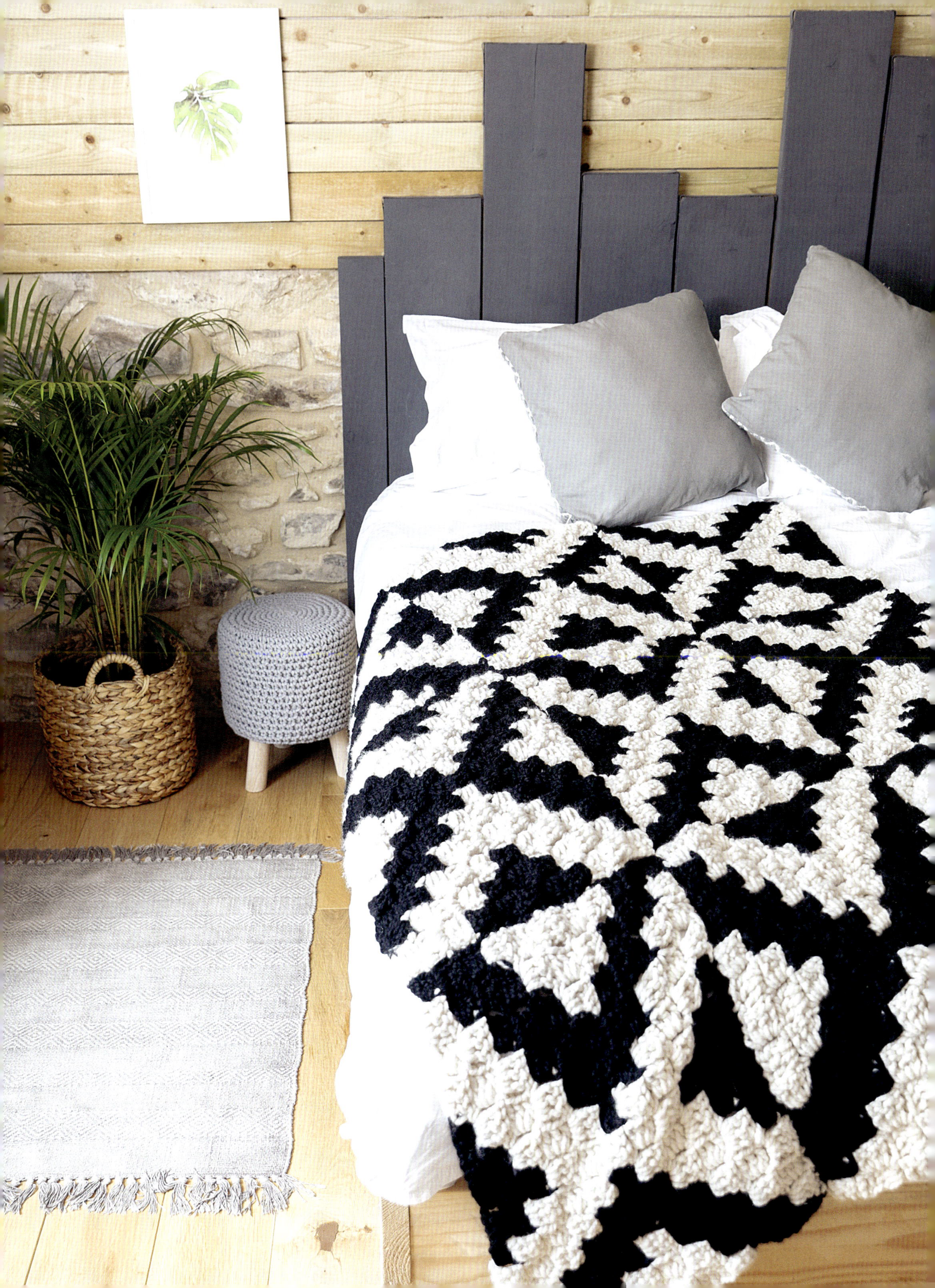

Anleitung

SO HÄKELST DU DIE DECKE

› Arbeite 4x Rechteck A und 5x Rechteck B nach der Musterbeschreibung und dem Diagramm. Lasse an jedem Rechteck einen etwa 65 cm langen schwarzen Faden hängen.

› Vernähe alle Fäden bis auf den 65 cm langen schwarzen Faden.

› Nähe die Rechtecke mit einer Wollnadel und den schwarzen Fadenenden, wo dies möglich ist, im Matratzenstich zusammen (siehe »Allgemeine Techniken: Matratzenstich«). Ziehe den Arbeitsfaden fest an, um die Naht möglichst gut zu verstecken.

› Arbeite mit mehreren Knäueln jeder Farbe gleichzeitig, um nicht bei jedem Farbwechsel den Faden durchschneiden zu müssen.

TIPP

Nähe 4 Rechtecke als moderne, geometrische Spieldecke zusammen.

RECHTECK A

Muster

◀ **Reihe 1 (RS):** 1x White

▶ **Reihe 2 (LS):** 1x White, 1x Black

◀ **Reihe 3:** 1x Black, 2x White

▶ **Reihe 4:** 1x Black, 1x White, 2x Black

◀ **Reihe 5:** 1x White, 1x Black, 2x White, 1x Black

▶ **Reihe 6:** 2x (2x Black, 1x White)

◀ **Reihe 7:** 2x White, 1x Black, 2x White, 2x Black

▶ **Reihe 8:** 3x Black, 1x White, 2x Black, 2x White

◀ **Reihe 9:** 3x White, 1x Black, 5x White

▶ **Reihe 10:** 5x White, 5x Black

◀ **Reihe 11:** 5x Black, 6x White

ECKE *(zu Beginn aller Rückreihen auf der LS abnehmen, zu Beginn aller Hinreihen auf der RS zunehmen)*

▶ **Reihe 12 (LS):** 11x Black

◀ **Reihe 13 (RS):** 6x White, 5x Black

ECKE *(zu Beginn jeder Reihe abnehmen)*

▶ **Reihe 14 (LS):** 5x Black, 5x White

◀ **Reihe 15 (RS):** 5x White, 1x Black, 3x White

▶ **Reihe 16:** 2x White, 2x Black, 1x White, 3x Black

◀ **Reihe 17:** 2x Black, 2x White, 1x Black, 2x White

▶ **Reihe 18:** 2x (1x White, 2x Black)

◀ **Reihe 19:** 1x Black, 2x White, 1x Black, 1x White

▶ **Reihe 20:** 2x Black, 1x White, 1x Black

◀ **Reihe 21:** 2x White, 1x Black

▶ **Reihe 22:** 1x Black, 1x White

◀ **Reihe 23:** 1x White

RECHTECK B

Muster

◀ **Reihe 1 (RS):** 1x Black

▶ **Reihe 2 (LS):** 1x Black, 1x White

◀ **Reihe 3:** 1x White, 2x Black

▶ **Reihe 4:** 1x White, 1x Black, 2x White

◀ **Reihe 5:** 1x Black, 1x White, 2x Black, 1x White

▶ **Reihe 6:** 2x (2x White, 1x Black)

◀ **Reihe 7:** 2x Black, 1x White, 2x Black, 2x White

▶ **Reihe 8:** 3x White, 1x Black, 2x White, 2x Black

◀ **Reihe 9:** 3x Black, 1x White, 5x Black

▶ **Reihe 10:** 5x Black, 5x White

◀ **Reihe 11:** 5x White, 6x Black

ECKE *(zu Beginn aller Rückreihen auf der LS abnehmen, zu Beginn aller Hinreihen auf der RS zunehmen)*

▶ **Reihe 12 (LS):** 11x White

◀ **Reihe 13 (RS):** 6x Black, 5x White

ECKE *(zu Beginn jeder Reihe abnehmen)*

▶ **Reihe 14 (LS):** 5x White, 5x Black

◀ **Reihe 15 (RS):** 5x Black, 1x White, 3x Black

▶ **Reihe 16:** 2x Black, 2x White, 1x Black, 3x White

◀ **Reihe 17:** 2x White, 2x Black, 1x White, 2x Black

▶ **Reihe 18:** 2x (1x Black, 2x White)

◀ **Reihe 19:** 1x White, 2x Black, 1x White, 1x Black

▶ **Reihe 20:** 2x White, 1x Black, 1x White

◀ **Reihe 21:** 2x Black, 1x White

▶ **Reihe 22:** 1x White, 1x Black

◀ **Reihe 23:** 1x Black

DIAGRAMME

Rechteck A

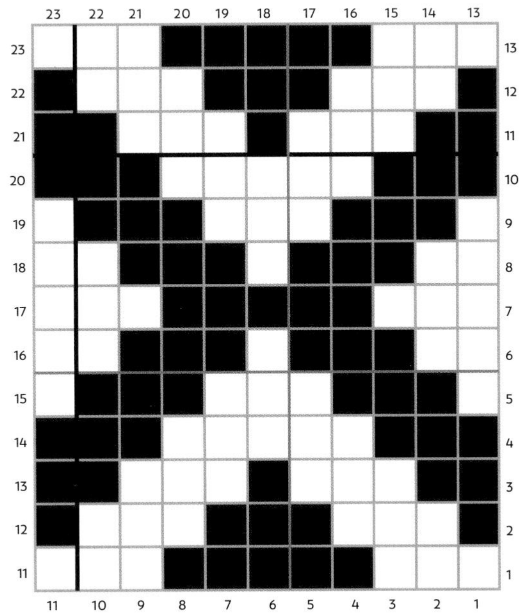

Rechteck B

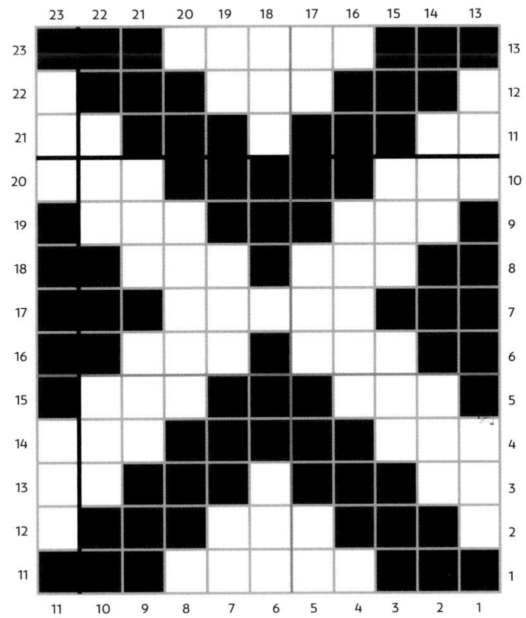

Lion Brand Wool-Ease Thick & Quick Bonus Bundle – Fisherman

Lion Brand Wool-Ease Thick & Quick Bonus Bundle – Black

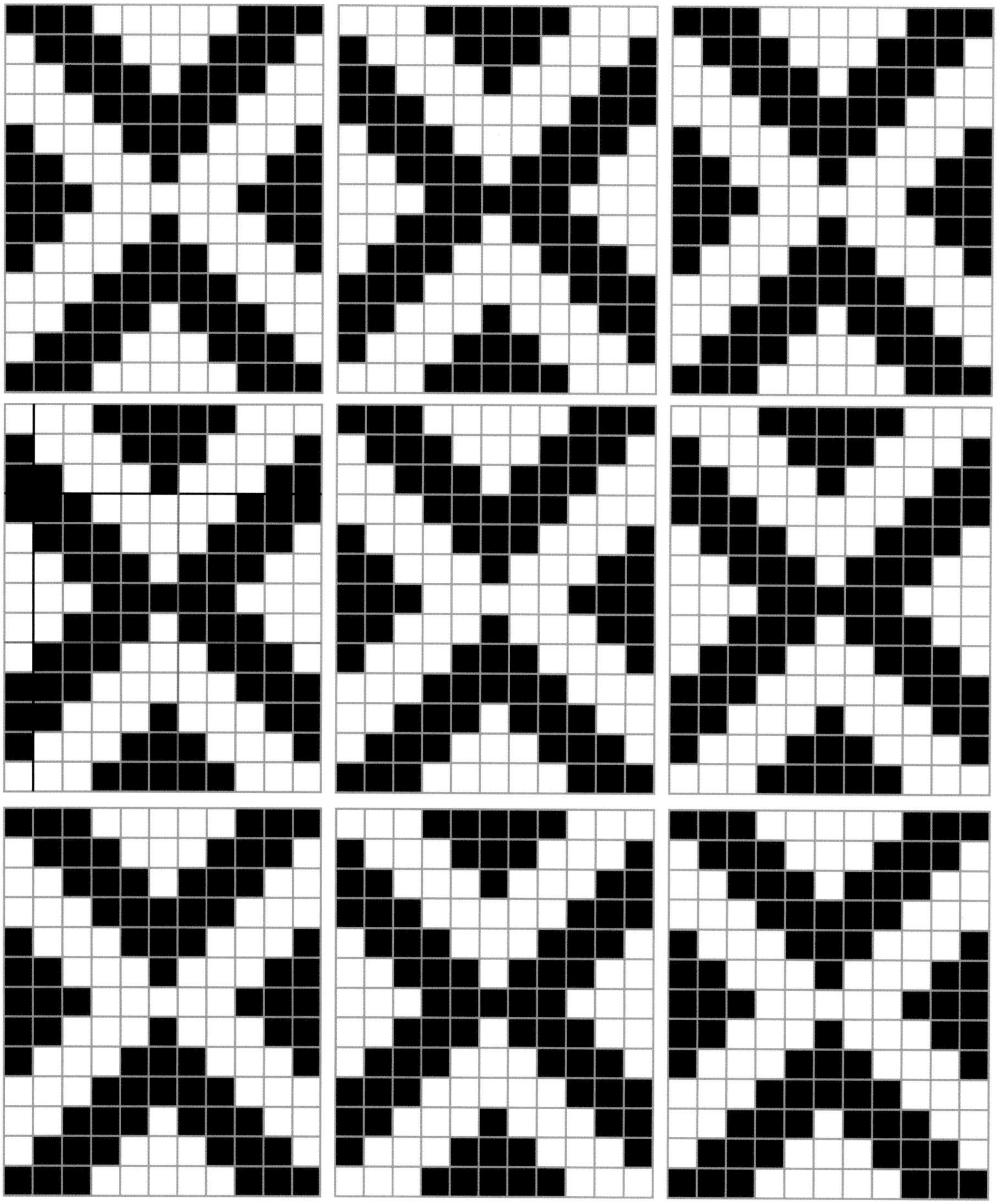

Wenn alle 9 Rechtecke fertig sind, nähe sie wie abgebildet mit dem Matratzenstich zu 3 vertikalen Reihen zusammen (siehe »Allgemeine Techniken: Matratzenstich«). Verbinde dann die 3 Reihen auf dieselbe Weise.

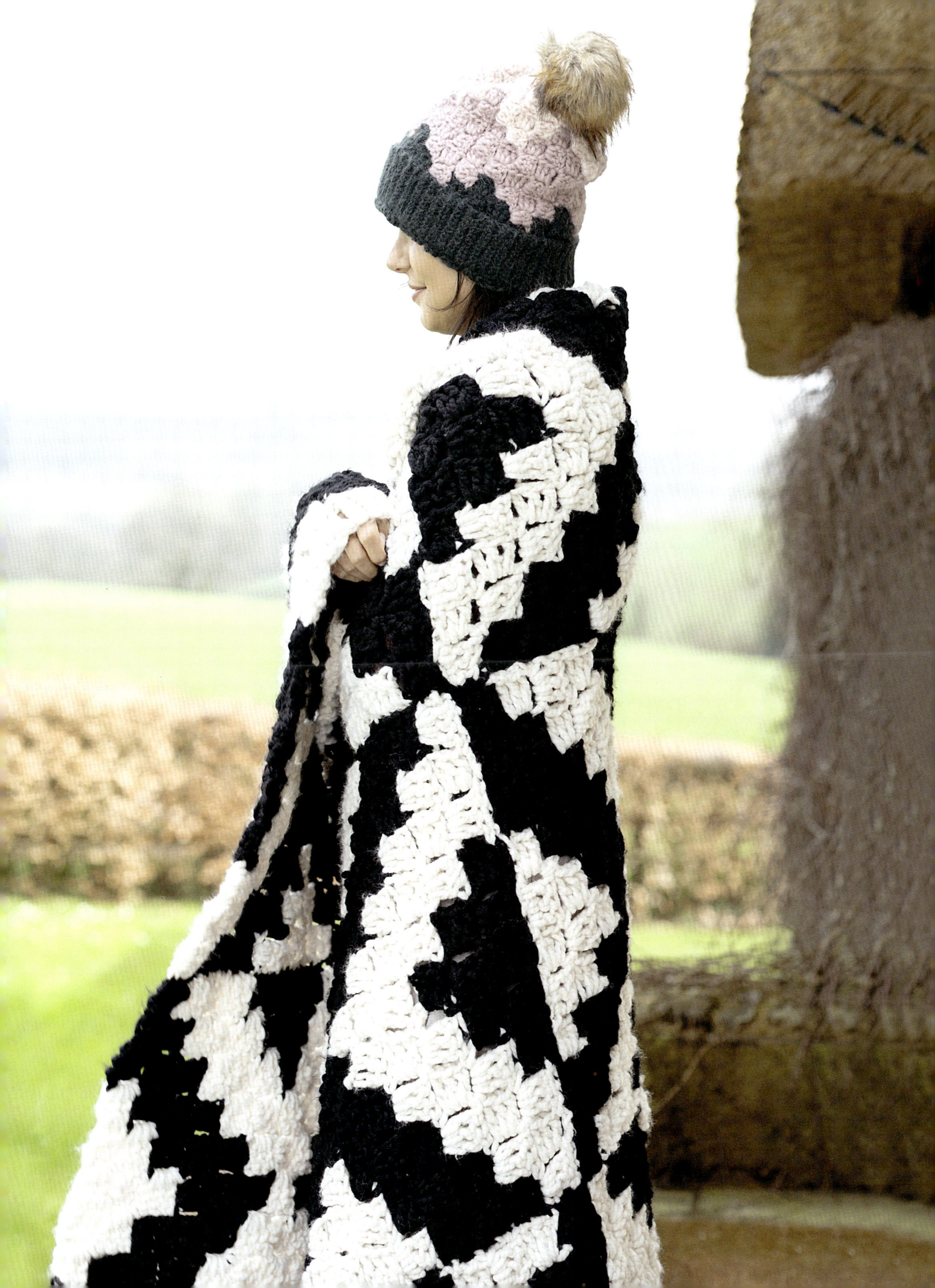

EISBLUMEN-DECKE

Bei dieser schönen Decke für Einsteiger erledigt das Garn die meiste Arbeit. Dank der verschiedenen Strukturen in einem Knäuel erhältst du eine große C2C-Decke, bei der nur wenige Fäden zu vernähen sind. Mit der Anleitung häkelst du eine große Afghan-Decke, aber du kannst 4 Rechtecke in jeder beliebigen Größe arbeiten, um die gleiche optische Wirkung in anderem Format zu erzielen. Du kannst auch ein nicht strukturiertes Garn mit Farbverlauf nehmen, um den Schwerpunkt auf die Farben zu legen.

Schwierigkeitsgrad

✚ ✚ ✚

Garn

Bernat Mix Home (60 % Acryl, 18 % Baumwolle, 13 % Nylon, 7 % Wolle, 2 % Polyester; 167 m pro 225 g-Knäuel, das entspricht einer LL = 37 m/50 g) in der Farbe:

› In the Clouds; 10 Knäuel – Clouds

Utensilien

10 mm Häkelnadel

Fertige Größe

120 cm x 142 cm

Maschenprobe

4 Quadrate messen 11 cm mit 10 mm Häkelnadel und Bernat Mix Home

Maschentyp

Stäbchen-C2C

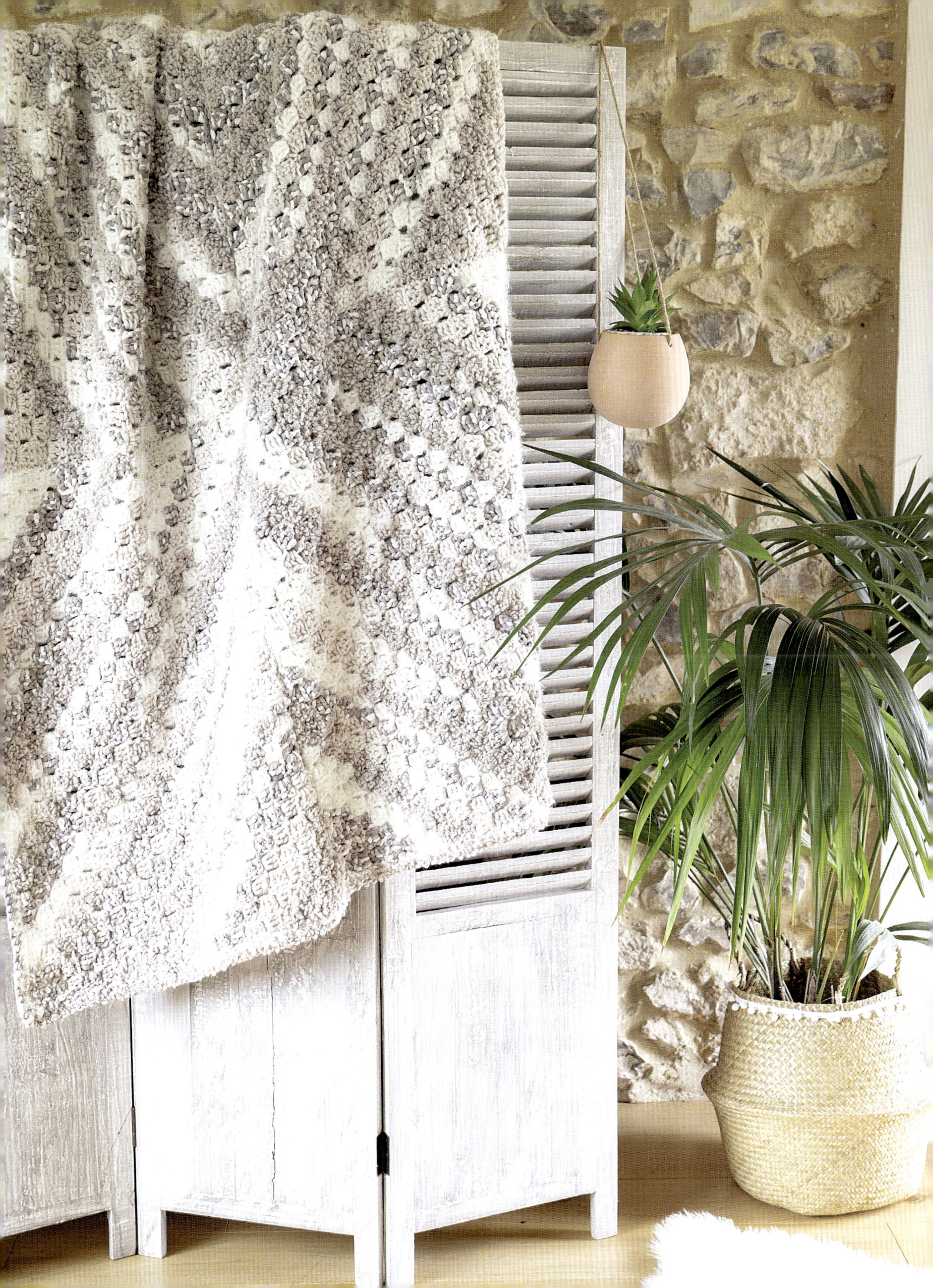

HINWEIS

◢ *Wenn du eine Decke in anderer Größe häkeln möchtest, verwende die Maschenprobe, um zu errechnen, wie viele Quadrate du für die Breite und Höhe der einzelnen Rechtecke arbeiten musst.*

TIPP

Du kannst die Rechtecke auch anders anordnen – es verändert den Look des Projekts komplett!

Anleitung

SO HÄKELST DU DIE DECKE

› Arbeite 4 gleiche Rechtecke nach der Musterbeschreibung und dem Diagramm.

› Nähe die Rechtecke dann in der gezeigten Anordnung zusammen (siehe »Allgemeine Techniken: C2C-Teile zusammennähen«).

› Arbeite die Borte wie unten beschrieben. Durch die verschiedenen Garnstrukturen wirkt die Borte möglicherweise ungleichmäßig. Schneide in diesem Fall den Faden ab, damit jeweils nur eine Struktur pro Bortenseite verwendet wird.

Borten-Runde 1: fM häkeln (siehe »Allgemeine Techniken: Borte aus festen Maschen«).

Borten-Runde 2: 1 Lm, fM in die 1. fM, * 2 Stb in die nächste 2 Lm-Kette, fM in die nächste fM; ab * wdh, dabei an den Ecken 2 fM in beide fM arbeiten, mit 1 Km in die 1. fM zur Runde schließen. Den Faden abschneiden.

Die Fäden vernähen.

Muster

◀ **Reihe 1 (RS):** 1x Clouds

▶ **Reihe 2 (LS):** 2x Clouds

◀ **Reihe 3:** 3x Clouds

▶ **Reihe 4:** 4x Clouds

◀ **Reihe 5:** 5x Clouds

▶ **Reihe 6:** 6x Clouds

◀ **Reihe 7:** 7x Clouds

▶ **Reihe 8:** 8x Clouds

◀ **Reihe 9:** 9x Clouds

▶ **Reihe 10:** 10x Clouds

◀ **Reihe 11:** 11x Clouds

▶ **Reihe 12:** 12x Clouds

◀ **Reihe 13:** 13x Clouds

▶ **Reihe 14:** 14x Clouds

◀ **Reihe 15:** 15x Clouds

▶ **Reihe 16:** 16x Clouds

◀ **Reihe 17:** 17x Clouds

▶ **Reihe 18:** 18x Clouds

◀ **Reihe 19:** 19x Clouds

▶ **Reihe 20:** 20x Clouds

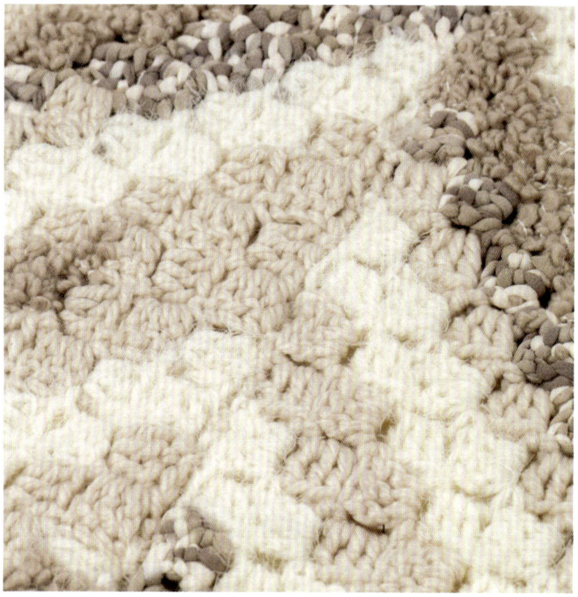

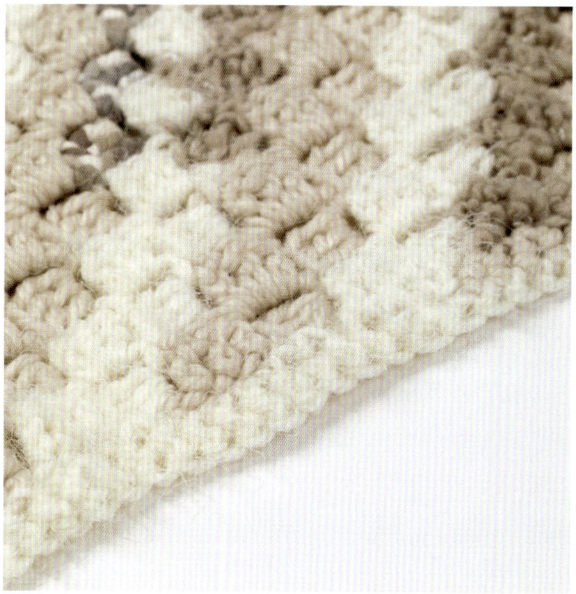

ECKE *(zu Beginn aller Rückreihen auf der LS abnehmen, zu Beginn aller Hinreihen auf der RS zunehmen)*

◀ **Reihe 21 (RS):** 20x Clouds

▶ **Reihe 22 (LS):** 20x Clouds

◀ **Reihe 23:** 20x Clouds

▶ **Reihe 24:** 20x Clouds

ECKE *(zu Beginn jeder Reihe abnehmen)*

◀ **Reihe 25 (RS):** 19x Clouds

▶ **Reihe 26 (LS):** 18x Clouds

◀ **Reihe 27:** 17x Clouds

▶ **Reihe 28:** 16x Clouds

◀ **Reihe 29:** 15x Clouds

▶ **Reihe 30:** 14x Clouds

◀ **Reihe 31:** 13x Clouds

▶ **Reihe 32:** 12x Clouds

◀ **Reihe 33:** 11x Clouds

▶ **Reihe 34:** 10x Clouds

◀ **Reihe 35:** 9x Clouds

▶ **Reihe 36:** 8x Clouds

◀ **Reihe 37:** 7x Clouds

▶ **Reihe 38:** 6x Clouds

◀ **Reihe 39:** 5x Clouds

▶ **Reihe 40:** 4x Clouds

◀ **Reihe 41:** 3x Clouds

▶ **Reihe 42:** 2x Clouds

◀ **Reihe 43:** 1x Clouds

DIAGRAMM

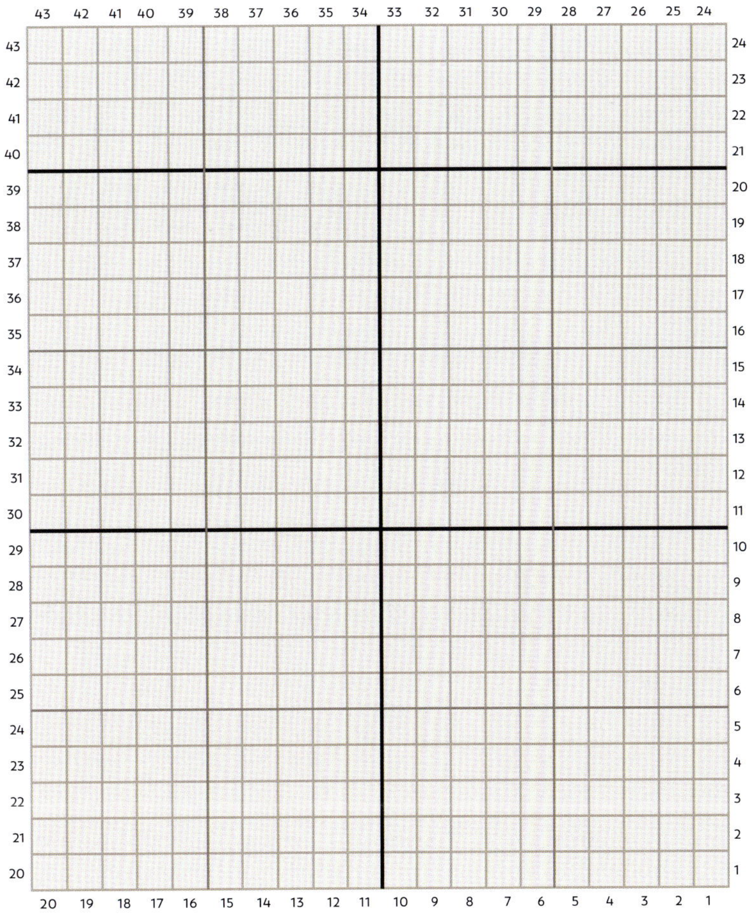

Bernat Mix Home – In the Clouds

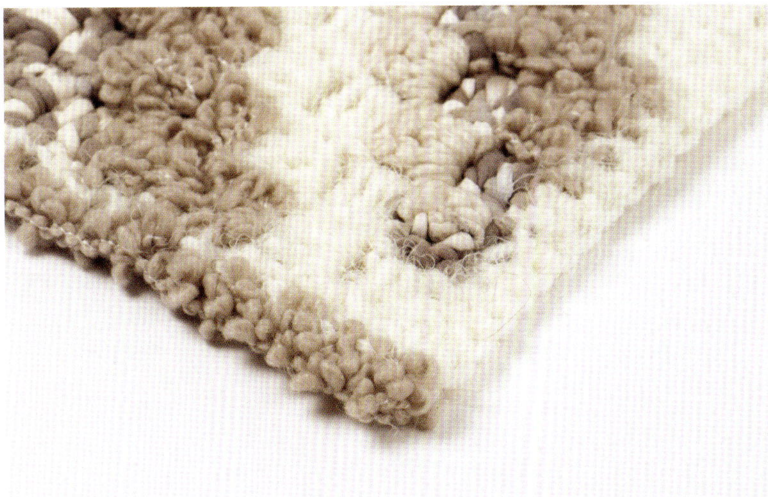

SKIHÜTTEN-KISSEN

Selbst wenn du deine Winter nicht in den Schweizer Alpen verbringst, verleiht dieses nordisch inspirierte Schneeflocken-Kissen deinem Sofa, Sessel oder Bett eine ordentliche Portion Hygge. Arbeite es in den Farben deiner Weihnachtsdeko oder in neutralen Farben, die du den ganzen Winter genießen kannst. Da mitgeführtes Garn auf der Innenseite des Kissens versteckt werden kann, gibt es überraschend wenig Fadenenden zu vernähen.

Schwierigkeitsgrad

✚ ✚ ✚

Garn

Lion Brand Vanna's Choice (100 % Acryl; LL = 156 m/100 g) in den Farben:

- Graphite (407); 4 Knäuel
- Pearl Mist (305); 3 Knäuel – Pearl
- Cranberry (180); 1 Knäuel

Utensilien

4 mm Häkelnadel

Kissenfüllung, 55 cm x 55 cm

Fertige Größe

Etwa 54,5 cm x 54,5 cm vor dem Füllen

Maschenprobe

4 Quadrate messen 7 cm mit 4 mm Häkelnadel und Lion Brand Vanna's Choice

Maschentyp

Stäbchen-C2C

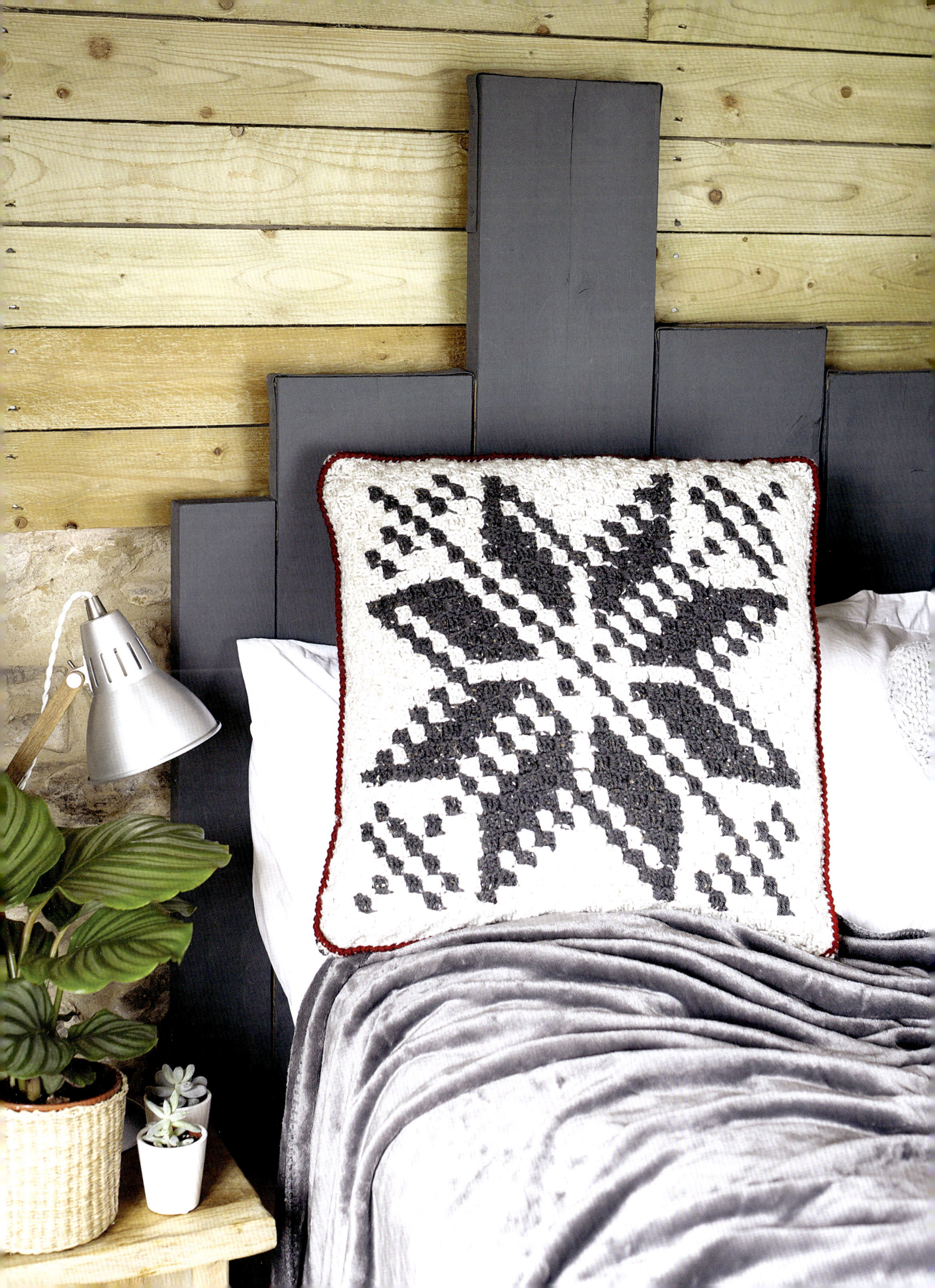

HINWEISE

◢ *Diese Anleitung bietet die perfekte Gelegenheit, die Verwendung von kleinen Garnknäueln auf Klammern zu üben, wie in »Utensilien und Material« abgebildet. So kannst du gleichzeitig mit mehreren Knäueln Graphite und Pearl Mist arbeiten und sie an deinem Projekt festklammern, bis du sie benötigst. Falls das zu unbequem wird, kannst du sie auch an einem Kleiderbügel befestigen und diesen in deinem Arbeitsbereich aufhängen.*

◢ *Bei Farbwechseln kannst du Fäden frei von anderen Bereichen ins Design aufnehmen. Wenn das Kissen fertig genäht ist, sind alle mitgeführten Fäden auf der Innenseite versteckt! Achte allerdings darauf, dass sie nur auf der LS der Arbeit mitgeführt werden.*

◢ *Sofern es dich nicht verrückt macht, wenn du weißt, dass sie da sind, kannst du auch die Fadenenden einfach auf der Innenseite des Kissens verstecken. Weniger Zeit zum Fädenvernähen = mehr Zeit zum Häkeln!*

TIPP

Für ein größeres Kissen oder Bodenkissen kannst du mit einem dickeren Garn und dickerer Nadel nach dem Diagramm arbeiten. Um das Kissen kleiner zu machen, arbeite halbe Stäbchen in dem empfohlenen Garn.

Anleitung

SO FERTIGST DU DAS KISSEN AN

› Arbeite die Kissenvorder- und -rückseite nach der Musterbeschreibung und dem Diagramm.

› Zum Fertigstellen stecke die Kissenvorder- und -rückseite links auf links zusammen.

› Schließe mit fM in Pearl Mist 3 Seiten des Kissens. Arbeite dabei durch die Vorder- und Rückseite des Kissens und häkele je 1 zusätzliche fM in jede Ecke.

› Stecke die Kissenfüllung hinein.

› Arbeite fM entlang der letzten Seite, um die Vorder- und Rückseite zu verbinden. Mit 1 Km in die 1. fM zur Runde schließen.

› Alle übrigen Fadenenden vernähen.

› Arbeite für die Borte 1 Runde Krebsmaschen mit Cranberry (oder Graphite, für einen neutraleren Look) (siehe »Allgemeine Techniken: Krebsmaschenborte«) rings um das Kissen.

› Den Faden abschneiden und vernähen.

Muster

VORDERSEITE

◀ **Reihe 1 (RS):** 1x Pearl

▶ **Reihe 2 (LS):** 2x Pearl

◀ **Reihe 3:** 3x Pearl

▶ **Reihe 4:** 4x Pearl

◀ **Reihe 5:** 5x Pearl

▶ **Reihe 6:** 6x Pearl

◀ **Reihe 7:** 3x Pearl, 1x Graphite, 3x Pearl

▶ **Reihe 8:** 8x Pearl

◀ **Reihe 9:** 4x Pearl, 1x Graphite, 4x Pearl

▶ **Reihe 10:** 10x Pearl

◀ **Reihe 11:** 3x Pearl, 5x Graphite, 3x Pearl

▶ **Reihe 12:** 12x Pearl

◀ **Reihe 13:** 4x Pearl, 5x Graphite, 4x Pearl

▶ **Reihe 14:** 3x Pearl, 1x Graphite, 6x Pearl, 1x Graphite, 3x Pearl

◀ **Reihe 15:** 4x Pearl, 1x Graphite, 2x Pearl, 1x Graphite, 2x Pearl, 1x Graphite, 4x Pearl

▶ **Reihe 16:** 4x Pearl, 2x Graphite, 4x Pearl, 2x Graphite, 4x Pearl

◀ **Reihe 17:** 6x Pearl, 1x Graphite, 1x Pearl, 1x Graphite, 1x Pearl, 1x Graphite, 6x Pearl

▶ **Reihe 18:** 5x Pearl, 3x Graphite, 2x Pearl, 3x Graphite, 5x Pearl

◀ **Reihe 19:** 7x Pearl, 5x Graphite, 7x Pearl

▶ **Reihe 20:** 6x Pearl, 3x Graphite, 2x Pearl, 3x Graphite, 6x Pearl

◀ **Reihe 21:** 8x Pearl, 5x Graphite, 8x Pearl

▶ **Reihe 22:** 7x Pearl, 3x Graphite, 2x Pearl, 3x Graphite, 7x Pearl

◀ **Reihe 23:** 9x Pearl, 5x Graphite, 9x Pearl

▶ **Reihe 24:** 3x Pearl, 8x Graphite, 2x Pearl, 8x Graphite, 3x Pearl

◀ **Reihe 25:** 4x Pearl, 1x Graphite, 5x Pearl, 5x Graphite, 5x Pearl, 1x Graphite, 4x Pearl

▶ **Reihe 26:** 5x Pearl, 5x Graphite, 1x Pearl, 1x Graphite, 2x Pearl, 1x Graphite, 1x Pearl, 5x Graphite, 5x Pearl

◀ **Reihe 27:** 3x Pearl, 2x Graphite, 1x Pearl, 5x Graphite, 1x Pearl, 3x Graphite, 1x Pearl, 5x Graphite, 1x Pearl, 2x Graphite, 3x Pearl

▶ **Reihe 28:** 7x Pearl, 5x Graphite, 4x Pearl, 5x Graphite, 7x Pearl

◀ **Reihe 29:** 4x Pearl, 2x Graphite, 2x Pearl, 5x Graphite, 1x Pearl, 1x Graphite, 1x Pearl, 5x Graphite, 2x Pearl, 2x Graphite, 4x Pearl

▶ **Reihe 30:** 30x Pearl

◀ **Reihe 31:** 3x Pearl, 25x Graphite, 3x Pearl

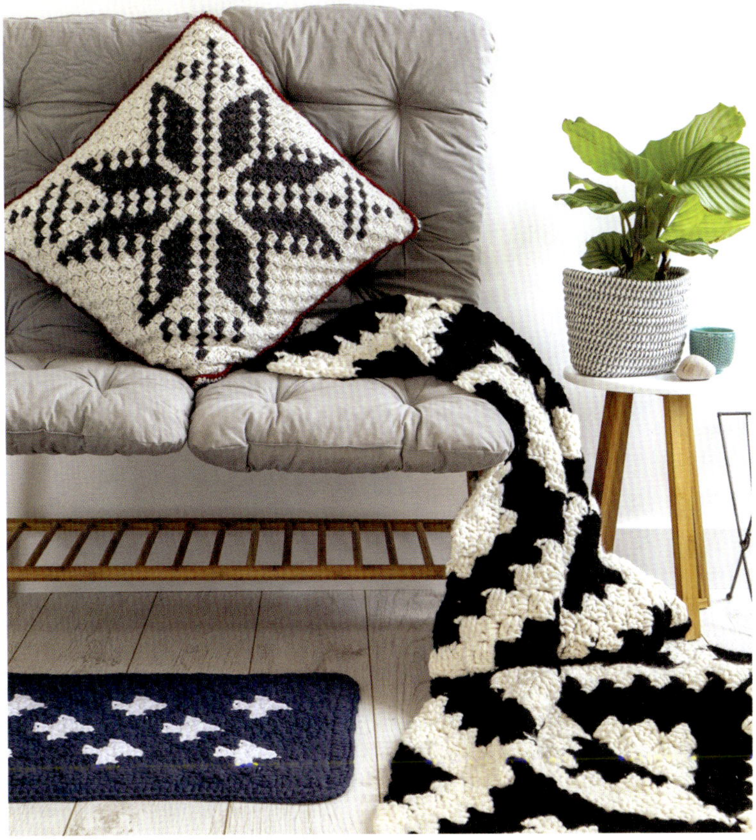

ECKE *(zu Beginn jeder Reihe abnehmen)*

▶ **Reihe 32 (LS):** 30x Pearl

◀ **Reihe 33 (RS):** 4x Pearl, 2x Graphite, 2x Pearl, 5x Graphite, 1x Pearl, 1x Graphite, 1x Pearl, 5x Graphite, 2x Pearl, 2x Graphite, 4x Pearl

▶ **Reihe 34:** 7x Pearl, 5x Graphite, 4x Pearl, 5x Graphite, 7x Pearl

◀ **Reihe 35:** 3x Pearl, 2x Graphite, 1x Pearl, 5x Graphite, 1x Pearl, 3x Graphite, 1x Pearl, 5x Graphite, 1x Pearl, 2x Graphite, 3x Pearl

▶ **Reihe 36:** 5x Pearl, 5x Graphite, 1x Pearl, 1x Graphite, 2x Pearl, 1x Graphite, 1x Pearl, 5x Graphite, 5x Pearl

◀ **Reihe 37:** 4x Pearl, 1x Graphite, 5x Pearl, 5x Graphite, 5x Pearl, 1x Graphite, 4x Pearl

▶ **Reihe 38:** 3x Pearl, 8x Graphite, 2x Pearl, 8x Graphite, 3x Pearl

◀ **Reihe 39:** 9x Pearl, 5x Graphite, 9x Pearl

▶ **Reihe 40:** 7x Pearl, 3x Graphite, 2x Pearl, 3x Graphite, 7x Pearl

◀ **Reihe 41:** 8x Pearl, 5x Graphite, 8x Pearl

▶ **Reihe 42:** 6x Pearl, 3x Graphite, 2x Pearl, 3x Graphite, 6x Pearl

◀ **Reihe 43:** 7x Pearl, 5x Graphite, 7x Pearl

▶ **Reihe 44:** 5x Pearl, 3x Graphite, 2x Pearl, 3x Graphite, 5x Pearl

◀ **Reihe 45:** 6x Pearl, 1x Graphite, 1x Pearl, 1x Graphite, 1x Pearl, 1x Graphite, 6x Pearl

▶ **Reihe 46:** 4x Pearl, 2x Graphite, 4x Pearl, 2x Graphite, 4x Pearl

◀ **Reihe 47:** 4x Pearl, 1x Graphite, 2x Pearl, 1x Graphite, 2x Pearl, 1x Graphite, 4x Pearl

▶ **Reihe 48:** 3x Pearl, 1x Graphite, 6x Pearl, 1x Graphite, 3x Pearl

◀ **Reihe 49:** 4x Pearl, 5x Graphite, 4x Pearl

▶ **Reihe 50:** 12x Pearl

◀ **Reihe 51:** 3x Pearl, 5x Graphite, 3x Pearl

▶ **Reihe 52:** 10x Pearl

◀ **Reihe 53:** 4x Pearl, 1x Graphite, 4x Pearl

▶ **Reihe 54:** 8x Pearl

◀ **Reihe 55:** 3x Pearl, 1x Graphite, 3x Pearl

▶ **Reihe 56:** 6x Pearl

◀ **Reihe 57:** 5x Pearl

▶ **Reihe 58:** 4x Pearl

◀ **Reihe 59:** 3x Pearl

▶ **Reihe 60:** 2x Pearl

◀ **Reihe 61:** 1x Pearl

RÜCKSEITE

◀ **Reihe 1 (RS):** 1x Graphite

▶ **Reihe 2 (LS):** 2x Graphite

◀ **Reihe 3:** 3x Graphite

▶ **Reihe 4:** 4x Graphite

◀ **Reihe 5:** 5x Graphite

▶ **Reihe 6:** 6x Graphite

◀ **Reihe 7:** 7x Graphite

▶ **Reihe 8:** 8x Graphite

◀ **Reihe 9:** 9x Graphite

▶ **Reihe 10:** 10x Graphite

◀ **Reihe 11:** 11x Graphite

▶ **Reihe 12:** 12x Graphite

◀ **Reihe 13:** 13x Graphite

▶ **Reihe 14:** 14x Graphite

◀ **Reihe 15:** 15x Graphite

▶ **Reihe 16:** 16x Graphite

◀ **Reihe 17:** 17x Graphite

▶ **Reihe 18:** 18x Graphite

◀ **Reihe 19:** 19x Graphite

▶ **Reihe 20:** 20x Graphite

◀ **Reihe 21:** 21x Graphite

▶ **Reihe 22:** 22x Graphite

◀ **Reihe 23:** 23x Graphite

▶ **Reihe 24:** 24x Graphite

◀ **Reihe 25:** 25x Graphite

▶ **Reihe 26:** 26x Graphite

◀ **Reihe 27:** 27x Graphite

▶ **Reihe 28:** 28x Graphite

◀ **Reihe 29:** 29x Graphite

▶ **Reihe 30:** 30x Graphite

◀ **Reihe 31:** 31x Graphite

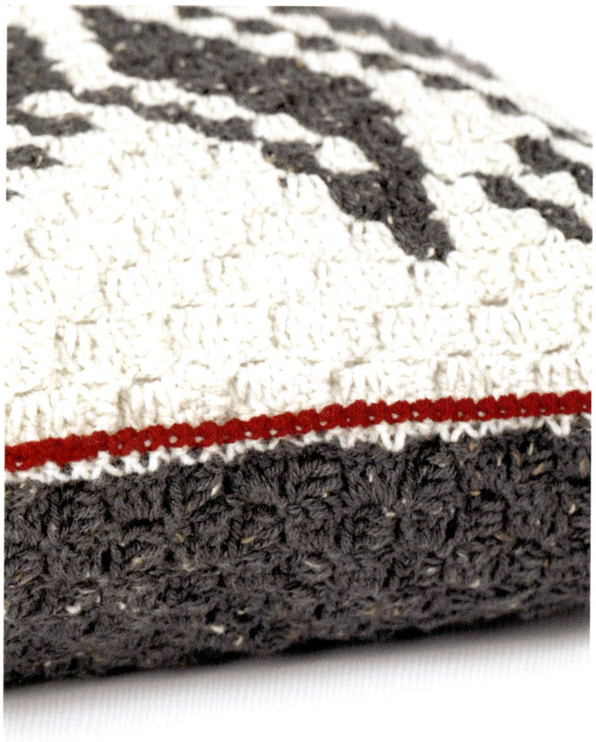

ECKE *(zu Beginn jeder Reihe abnehmen)*

▶ **Reihe 32 (LS):** 30x Graphite

◀ **Reihe 33 (RS):** 29x Graphite

▶ **Reihe 34:** 28x Graphite

◀ **Reihe 35:** 27x Graphite

▶ **Reihe 36:** 26x Graphite

◀ **Reihe 37:** 25x Graphite

▶ **Reihe 38:** 24x Graphite

◀ **Reihe 39:** 23x Graphite

▶ **Reihe 40:** 22x Graphite

◀ **Reihe 41:** 21x Graphite

▶ **Reihe 42:** 20x Graphite

◀ **Reihe 43:** 19x Graphite

▶ **Reihe 44:** 18x Graphite

◀ **Reihe 45:** 17x Graphite

▶ **Reihe 46:** 16x Graphite

◀ **Reihe 47:** 15x Graphite

▶ **Reihe 48:** 14x Graphite

◀ **Reihe 49:** 13x Graphite

▶ **Reihe 50:** 12x Graphite

◀ **Reihe 51:** 11x Graphite

▶ **Reihe 52:** 10x Graphite

◀ **Reihe 53:** 9x Graphite

▶ **Reihe 54:** 8x Graphite

◀ **Reihe 55:** 7x Graphite

▶ **Reihe 56:** 6x Graphite

◀ **Reihe 57:** 5x Graphite

▶ **Reihe 58:** 4x Graphite

◀ **Reihe 59:** 3x Graphite

▶ **Reihe 60:** 2x Graphite

◀ **Reihe 61:** 1x Graphite

DIAGRAMM VORDERSEITE

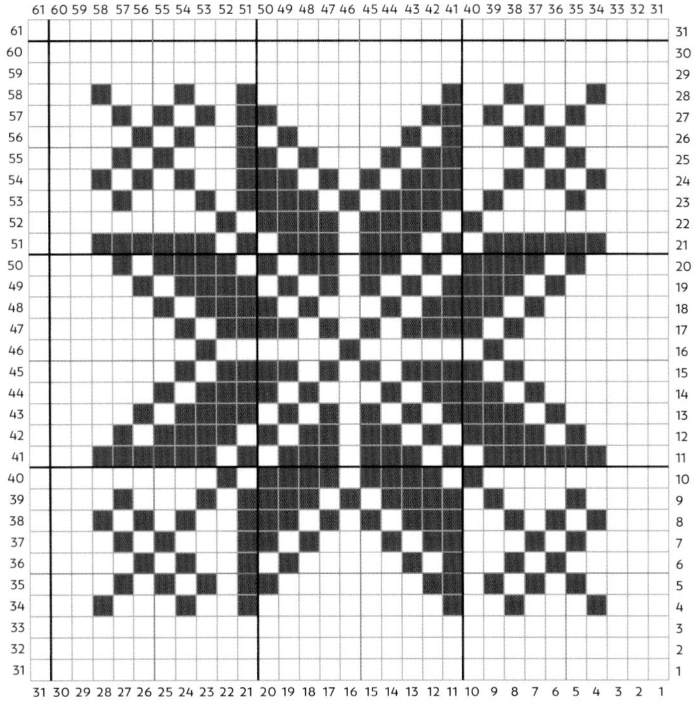

DIAGRAMM RÜCKSEITE

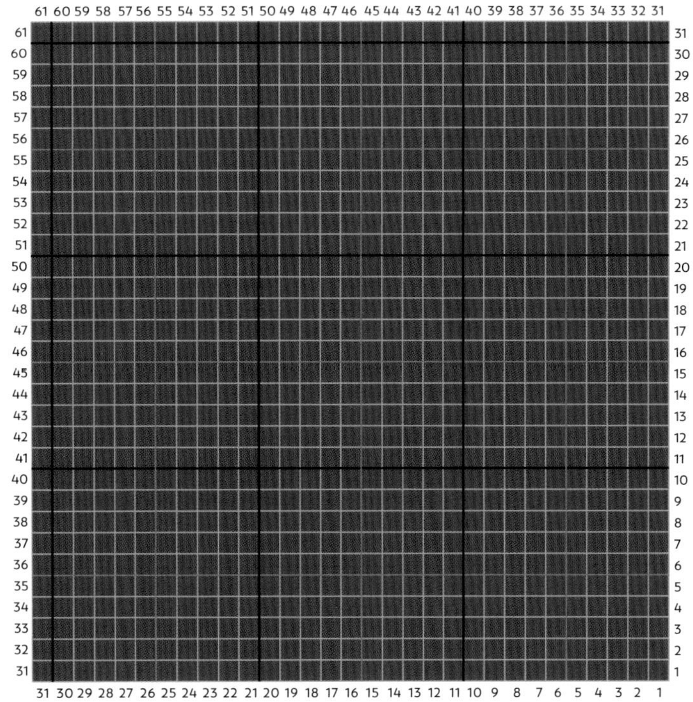

Lion Brand Vanna's Choice – Graphite

Lion Brand Vanna's Choice – Pearl Mist

FAHRRAD-KISSEN

Perfekt für Arbeitszimmer, Kinderzimmer oder Wohnzimmer: Dieses Kissen ist schneller fertig, als du »Fahrradklingel« sagen kannst. Durch die halben Stäbchen wird das Kissen schön detailliert, aber du kannst sie durch Stäbchen ersetzen, wenn das Kissen größer werden soll.

Schwierigkeitsgrad

✚ ✚ ✚

Garn

Lion Brand Heartland Solids (100 % Acryl; 230 m pro 142 g-Knäuel, das entspricht einer LL = 80 m/50 g) in der Farbe:

› Cuyahoga Valley (171); 2 Knäuel – Valley

Lion Brand Heartland Prints (100 % Acryl; 183 m pro 113 g-Knäuel, das entspricht einer LL = 80 m/50 g) in der Farbe:

› Mount Rainier Tweed (350); 2 Knäuel – Tweed

Utensilien

4 mm Häkelnadel

Kissenfüllung, 30 cm x 50 cm

Fertige Größe

Etwa 30 cm x 50 cm vor dem Füllen

Maschenprobe

4 Quadrate messen 7 cm mit 4 mm Häkelnadel und Lion Brand Heartland

Maschentyp

C2C mit halben Stäbchen

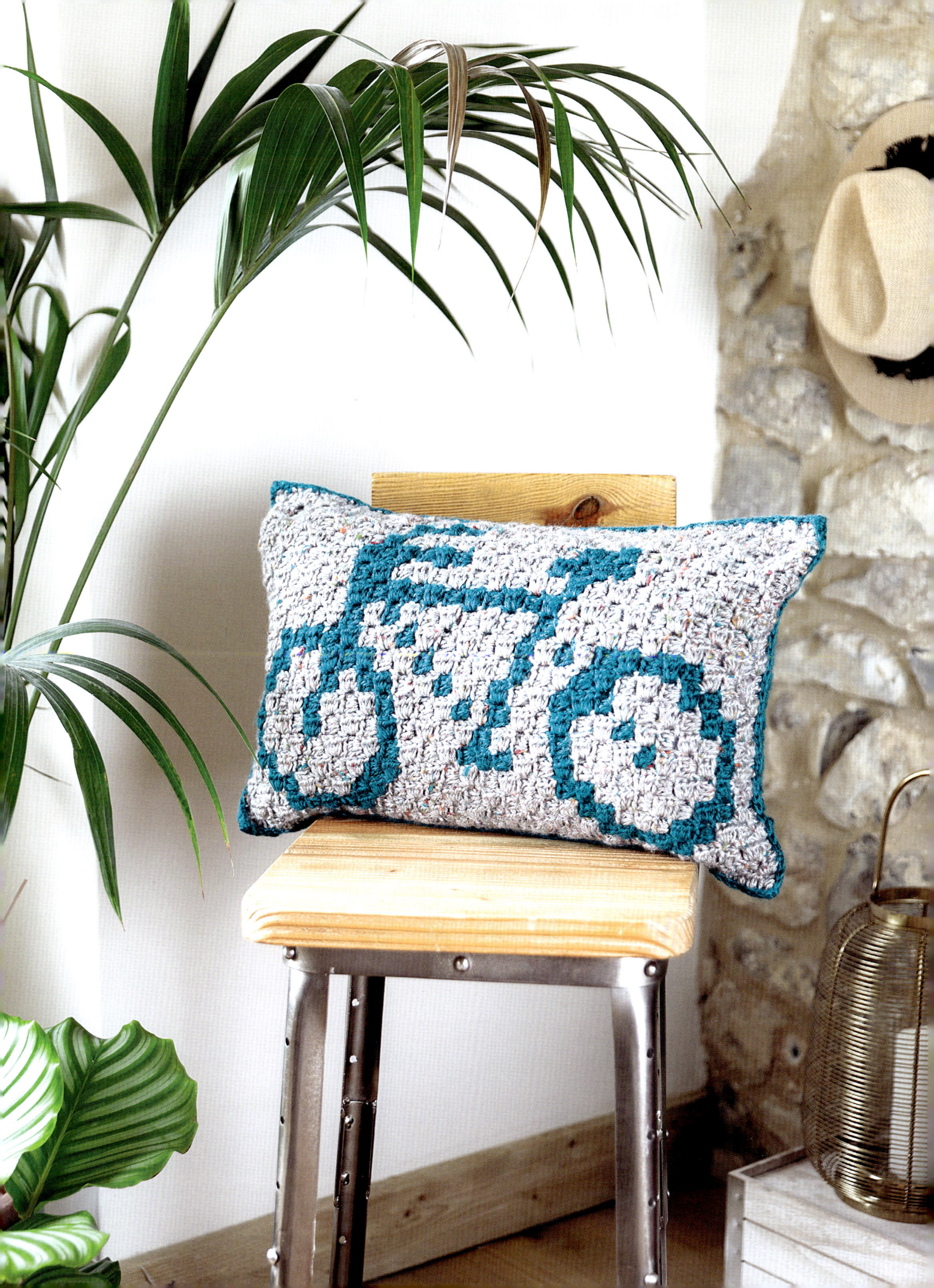

HINWEISE

◢ *Bei Farbwechseln kannst du Fäden von allen Farbflächen im Muster aufnehmen. Wenn das Kissen fertig genäht ist, sind alle mitgeführten Fäden auf der Innenseite versteckt! Achte allerdings darauf, dass sie nur auf der LS der Arbeit mitgeführt werden.*

◢ *Sofern es dich nicht verrückt macht, wenn du weißt, dass sie da sind, kannst du auch die Fadenenden einfach auf der Innenseite des Kissens verstecken. Weniger Zeit zum Fädenvernähen = mehr Zeit zum Häkeln!*

Anleitung

SO FERTIGST DU DAS KISSEN AN

› Arbeite die Kissenvorder- und -rückseite nach der Musterbeschreibung und dem Diagramm.

› Zum Fertigstellen stecke die Kissenvorder- und -rückseite links auf links zusammen. Schließe mit fM und 1 Faden Valley 3 Seiten des Kissens durch die Kissenvorder- und -rückseite. Arbeite je 1 zusätzliche fM in jede Ecke.

› Stecke die Kissenfüllung hinein.

› Arbeite fM entlang der letzten Seite, um die Vorder- und Rückseite zu verbinden. Mit 1 Km in die 1. fM zur Runde schließen.

› Alle übrigen Fadenenden vernähen.

Muster

VORDERSEITE

◀ **Reihe 1 (RS):** 1x Tweed

▶ **Reihe 2 (LS):** 2x Tweed

◀ **Reihe 3:** 3x Tweed

▶ **Reihe 4:** 4x Tweed

◀ **Reihe 5:** 5x Tweed

▶ **Reihe 6:** 6x Tweed

◀ **Reihe 7:** 2x Tweed, 3x Valley, 2x Tweed

▶ **Reihe 8:** 2x Tweed, 4x Valley, 2x Tweed

◀ **Reihe 9:** 2x Tweed, 1x Valley, 3x Tweed, 1x Valley, 2x Tweed

▶ **Reihe 10:** 2x Tweed, 1x Valley, 4x Tweed, 1x Valley, 2x Tweed

◀ **Reihe 11:** 2x Tweed, 1x Valley, 5x Tweed, 1x Valley, 2x Tweed

▶ **Reihe 12:** 3x Tweed, 1x Valley, 4x Tweed, 1x Valley, 3x Tweed

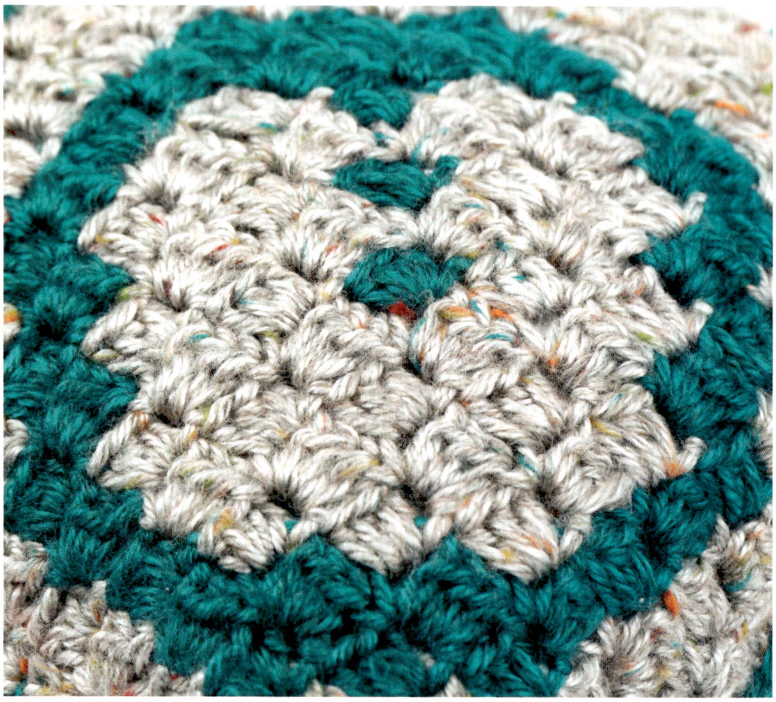

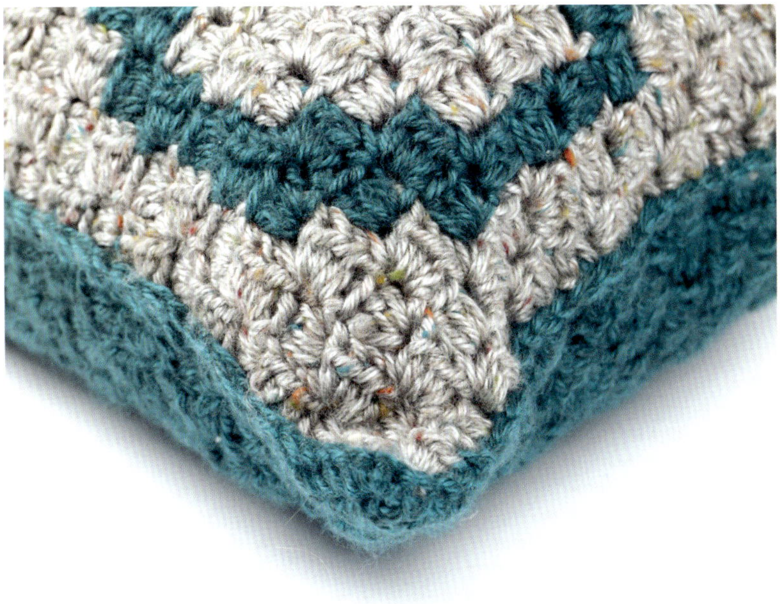

◀ **Reihe 13:** 3x Tweed, 1x Valley, 2x (2x Tweed, 1x Valley), 3x Tweed

▶ **Reihe 14:** 2x (4x Tweed, 1x Valley), 4x Tweed

◀ **Reihe 15:** 4x Tweed, 1x Valley, 2x (2x Tweed, 1x Valley), 4x Tweed

▶ **Reihe 16:** 5x Tweed, 1x Valley, 4x Tweed, 1x Valley, 5x Tweed

◀ **Reihe 17:** 6x Tweed, 2x (1x Valley, 1x Tweed), 1x Valley, 6x Tweed

▶ **Reihe 18:** 7x Tweed, 4x Valley, 7x Tweed

◀ **Reihe 19:** 8x Tweed, 3x Valley, 2x Tweed, 1x Valley, 5x Tweed

ECKE *(zu Beginn aller Rückreihen auf der LS zunehmen, zu Beginn aller Hinreihen auf der RS abnehmen)*

▶ **Reihe 20 (LS):** 5x Tweed, 1x Valley, 13x Tweed

◀ **Reihe 21 (RS):** 8x Tweed, 1x Valley, 2x Tweed, 3x Valley, 5x Tweed

▶ **Reihe 22:** 8x Tweed, 2x Valley, 9x Tweed

◀ **Reihe 23:** 4x Tweed, 1x Valley, 2x Tweed, 2x Valley, 2x Tweed, 1x Valley, 7x Tweed

▶ **Reihe 24:** 2x Tweed, 3x Valley, 7x Tweed, 4x Valley, 3x Tweed

◀ **Reihe 25:** 3x Tweed, 2x Valley, 1x Tweed, 1x Valley, 3x Tweed, 1x Valley, 2x Tweed, 4x Valley, 2x Tweed

▶ **Reihe 26:** 2x Tweed, 1x Valley, 3x Tweed, 1x Valley, 5x Tweed, 1x Valley, 1x Tweed, 2x Valley, 3x Tweed

◀ **Reihe 27:** 6x Tweed, 1x Valley, 2x Tweed, 1x Valley, 1x Tweed, 1x Valley, 4x Tweed, 1x Valley, 2x Tweed

▶ **Reihe 28:** 2x Tweed, 1x Valley, 5x Tweed, 1x Valley, 3x Tweed, 1x Valley, 6x Tweed

◀ **Reihe 29:** 6x Tweed, 2x (1x Valley, 1x Tweed), 1x Valley, 4x Tweed, 1x Valley, 3x Tweed

▶ **Reihe 30:** 3x Tweed, 3x (1x Valley, 2x Tweed), 1x Valley, 6x Tweed

ECKE *(zu Beginn jeder Reihe abnehmen)*

◀ **Reihe 31 (RS):** 4x Tweed, 1x Valley, 1x Tweed, 2x Valley, 1x Tweed, 3x Valley, 2x Tweed, 1x Valley, 3x Tweed

▶ **Reihe 32 (LS):** 2x Tweed, 1x Valley, 4x Tweed, 2x Valley, 2x (1x Tweed, 1x Valley), 4x Tweed

◀ **Reihe 33:** 2x Tweed, 2x (1x Valley, 1x Tweed), 3x Valley, 4x Tweed, 1x Valley, 2x Tweed

▶ **Reihe 34:** 2x Tweed, 1x Valley, 3x Tweed, 1x Valley, 1x Tweed, 3x Valley, 1x Tweed, 1x Valley, 2x Tweed

◀ **Reihe 35:** 2x Tweed, 1x Valley, 1x Tweed, 2x Valley, 2x Tweed, 4x Valley, 2x Tweed

▶ **Reihe 36:** 2x Tweed, 3x Valley, 3x Tweed, 3x Valley, 2x Tweed

◀ **Reihe 37:** 12x Tweed

▶ **Reihe 38:** 11x Tweed

◀ **Reihe 39:** 10x Tweed

▶ **Reihe 40:** 9x Tweed

◀ **Reihe 41:** 8x Tweed

▶ **Reihe 42:** 7x Tweed

◀ **Reihe 43:** 6x Tweed

▶ **Reihe 44:** 5x Tweed

◀ **Reihe 45:** 4x Tweed

▶ **Reihe 46:** 3x Tweed

◀ **Reihe 47:** 2x Tweed

▶ **Reihe 48:** 1x Tweed

RÜCKSEITE

◀ **Reihe 1 (RS):** 1x Valley

▶ **Reihe 2 (LS):** 2x Valley

◀ **Reihe 3:** 3x Valley

▶ **Reihe 4:** 4x Valley

◀ **Reihe 5:** 5x Valley

▶ **Reihe 6:** 6x Valley

◀ **Reihe 7:** 7x Valley

▶ **Reihe 8:** 8x Valley

◀ **Reihe 9:** 9x Valley

▶ **Reihe 10:** 10x Valley

◀ **Reihe 11:** 11x Valley

▶ **Reihe 12:** 12x Valley

◀ **Reihe 13:** 13x Valley

▶ **Reihe 14:** 14x Valley

◀ **Reihe 15:** 15x Valley

▶ **Reihe 16:** 16x Valley

◀ **Reihe 17:** 17x Valley

▶ **Reihe 18:** 18x Valley

◀ **Reihe 19:** 19x Valley

ECKE *(zu Beginn aller Rückreihen auf der LS zunehmen, zu Beginn aller Hinreihen auf der RS abnehmen)*

▶ **Reihe 20 (LS):** 19x Valley

◀ **Reihe 21 (RS):** 19x Valley

▶ **Reihe 22:** 19x Valley

◀ **Reihe 23:** 19x Valley

▶ **Reihe 24:** 19x Valley

◀ **Reihe 25:** 19x Valley

▶ **Reihe 26:** 19x Valley

◀ **Reihe 27:** 19x Valley

▶ **Reihe 28:** 19x Valley

◀ **Reihe 29:** 19x Valley

▶ **Reihe 30:** 19x Valley

ECKE *(zu Beginn jeder Reihe abnehmen)*

◀ **Reihe 31 (RS):** 18x Valley

▶ **Reihe 32 (LS):** 17x Valley

◀ **Reihe 33:** 16x Valley

▶ **Reihe 34:** 15x Valley

◀ **Reihe 35:** 14x Valley

▶ **Reihe 36:** 13x Valley

◀ **Reihe 37:** 12x Valley

▶ **Reihe 38:** 11x Valley

◀ **Reihe 39:** 10x Valley

▶ **Reihe 40:** 9x Valley

◀ **Reihe 41:** 8x Valley

▶ **Reihe 42:** 7x Valley

◀ **Reihe 43:** 6x Valley

▶ **Reihe 44:** 5x Valley

◀ **Reihe 45:** 4x Valley

▶ **Reihe 46:** 3x Valley

◀ **Reihe 47:** 2x Valley

▶ **Reihe 48:** 1x Valley

TIPP

Wickele vor Beginn mehrere Knäuel jeder Farbe, um nicht bei jedem Farbwechsel den Faden abschneiden zu müssen. Um die kleinen Garnknäuel beim Häkeln unter Kontrolle zu halten, kannst du das Garn auf Klammern wickeln, wie unter »Tipps zum Zähmen des Garns« (siehe »Garn-Management«) beschrieben.

DIAGRAMM VORDERSEITE

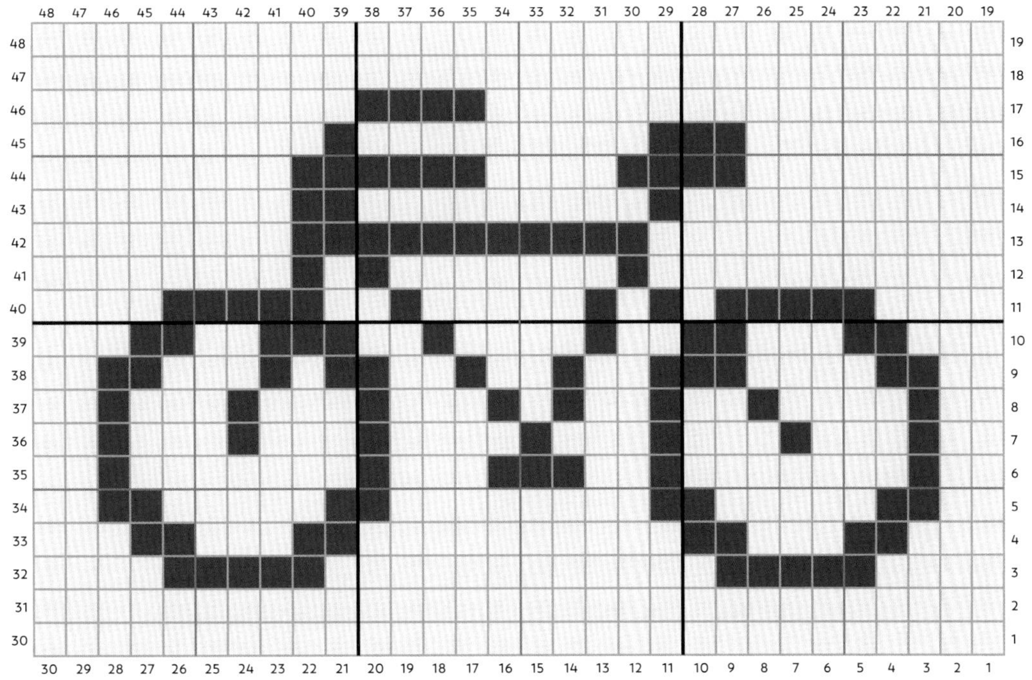

DIAGRAMM RÜCKSEITE

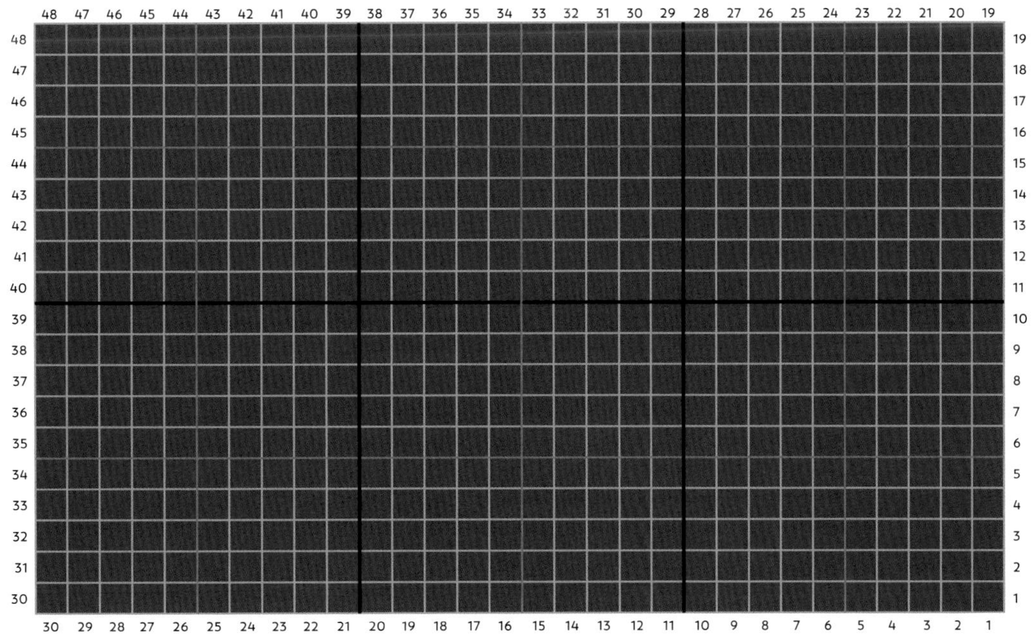

Lion Brand Heartland Solids – Cuyahoga Valley

Lion Brand Heartland Prints – Mount Rainier Tweed

GOBELIN-KISSEN

C2C ist eine tolle Methode, um beim Häkeln den Look von geometrischen Webstoffen nachzuahmen. Dieses Gobelin-Kissen orientiert sich an traditionellen Kelim-Teppichen. Dank der schlichten Farbpalette wirkt es in jedem Zimmer gut. Mit dickerem Garn und einer größeren Nadel kannst du ein noch größeres Bodenkissen häkeln. Als einfaches, schön strukturiertes Einsteigerprojekt kannst du auch 2 einfarbige Quadrate nach der Anleitung für die Rückseite arbeiten.

Schwierigkeitsgrad

Garn

Lion Brand Vanna's Choice (100 % Acryl; LL = 156 m/100 g) in den Farben:

› Toffee (124); 3 Knäuel

› Linen (099); 6 Knäuel

Utensilien

5 mm Häkelnadel

Kissenfüllung, 50 cm x 50 cm

Fertige Größe

Etwa 51 cm x 51 cm

Maschenprobe

4 Quadrate messen 9 cm mit 5 mm Häkelnadel und Lion Brand Vanna's Choice

Maschentyp

Stäbchen-C2C

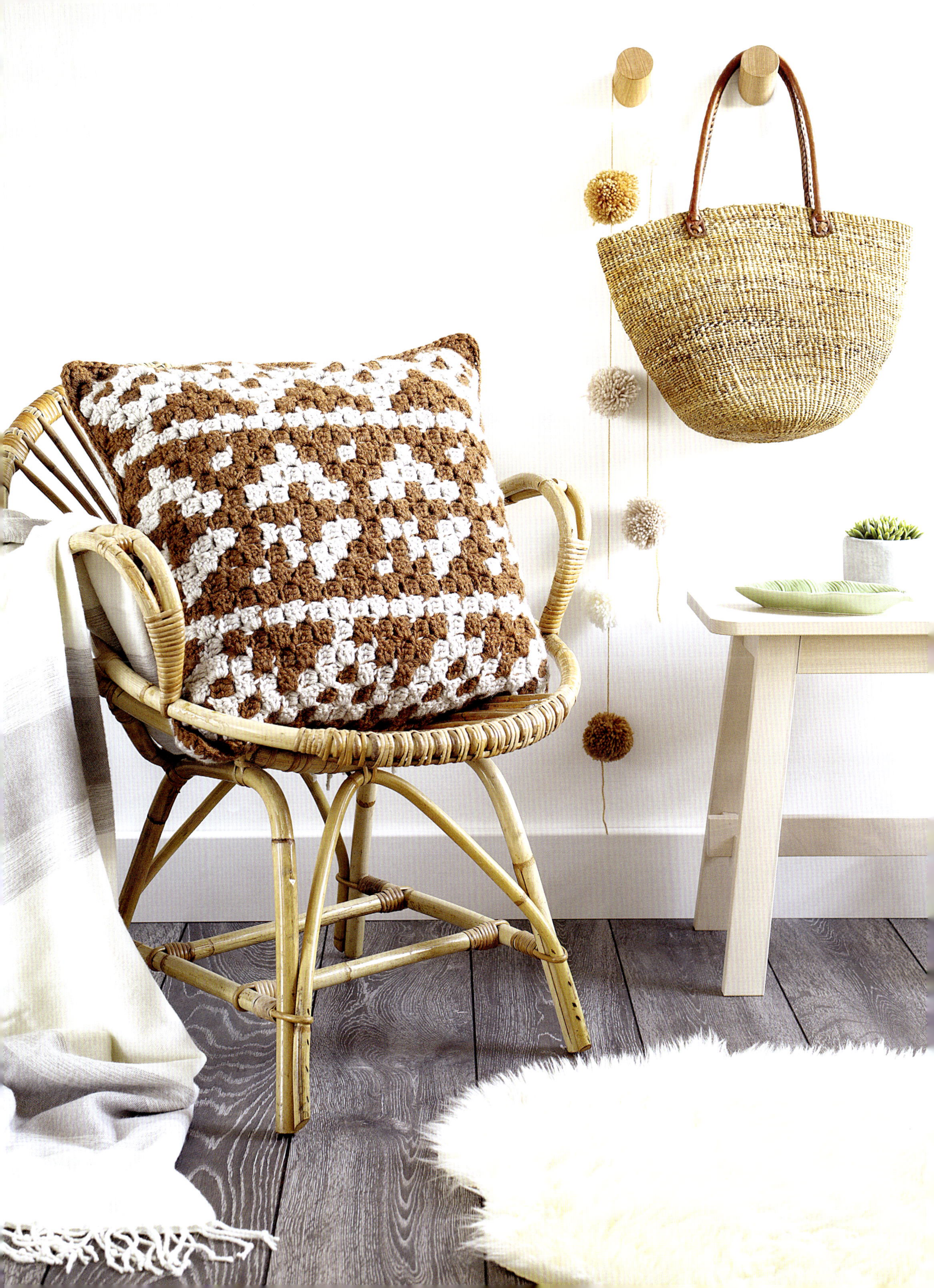

HINWEISE

◢ *Kissenvorder- und -rückseite werden mit 2 Fäden gearbeitet, die zusammengehalten werden.*

◢ *Teile das 3. Knäuel Toffee in 2 Knäuel, um den letzten Abschnitt des Diagramms zu arbeiten.*

◢ *Sofern es dich nicht verrückt macht, wenn du weißt, dass sie da sind, kannst du die Fadenenden einfach auf der Innenseite des Kissens verstecken. Weniger Zeit zum Fädenvernähen = mehr Zeit zum Häkeln!*

TIPP

Du kannst den Look des Kissenvorderteils noch verbessern, indem du einige der Quadrate in Farbe Linen mit kleinen Stichen in Linen verbindest. Verwende dabei entweder Fadenenden, die bereits da sind, oder einen neuen Faden in Linen (siehe dazu »Garn-Management: Fäden vernähen«)

Anleitung

SO FERTIGST DU DAS KISSEN AN

› Arbeite die Kissenvorder- und -rückseite nach der Musterbeschreibung und dem Diagramm.

› Spanne das Kissenvorder- und -rückenteil auf die gleiche Größe.

› Wenn gewünscht, kannst du mit der Wollnadel und einem Faden in Linen die Quadrate in Linen optisch »verbinden«, deren Ecken durch einen Faden in Toffee getrennt sind.

› Stecke die Kissenvorder- und -rückseite links auf links zusammen. Schließe mit fM und 2 Fäden in Toffee 3 Seiten des Kissens durch die Kissenvorder- und -rückseite. Arbeite je 1 zusätzliche fM in jede Ecke.

› Stecke die Kissenfüllung hinein.

› Arbeite fM entlang der letzten Seite, um die Vorder- und Rückseite zu verbinden, mit 1 Km in die 1. fM zur Runde schließen.

› Alle übrigen Fadenenden vernähen.

Muster

VORDERSEITE

◀ **Reihe 1 (RS):** 1x Toffee

▶ **Reihe 2 (LS):** 2x Toffee

◀ **Reihe 3:** 2x Linen, 1x Toffee

▶ **Reihe 4:** 2x (1x Toffee, 1x Linen)

◀ **Reihe 5:** 1x Toffee, 3x Linen, 1x Toffee

▶ **Reihe 6:** 4x Toffee, 1x Linen, 1x Toffee

◀ **Reihe 7:** 1x Linen, 1x Toffee, 4x Linen, 1x Toffee

▶ **Reihe 8:** 2x Toffee, 5x Linen, 1x Toffee

◀ **Reihe 9:** 2x Toffee, 1x Linen, 3x Toffee, 2x Linen, 1x Toffee

▶ **Reihe 10:** 2x (1x Toffee, 1x Linen), 2x Toffee, 1x Linen, 3x Toffee

◀ **Reihe 11:** 3x Linen, 1x Toffee, 1x Linen, 2x Toffee, 3x Linen, 1x Toffee

▶ **Reihe 12:** 4x Toffee, 1x Linen, 1x Toffee, 1x Linen, 2x Toffee, 2x Linen, 1x Toffee

◀ **Reihe 13:** 2x (1x Linen, 2x Toffee), 1x Linen, 1x Toffee, 4x Linen, 1x Toffee

▶ **Reihe 14:** 2x Toffee, 5x Linen, 3x (1x Toffee, 1x Linen), 1x Toffee

◀ **Reihe 15:** 1x Toffee, 1x Linen, 2x Toffee, 1x Linen, 3x Toffee, 1x Linen, 3x Toffee, 2x Linen, 1x Toffee

▶ **Reihe 16:** 2x (1x Toffee, 1x Linen), 2x Toffee, 1x Linen, 5x Toffee, 2x Linen, 2x Toffee

◀ **Reihe 17:** 1x Linen, 1x Toffee, 3x Linen, 1x Toffee, 3x Linen, 1x Toffee, 1x Linen, 2x Toffee, 3x Linen, 1x Toffee

▶ **Reihe 18:** 4x Toffee, 1x Linen, 1x Toffee, 1x Linen, 2x Toffee, 2x Linen, 5x Toffee, 1x Linen, 1x Toffee

◀ **Reihe 19:** 2x Toffee, 1x Linen, 3x Toffee, 1x Linen, 2x (2x Toffee, 1x Linen), 1x Toffee, 4x Linen, 1x Toffee

▶ **Reihe 20:** 2x Toffee, 5x Linen, 4x (1x Toffee, 1x Linen), 1x Toffee, 4x Linen

◀ **Reihe 21:** 3x Linen, 1x Toffee, 1x Linen, 2x (2x Toffee, 1x Linen), 3x Toffee, 1x Linen, 3x Toffee, 2x Linen, 1x Toffee

▶ **Reihe 22:** 2x (1x Toffee, 1x Linen), 2x Toffee, 1x Linen, 5x Toffee, 2x Linen, 2x Toffee, 1x Linen, 1x Toffee, 1x Linen, 3x Toffee

◀ **Reihe 23:** 1x Toffee, 3x Linen, 2x Toffee, 1x Linen, 2x (1x Toffee, 3x Linen), 1x Toffee, 1x Linen, 2x Toffee, 3x Linen, 1x Toffee

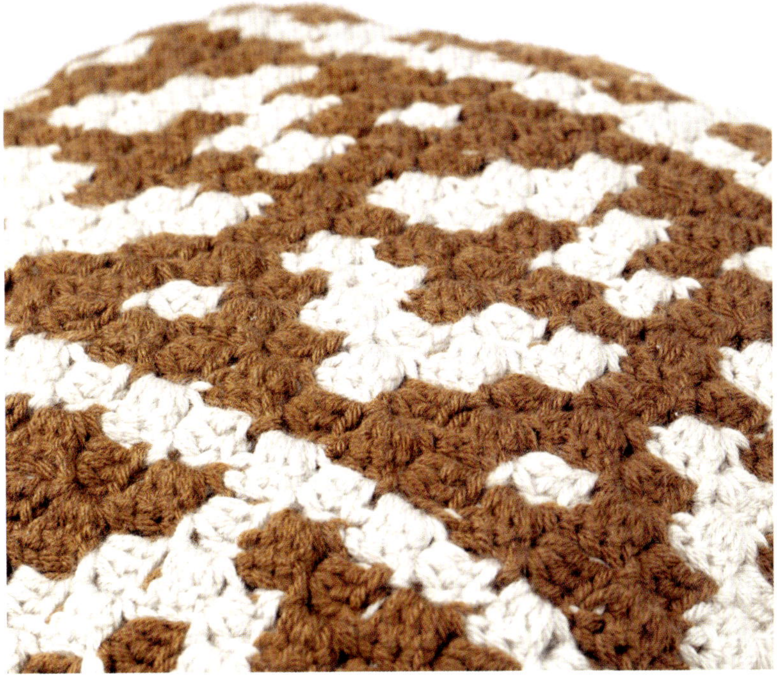

ECKE *(zu Beginn jeder Reihe abnehmen)*

▶ **Reihe 24 (LS):** 3x Toffee, 1x Linen, 1x Toffee, 1x Linen, 2x Toffee, 2x Linen, 5x Toffee, 1x Linen, 2x Toffee, 2x (1x Linen, 1x Toffee)

◀ **Reihe 25 (RS):** 1x Toffee, 2x Linen, 3x Toffee, 1x Linen, 3x Toffee, 1x Linen, 2x (2x Toffee, 1x Linen), 1x Toffee, 3x Linen

▶ **Reihe 26:** 4x Linen, 4x (1x Toffee, 1x Linen), 1x Toffee, 5x Linen, 2x Toffee

◀ **Reihe 27:** 1x Toffee, 4x Linen, 1x Toffee, 1x Linen, 2x (2x Toffee, 1x Linen), 3x Toffee, 1x Linen, 2x Toffee

▶ **Reihe 28:** 1x Toffee, 1x Linen, 5x Toffee, 2x Linen, 2x Toffee, 1x Linen, 1x Toffee, 1x Linen, 4x Toffee

◀ **Reihe 29:** 1x Toffee, 3x Linen, 2x Toffee, 1x Linen, 2x (1x Toffee, 3x Linen), 1x Toffee, 1x Linen

▶ **Reihe 30:** 2x Toffee, 2x Linen, 5x Toffee, 1x Linen, 2x Toffee, 2x (1x Linen, 1x Toffee)

◀ **Reihe 31:** 1x Toffee, 2x Linen, 2x (3x Toffee, 1x Linen), 2x Toffee, 1x Linen, 1x Toffee

▶ **Reihe 32:** 3x (1x Toffee, 1x Linen), 1x Toffee, 5x Linen, 2x Toffee

◀ **Reihe 33:** 1x Toffee, 4x Linen, 1x Toffee, 1x Linen, 2x (2x Toffee, 1x Linen)

▶ **Reihe 34:** 1x Toffee, 2x Linen, 2x Toffee, 1x Linen, 1x Toffee, 1x Linen, 4x Toffee

◀ **Reihe 35:** 1x Toffee, 3x Linen, 2x Toffee, 1x Linen, 1x Toffee, 3x Linen

▶ **Reihe 36:** 3x Toffee, 1x Linen, 2x Toffee, 2x (1x Linen, 1x Toffee)

◀ **Reihe 37:** 1x Toffee, 2x Linen, 3x Toffee, 1x Linen, 2x Toffee

▶ **Reihe 38:** 1x Toffee, 5x Linen, 2x Toffee

◀ **Reihe 39:** 1x Toffee, 4x Linen, 1x Toffee, 1x Linen

▶ **Reihe 40:** 1x Toffee, 1x Linen, 4x Toffee

◀ **Reihe 41:** 1x Toffee, 3x Linen, 1x Toffee

▶ **Reihe 42:** 2x (1x Linen, 1x Toffee)

◀ **Reihe 43:** 1x Toffee, 2x Linen

▶ **Reihe 44:** 2x Toffee

◀ **Reihe 45:** 1x Toffee

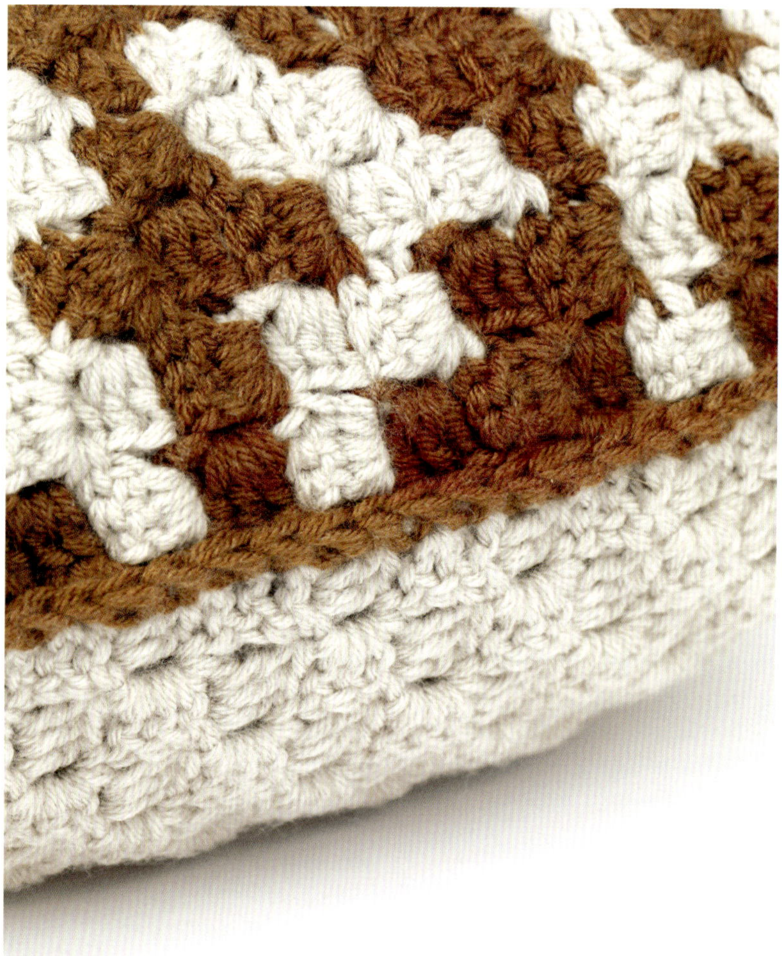

RÜCKSEITE

◀ **Reihe 1 (RS):** 1x Linen

▶ **Reihe 2 (LS):** 2x Linen

◀ **Reihe 3:** 3x Linen

▶ **Reihe 4:** 4x Linen

◀ **Reihe 5:** 5x Linen

▶ **Reihe 6:** 6x Linen

◀ **Reihe 7:** 7x Linen

▶ **Reihe 8:** 8x Linen

◀ **Reihe 9:** 9x Linen

▶ **Reihe 10:** 10x Linen

◀ **Reihe 11:** 11x Linen

▶ **Reihe 12:** 12x Linen

◀ **Reihe 13:** 13x Linen

▶ **Reihe 14:** 14x Linen

◀ **Reihe 15:** 15x Linen

▶ **Reihe 16:** 16x Linen

◀ **Reihe 17:** 17x Linen

▶ **Reihe 18:** 18x Linen

◀ **Reihe 19:** 19x Linen

▶ **Reihe 20:** 20x Linen

◀ **Reihe 21:** 21x Linen

▶ **Reihe 22:** 22x Linen

◀ **Reihe 23:** 23x Linen

ECKE *(zu Beginn jeder Reihe abnehmen)*

- ▶ **Reihe 24 (LS):** 22x Linen
- ◀ **Reihe 25 (RS):** 21x Linen
- ▶ **Reihe 26:** 20x Linen
- ◀ **Reihe 27:** 19x Linen
- ▶ **Reihe 28:** 18x Linen
- ◀ **Reihe 29:** 17x Linen
- ▶ **Reihe 30:** 16x Linen
- ◀ **Reihe 31:** 15x Linen
- ▶ **Reihe 32:** 14x Linen
- ◀ **Reihe 33:** 13x Linen
- ▶ **Reihe 34:** 12x Linen
- ◀ **Reihe 35:** 11x Linen
- ▶ **Reihe 36:** 10x Linen
- ◀ **Reihe 37:** 9x Linen
- ▶ **Reihe 38:** 8x Linen
- ◀ **Reihe 39:** 7x Linen
- ▶ **Reihe 40:** 6x Linen
- ◀ **Reihe 41:** 5x Linen
- ▶ **Reihe 42:** 4x Linen
- ◀ **Reihe 43:** 3x Linen
- ▶ **Reihe 44:** 2x Linen
- ◀ **Reihe 45:** 1x Linen

DIAGRAMM VORDERSEITE

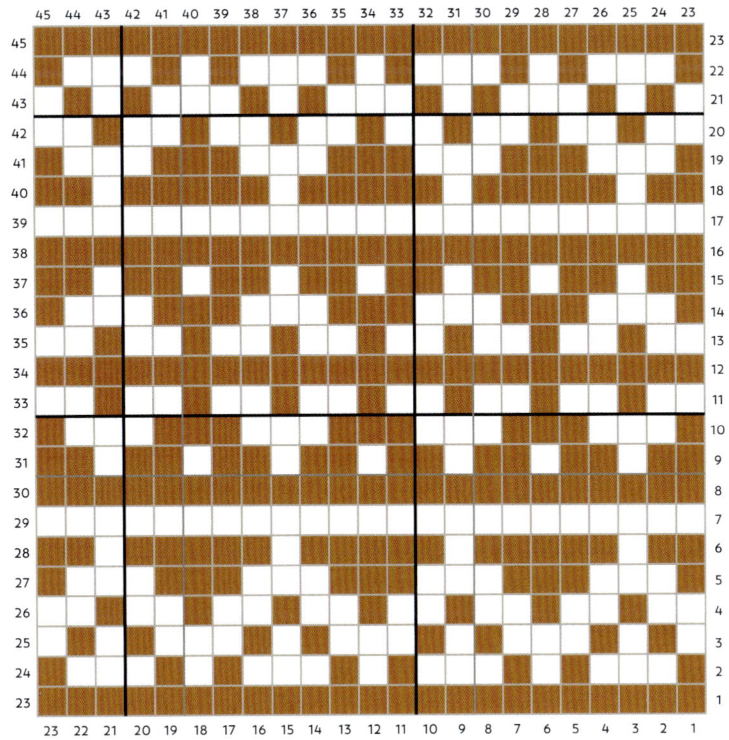

DIAGRAMM RÜCKSEITE

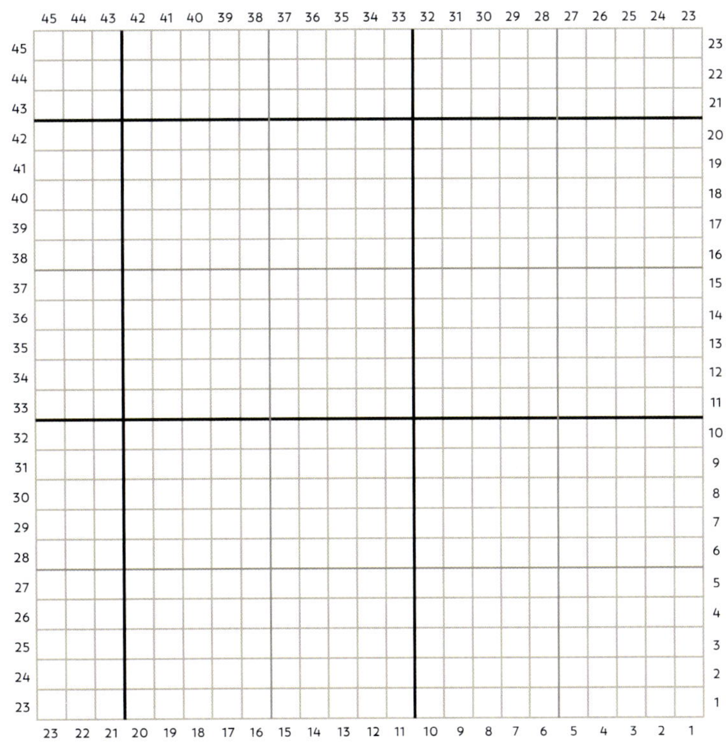

Lion Brand Vanna's Choice – Toffee

Lion Brand Vanna's Choice – Linen

HERZENSSACHE-WASCHLAPPEN

Wenn du ein schnelles Geschenk oder ein kleines Dankeschön benötigst, ist dieser hübsche Waschlappen in etwas über einer Stunde fertig. In Graubraun und Natur passt er zum Country-Stil, in kräftigeren Farben wirkt er verspielter. Wenn du dekorative Borten magst, ist dies ein gutes Projekt, um sie groß rauskommen zu lassen.

Schwierigkeitsgrad

✚ ✚ ✚

Garn

Stylecraft Classique Cotton (100 % Baumwolle; LL = 92 m/50 g) in den Farben:

- Plum (3567); 1 Knäuel
- Wisteria (3664); 1 Knäuel

Utensilien

4 mm Häkelnadel

Fertige Größe

22 cm x 22 cm

Maschenprobe

4 Quadrate messen 6,25 cm mit 4 mm Häkelnadel und Stylecraft Classique Cotton

Maschentyp

Stäbchen-C2C

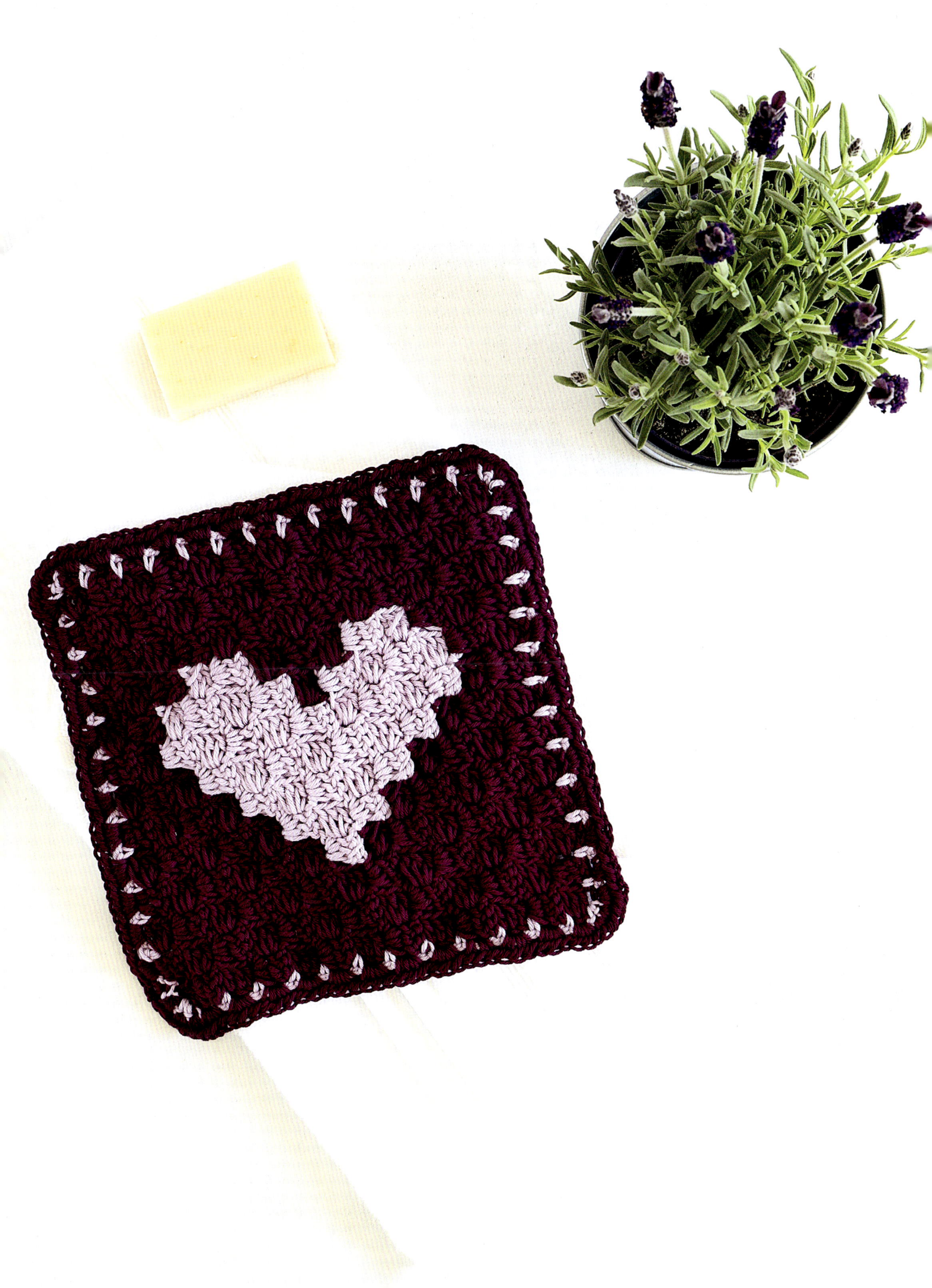

HINWEIS

◢ *Teile das Knäuel des dunkleren Garns in 2 Hälften, bevor du beginnst, und verwende je ein Knäuel an beiden Seiten des Herzens. Lasse die hellere Farbe bei jedem Farbwechsel auf der LS hängen (nicht abschneiden), sodass sie in der nächsten Reihe wieder aufgenommen werden kann.*

TIPP

Häkele mehrere Herz-Blöcke in verschiedenen Farben und nähe sie zu einer Kinderdecke zusammen.

Anleitung

SO HÄKELST DU DEN WASCHLAPPEN

› Arbeite den Waschlappen nach der Musterbeschreibung und dem Diagramm. Schneide den Faden in Plum am Ende nicht ab.

› Arbeite die Borten wie unten beschrieben oder experimentiere mit deinen Lieblingsborten:

Borten-Runde 1: Mit Wisteria am letzten C2C-Quadrat anschlingen und 1 Runde fM häkeln (siehe »Allgemeine Techniken: Borte aus festen Maschen«). Den Faden abschneiden.

Borten-Runde 2: Nimm den Faden in Plum auf. 2 Lm (zählt als 1 hStb), 2 hStb in dieselbe M, je 3 hStb in jede 2 Lm-Kette, 2 hStb in beide fM an jeder Ecke arbeiten, mit 1 in das 1. hStb zur Runde schließen. Den Faden abschneiden. Die Fäden vernähen.

Muster

◀ **Reihe 1 (RS):** 1x Plum

▶ **Reihe 2 (LS):** 2x Plum

◀ **Reihe 3:** 3x Plum

▶ **Reihe 4:** 4x Plum

◀ **Reihe 5:** 5x Plum

▶ **Reihe 6:** 6x Plum

◀ **Reihe 7:** 7x Plum

▶ **Reihe 8:** 8x Plum

◀ **Reihe 9:** 9x Plum

▶ **Reihe 10:** 3x Plum, 5x Wisteria, 2x Plum

◀ **Reihe 11:** 2x Plum, 5x Wisteria, 4x Plum

▶ **Reihe 12:** 4x Plum, 5x Wisteria, 3x Plum

◀ **Reihe 13:** 3x Plum, 5x Wisteria, 5x Plum

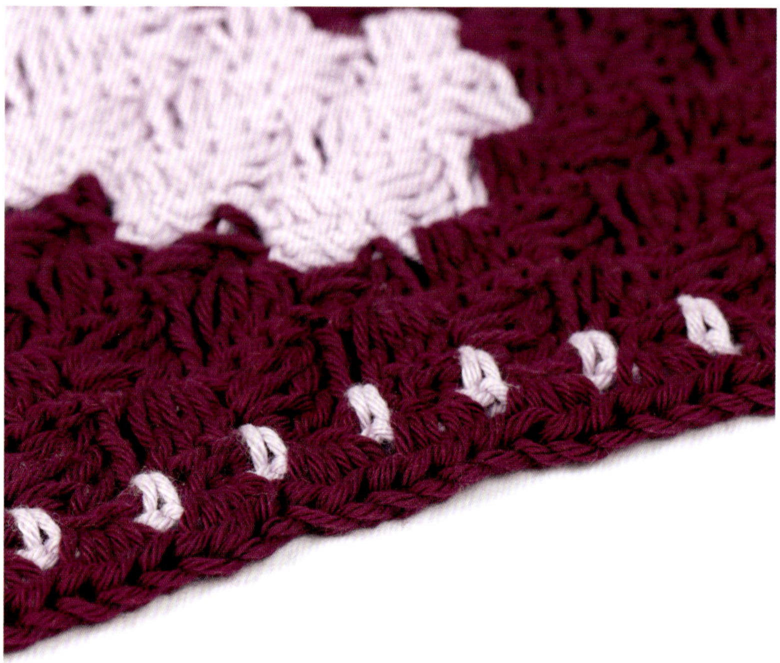

ECKE *(zu Beginn jeder Reihe abnehmen)*

▶ **Reihe 14 (LS):** 4x Plum, 5x Wisteria, 3x Plum

◀ **Reihe 15 (RS):** 5x Plum, 2x Wisteria, 4x Plum

▶ **Reihe 16:** 3x Plum, 3x Wisteria, 4x Plum

◀ **Reihe 17:** 4x Plum, 2x Wisteria, 3x Plum

▶ **Reihe 18:** 2x Plum, 3x Wisteria, 3x Plum

◀ **Reihe 19:** 3x Plum, 2x Wisteria, 2x Plum

▶ **Reihe 20:** 6x Plum

◀ **Reihe 21:** 5x Plum

▶ **Reihe 22:** 4x Plum

◀ **Reihe 23:** 3x Plum

▶ **Reihe 24:** 2x Plum

◀ **Reihe 25:** 1x Plum

DIAGRAMM

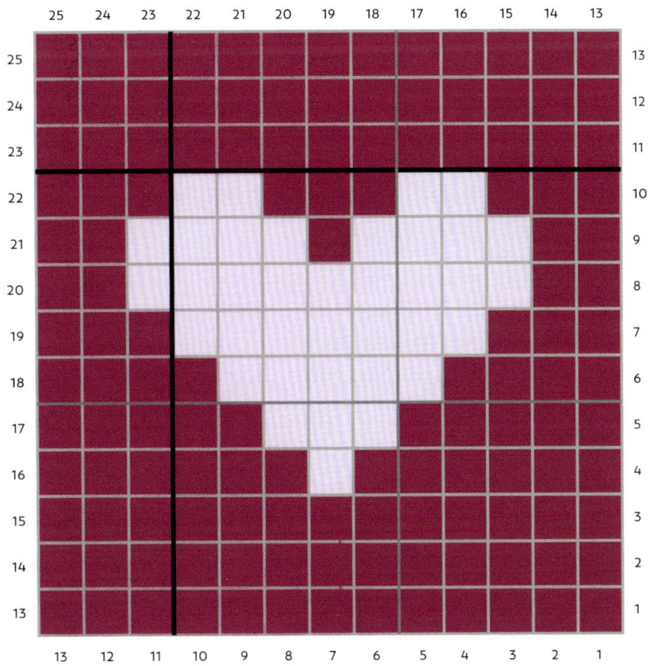

Stylecraft Classique Cotton – Plum

Stylecraft Classique Cotton – Wisteria

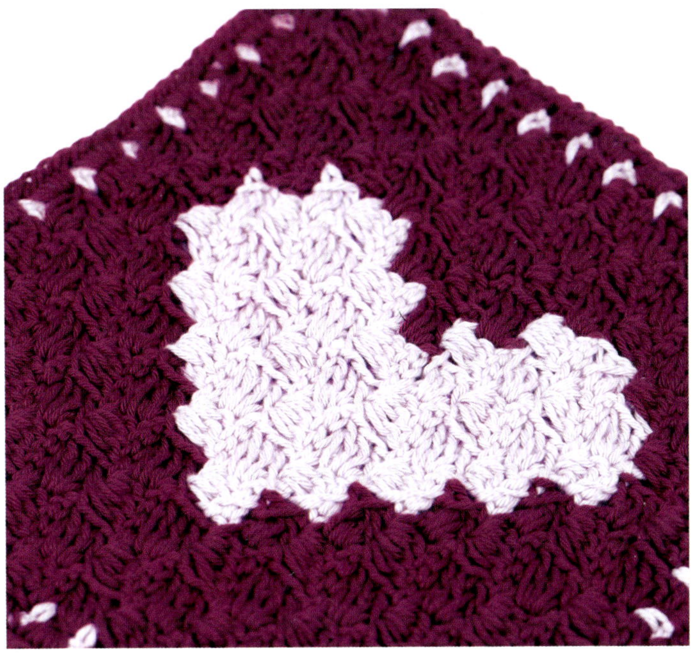

PLUS-TEPPICH

Dieser schnelle Vorleger ist ein großes Plus für deinen Boden. Durch das superdicke T-Shirt-Garn siehst du bei diesem Projekt schnelle Erfolge. Da jedes Plus-Zeichen so gearbeitet wird, dass du den Faden nicht in jeder Reihe abzuschneiden brauchst, gibt es nur wenige Enden zu vernähen. Probiere auch andere Farbkombinationen aus, z. B. für ein farbenfrohes Bad, deine Wellness-Oase oder sogar deine Waschküche.

Schwierigkeitsgrad

Garn

Lion Brand Fast-Track (60 % Baumwolle, 40 % Polyester; 136 m pro 227 g-Knäuel, das entspricht einer LL = 30 m/50 g) in den Farben:

› Dune Buggy Denim (108); 2 Knäuel – Denim

› Airstream White (100); 1 Knäuel – White

Utensilien

15 mm Häkelnadel

Kleinere Häkelnadel (Größe etwa 6,5 mm) zum Vernähen der Fäden

Fertige Größe

64 cm x 44,5 cm

Maschenprobe

4 Quadrate messen 12 cm mit 15 mm Häkelnadel und Lion Brand Fast-Track

Maschentyp

Stäbchen-C2C

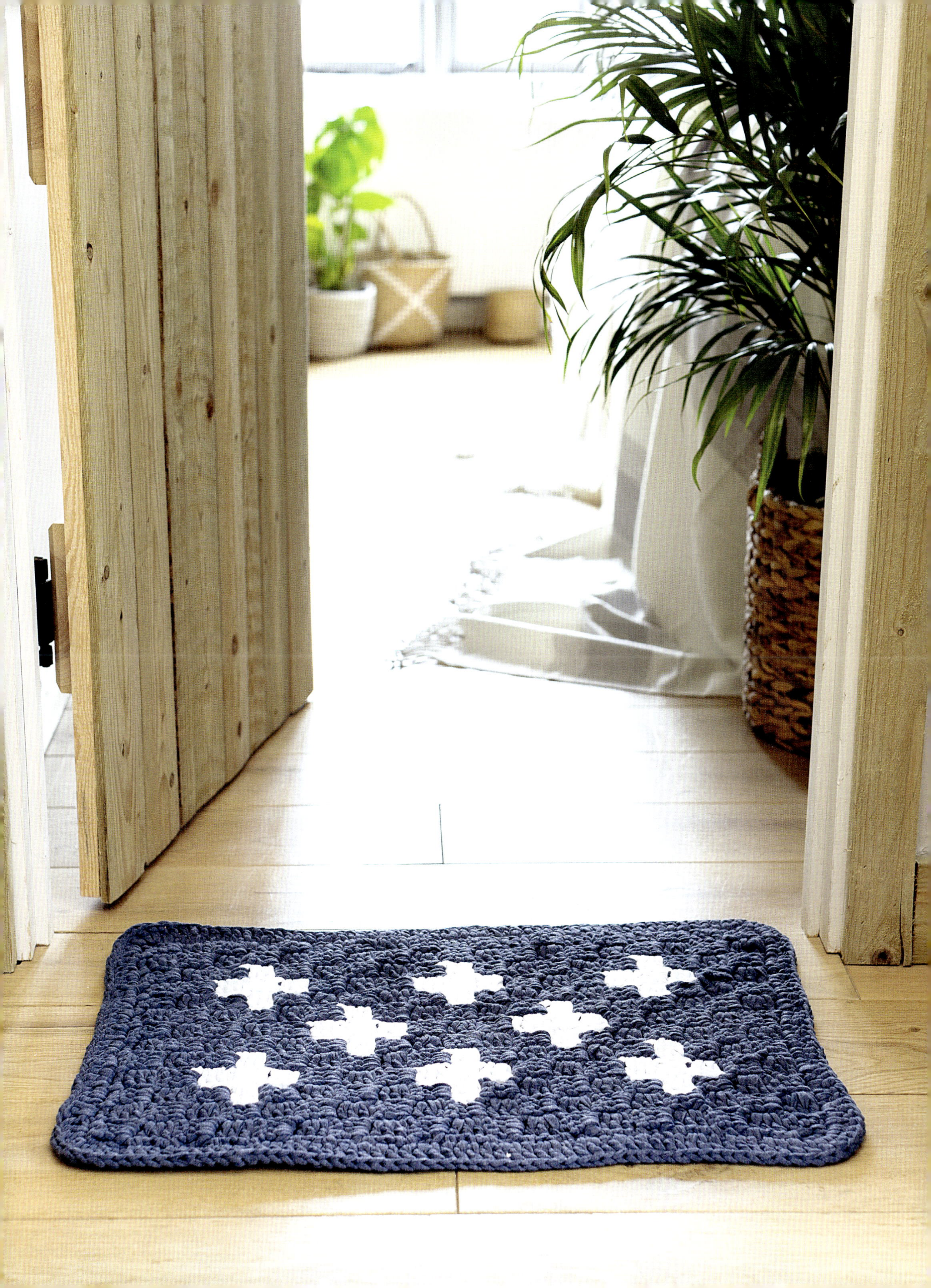

HINWEISE

◢ *Wenn du kein extradickes T-Shirt-Garn findest, kannst du auch 3 oder 4 Fäden Baumwollgarn mittlerer Stärke zusammen verarbeiten, um einen ähnlich robusten, absorbierenden Teppich zu erhalten. Wenn dir die Teppichgröße wichtig ist, fertige zu Beginn eine Maschenprobe mit dem Alternativgarn an.*

◢ *Jedes Plus-Zeichen erfordert ungefähr 43 cm Garn in White. Es lohnt sich eventuell, mehrere Spulen mit 43 cm/10 g Garn in White und einige Spulen verschiedener Längen in Denim zu wickeln, um deinen Arbeitsfaden nicht unnötig oft abzuschneiden (siehe »Garn-Management: Tipps zum Zähmen des Garns«).*

Anleitung

SO HÄKELST DU DEN TEPPICH

› Arbeite den Teppich nach der Musterbeschreibung und dem Diagramm.

› Arbeite die Borte wie unten beschrieben in Denim:

Borten-Runde 1: Fm häkeln (siehe »Allgemeine Techniken: Borte aus festen Maschen«).

Borten-Runde 2: 3 Lm, * 2 Stb in nächste 2 Lm-Kette, 1 Stb in die nächste fM; ab * bis zum Rundenübergang wdh; dabei an den Ecken 2 Stb in beide fM arbeiten, mit 1 Km in die 3. Anfangs-Lm zur Runde schließen. Den Faden abschneiden.

Die Fäden vernähen.

Muster

◀ **Reihe 1 (RS):** 1x Denim

▶ **Reihe 2 (LS):** 2x Denim

◀ **Reihe 3:** 3x Denim

▶ **Reihe 4:** 4x Denim

◀ **Reihe 5:** 5x Denim

▶ **Reihe 6:** 2x Denim, 2x White, 2x Denim

◀ **Reihe 7:** 3x Denim, 1x White, 3x Denim

▶ **Reihe 8:** 3x Denim, 2x White, 3x Denim

◀ **Reihe 9:** 9x Denim

▶ **Reihe 10:** 10x Denim

◀ **Reihe 11:** 11x Denim

▶ **Reihe 12:** 2x Denim, 2x White, 2x (1x Denim, 2x White), 2x Denim

◀ **Reihe 13:** 3x Denim, 2x (1x White, 2x Denim), 1x White, 3x Denim

TIPP

Bei diesem Garn ist es wahrscheinlich einfacher, die Fadenenden mit einer kleineren Häkelnadel zu vernähen als mit einer Wollnadel.

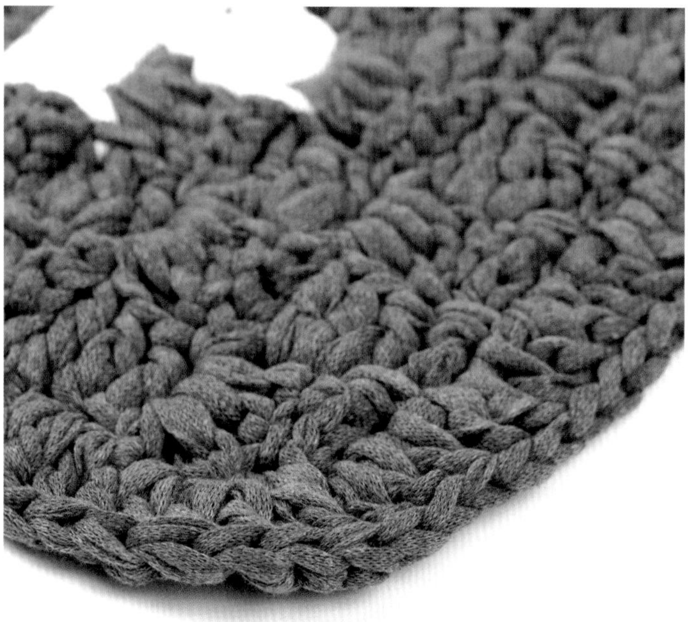

ECKE *(zu Beginn aller Rückreihen auf der LS zunehmen, zu Beginn aller Hinreihen auf der RS abnehmen)*

▶ **Reihe 14 (LS):** 3x Denim, 2x (2x White, 1x Denim), 2x White, 2x Denim

◀ **Reihe 15 (RS):** 13x Denim

▶ **Reihe 16:** 13x Denim

◀ **Reihe 17:** 13x Denim

▶ **Reihe 18:** 2x Denim, 2x (2x White, 1x Denim), 2x White, 3x Denim

◀ **Reihe 19:** 3x Denim, 2x (1x White, 2x Denim), 1x White, 3x Denim

ECKE *(zu Beginn jeder Reihe abnehmen)*

▶ **Reihe 20 (LS):** 2x Denim, 2x White, 2x (1x Denim, 2x White), 2x Denim

◀ **Reihe 21 (RS):** 11x Denim

▶ **Reihe 22:** 10x Denim

◀ **Reihe 23:** 9x Denim

▶ **Reihe 24:** 3x Denim, 2x White, 3x Denim

◀ **Reihe 25:** 3x Denim, 1x White, 3x Denim

▶ **Reihe 26:** 2x Denim, 2x White, 2x Denim

◀ **Reihe 27:** 5x Denim

▶ **Reihe 28:** 4x Denim

◀ **Reihe 29:** 3x Denim

▶ **Reihe 30:** 2x Denim

◀ **Reihe 31:** 1x Denim

DIAGRAMM

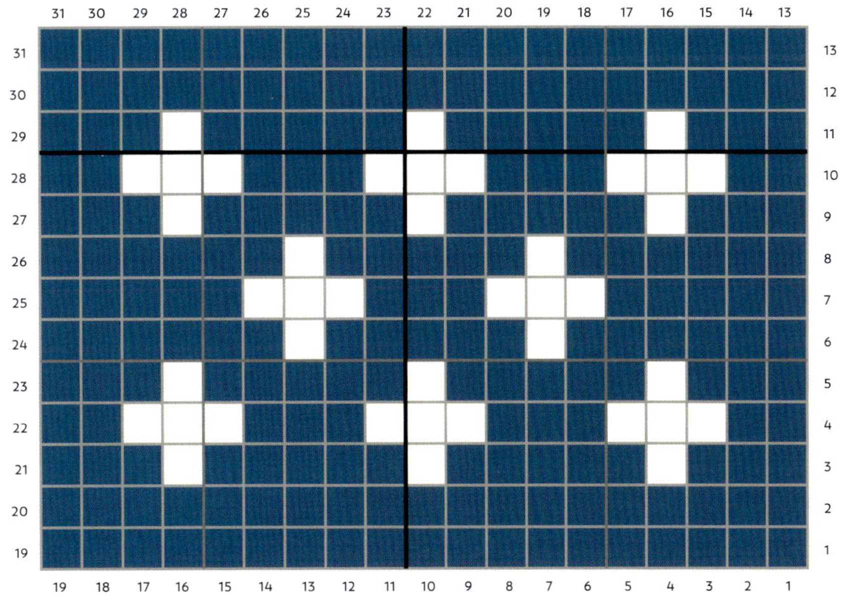

Lion Brand Fast-Track – Dune Buggy Denim

Lion Brand Fast-Track – Airstream White

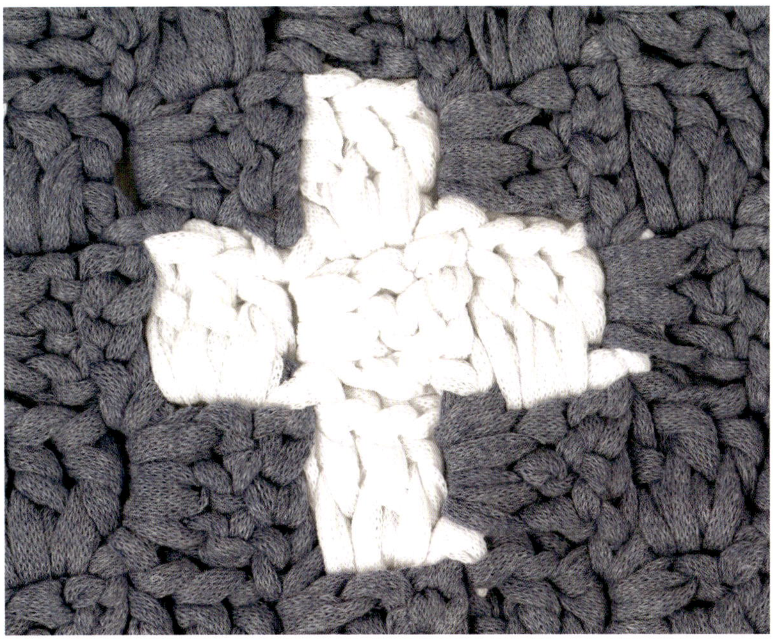

KUSCHELIGER OVERSIZE-SCHLAUCHSCHAL

Einsteigerprojekte müssen nicht langweilig sein. Dieser unkomplizierte Schlauchschal ist ein hervorragendes erstes Corner-to-Corner-Projekt, da er als schlichtes Rechteck gearbeitet wird, das sich aus 104 C2C-Quadraten zusammensetzt. Ein einfaches Rippenmuster und große Holzknöpfe runden den Look dieses schön strukturierten und superkuscheligen Schals ab.

Schwierigkeitsgrad

✚ ✚ ✚

Garn

Wool and The Gang Crazy Sexy Wool (100 % Wolle; 80 m pro 200 g-Knäuel, das entspricht einer LL = 40 m/100 g) in der Farbe:

› Cameo Rose (36); 2 Knäuel – Rose

Utensilien

19 mm Häkelnadel

4 x 4 cm große Knöpfe

Nähgarn für die Knöpfe

Nähnadel

Fertige Größe

Etwa 80 cm x 40 cm, wenn der fertige Schlauchschal flach liegt

Maschenprobe

Hauptmuster: 4 Quadrate messen 20 cm mit 19 mm Häkelnadel und Wool and The Gang Crazy Sexy Wool

Rippenmuster: 3 fM messen 6,5 cm und 6 Reihen messen 10 cm mit 19 mm Häkelnadel und Wool and The Gang Crazy Sexy Wool

Maschentyp

Stäbchen-C2C

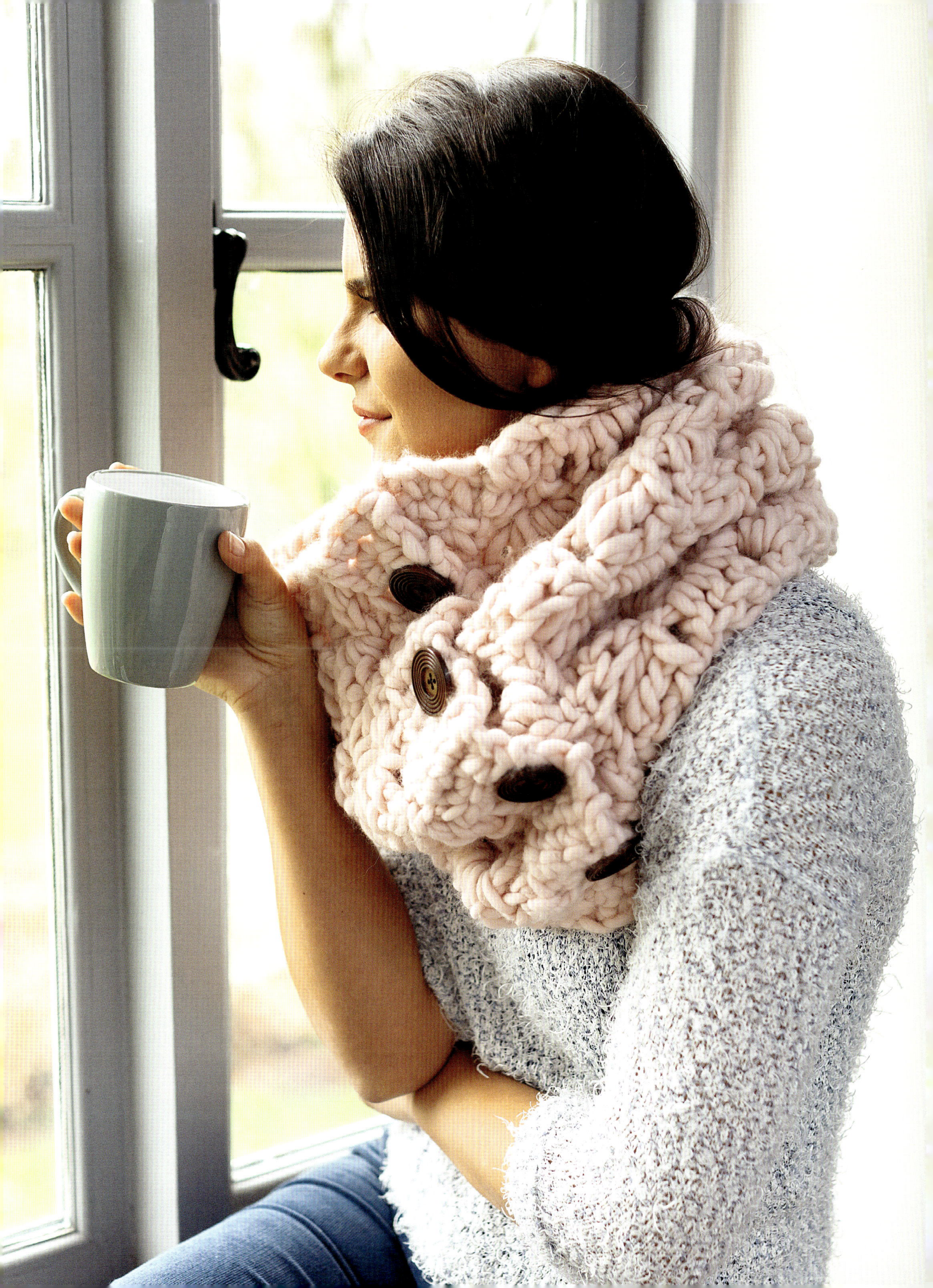

HINWEISE

◢ *Wenn du lieber ein Garn mit etwas anderer Fadenstärke für diesen Schlauchschal verwenden möchtest, häkele einfach ein C2C-Rechteck in dem ungefähren Format 66 cm x 41 cm.*

◢ *Experimentiere mit der Maschen- und Reihenzahl des rechts beschriebenen Rippenmusters aus festen Maschen, um die ungefähren Maße von 6 cm x 41 cm zu erzielen.*

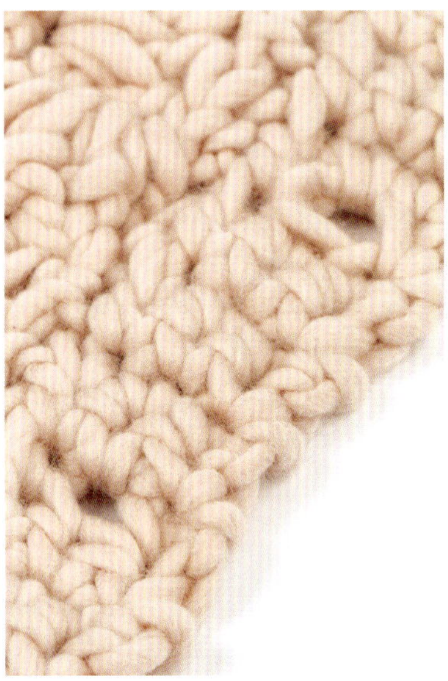

Anleitung

SO HÄKELST DU DEN SCHLAUCHSCHAL

› Arbeite das Hauptteil des Schlauchschals nach der Musterbeschreibung und dem Diagramm.

› Lasse am Ende den Arbeitsfaden an der Ecke hängen.

› Arbeite die Ränder wie folgt:

Häkele mit dem Arbeitsfaden einen Rand aus fM (siehe »Allgemeine Techniken: Borte aus festen Maschen«) nur entlang der langen Seite des Rechtecks. Den Faden abschneiden und dabei 76 cm hängen lassen. (Beachte, dass die Seite, die beim Arbeiten dieser Reihe zu dir zeigt, jetzt die rechte Seite ist.)

Mit der RS zu dir zeigend schlinge einen Faden an der Ecke der zweiten langen Seite an. Arbeite einen Rand aus fM entlang dieser langen Seite. Schneide den Faden ab und lasse ein 76 cm langes Ende hängen.

› Arbeite je einen der 2 folgenden Rippenabschnitte. Wenn du Knopflöcher lieber vermeidest und die Knöpfe nur zur Dekoration annähen möchtest, arbeite 2 Rippenabschnitte ohne Knopflöcher.

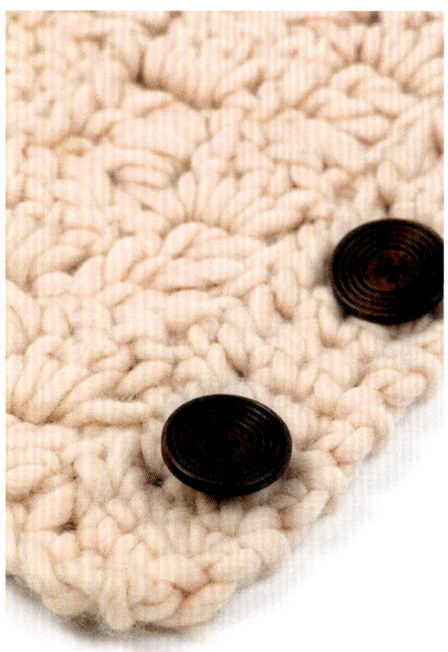

› RIPPENMUSTER OHNE KNOPFLÖCHER:

Basisreihe: 4 Lm.

Reihe 1: Die 1. Lm überspr, je 1 fM in jede Lm, wenden. (3 M)

Reihen 2–28: 1 Lm, je 1 fM in jede fM, wenden.

Den Faden abschneiden.

› RIPPENMUSTER MIT KNOPFLÖCHERN:

Basisreihe:: 4 Lm.

Reihe 1: Die 1. Lm überspr, je 1 fM in jede Lm, wenden. (3 M)

Reihen 2–3: 1 Lm, je 1 fM in jede fM, wenden.

Reihe 4: 1 Lm, 1 fM in die 1. fM, 1 Lm, die nächste fM überspr, 1 fM in die letzte fM, wenden (Knopfloch fertig).

Reihe 5: 1 Lm, je 1 fM in jede fM und jede Lm, wenden. (3 M)

Reihen 6–10: Die Reihe 2 wdh.

Reihen 11–24: Die Reihen 4–10 noch 2x wdh.

Reihen 25: Die Reihe 4 wdh.

Reihen 26–28: Die Reihe 2 noch 3x wdh.

Den Faden abschneiden.

› Zum Fertigstellen mit LS des Schals oben die lange Seite des Rippenabschnitts an die kurze Seite des Schals legen. Mit den Fadenenden von den Rändern im Verbindungsstich zusammennähen (siehe »Allgemeine Techniken: C2C-Teile zusammennähen«).

› Auf der gegenüberliegenden Seite mit dem zweiten Rippenabschnitt wdh.

› Mit einer Nähnadel und 1 Faden die Knöpfe am Rippenabschnitt ohne Knopfloch annähen.

› Alle übrigen Fadenenden vernähen.

Muster

- ◀ **Reihe 1 (RS):** 1x Rose
- ▶ **Reihe 2 (LS):** 2x Rose
- ◀ **Reihe 3:** 3x Rose
- ▶ **Reihe 4:** 4x Rose
- ◀ **Reihe 5:** 5x Rose
- ▶ **Reihe 6:** 6x Rose
- ◀ **Reihe 7:** 7x Rose
- ▶ **Reihe 8:** 8x Rose

ECKE *(zu Beginn aller Rückreihen auf der LS zunehmen, zu Beginn aller Hinreihen auf der RS abnehmen)*

- ◀ **Reihe 9 (RS):** 8x Rose
- ▶ **Reihe 10 (LS):** 8x Rose
- ◀ **Reihe 11:** 8x Rose
- ▶ **Reihe 12:** 8x Rose
- ◀ **Reihe 13:** 8x Rose

ECKE *(zu Beginn jeder Reihe abnehmen)*

- ▶ **Reihe 14 (LS):** 7x Rose
- ◀ **Reihe 15 (RS):** 6x Rose
- ▶ **Reihe 16:** 5x Rose
- ◀ **Reihe 17:** 4x Rose
- ▶ **Reihe 18:** 3x Rose
- ◀ **Reihe 19:** 2x Rose
- ▶ **Reihe 20:** 1x Rose

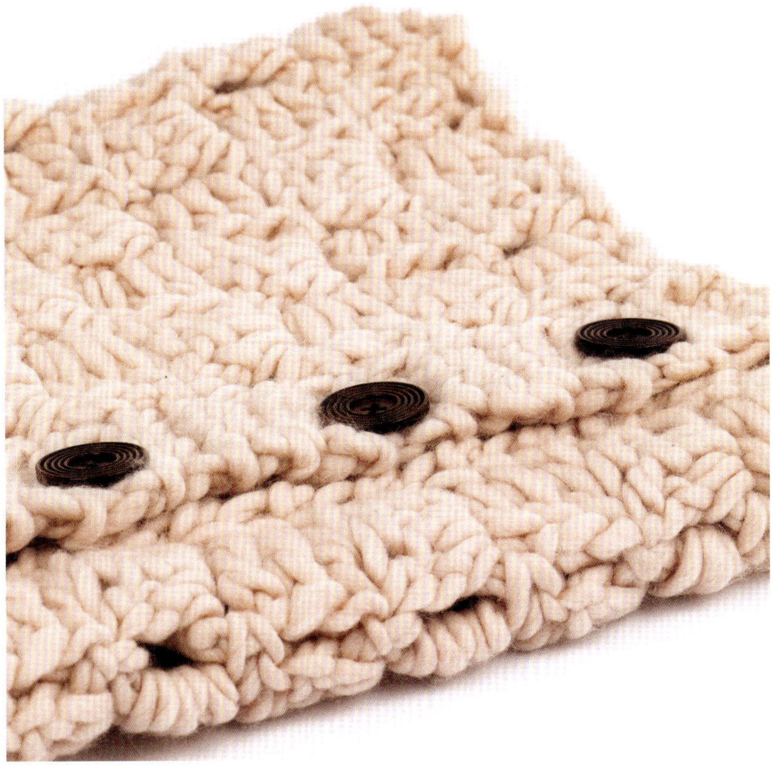

DIAGRAMM

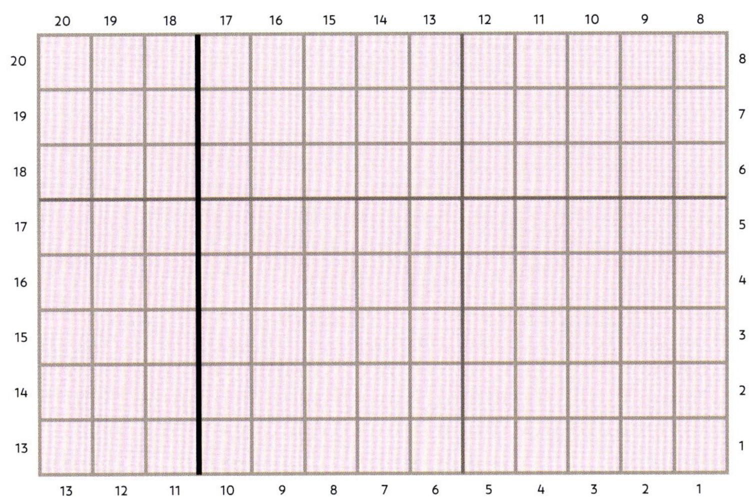

Wool and The Gang Crazy Sexy Wool – Cameo Rose

PINSELSTRICH-SCHAL

Zeit für Dreiecke! Bei diesem einfachen Schal, bei dem 2 Fäden zusammen verarbeitet werden, entfaltet der Farbverlauf des Garns seine volle Wirkung. Bei dem Modell wurden beide Knäuel ungefähr am gleichen Punkt im Farbverlauf begonnen. Du kannst aber auch damit experimentieren, 2 verschiedene Farben zu kombinieren, um einen melierten Look mit stärkerem Kontrast zu erzielen.

Schwierigkeitsgrad

✚ ✜ ✜

Garn

Lion Brand Mandala (100 % Acryl; 540 m pro 150 g-Knäuel, das entspricht einer LL = 180 m/50 g) in der Farbe:

› Centaur (214); 3 Knäuel (2 Knäuel für den Schal, 1 Knäuel für die Quasten)

Utensilien

6,5 mm Häkelnadel

Tassel-Maker oder 8 cm großes Stück Pappe

Fertige Größe

Etwa 135 cm x 66 cm ohne Quasten

Maschenprobe

4 Quadrate messen 9,5 cm mit 6,5 mm Häkelnadel und Lion Brand Mandala

Maschentyp

Stäbchen-C2C

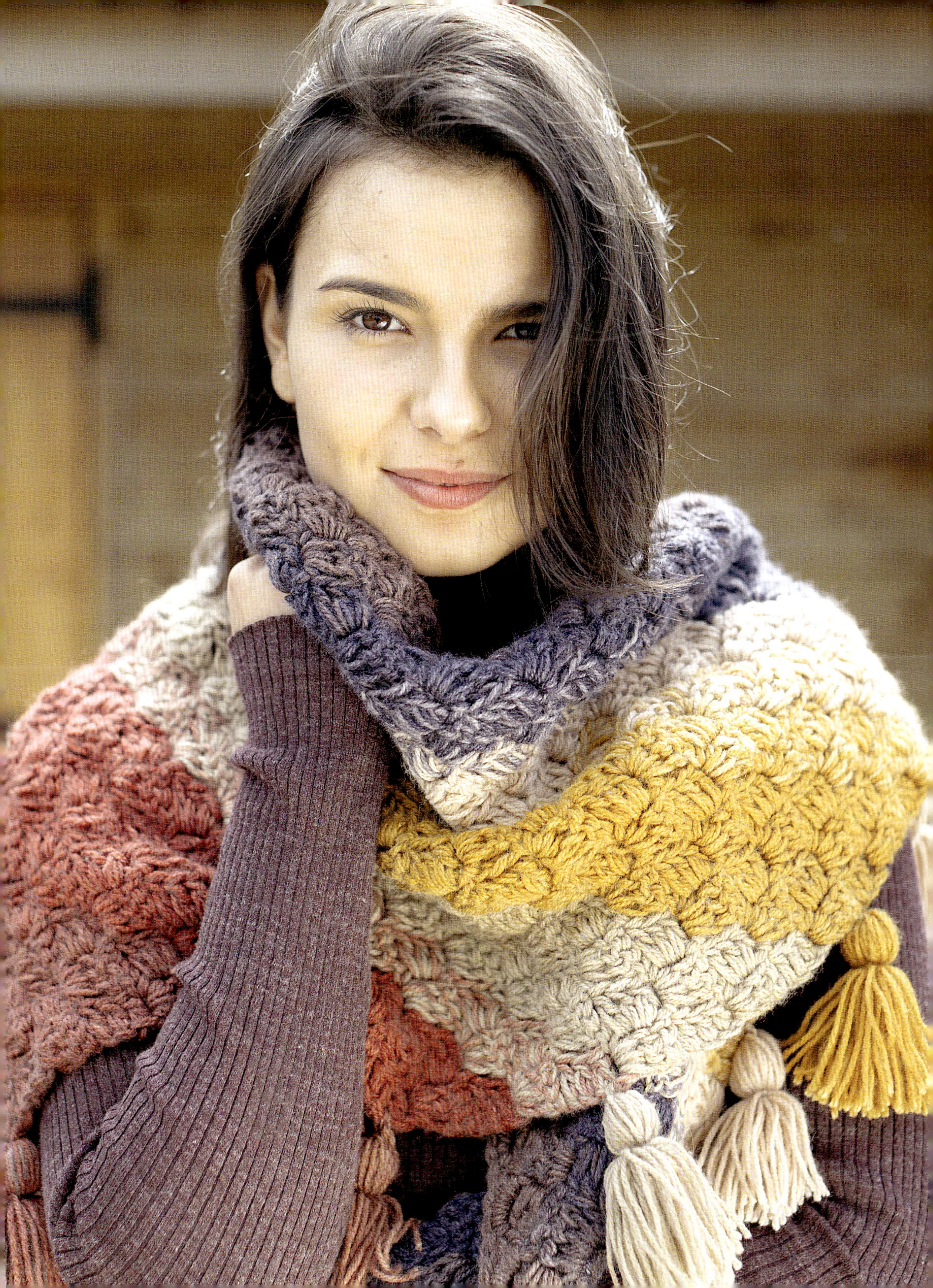

HINWEISE

◢ *Dieses Dreieck wird wie die erste Hälfte eines C2C-Quadrats gearbeitet. In der letzten Reihe werden die Stufen im C2C-Rand ausgefüllt, um einen gleichmäßigen Rand am oberen Ende des Schals zu erreichen (siehe »Allgemeine Techniken: Fertigstellen eines gestuften Rands«).*

◢ *Dieses Modell wurde aus 2 ganzen Knäueln gearbeitet. Ein Teil des 3. Knäuels wurde für die Quasten verwendet.*

◢ *Wenn du den Schal in einer anderen Größe arbeiten möchtest, häkele einfach mehr oder weniger Reihen im C2C-Muster.*

◢ *Dieses einfache Projekt kann in jedem Garn mit Farbverlauf gearbeitet werden. Passe einfach die Größe deiner Häkelnadel entsprechend an (du solltest die Häkelnadel so wählen, dass der Schal schön fällt, aber die Maschen nicht so locker sind, dass sie ihre Definition verlieren).*

Anleitung

SO HÄKELST DU DEN SCHAL

› Arbeite den Schal nach der Musterbeschreibung und dem Diagramm.

› Halte ausreichend Garn für die unten beschriebene abschließende Reihe vor, die entlang dem Stufenrand des Dreiecks gehäkelt wird (siehe »Allgemeine Techniken: Fertigstellen eines gestuften Rands«).

› Arbeite den Rand wie unten beschrieben:

Oberer Rand (Reihe 39): 4 Km entlang dem oberen Rand des letzten C2C-Quadrats, (1 fM, 1 hStb, 1 Stb) in die 3 Lm-Kette desselben Quadrats, * 1 Km in die 3 Lm-Kette des nächsten Quadrats, (1 fM, 1 hStb, 1 Stb) in dasselbe Quadrat; ab * wdh, bis nur noch 1 Quadrat übrig ist.

Den Faden abschneiden und vernähen.

› Zum Abschluss mit dem letzten Knäuel und einem Tassel-Maker oder einem 8 cm großen Stück Pappe 17 Quasten herstellen, die ungefähr zum Farbverlauf des Schals passen. Den Faden etwa 50x wickeln, um eine dichte Quaste wie auf dem Bild zu erzielen.

› Die Quasten mit einer Wollnadel in Abständen von etwa 13 cm an den beiden kurzen Seiten des Dreiecks annähen (siehe »Allgemeine Techniken: Eine Quaste anfertigen«).

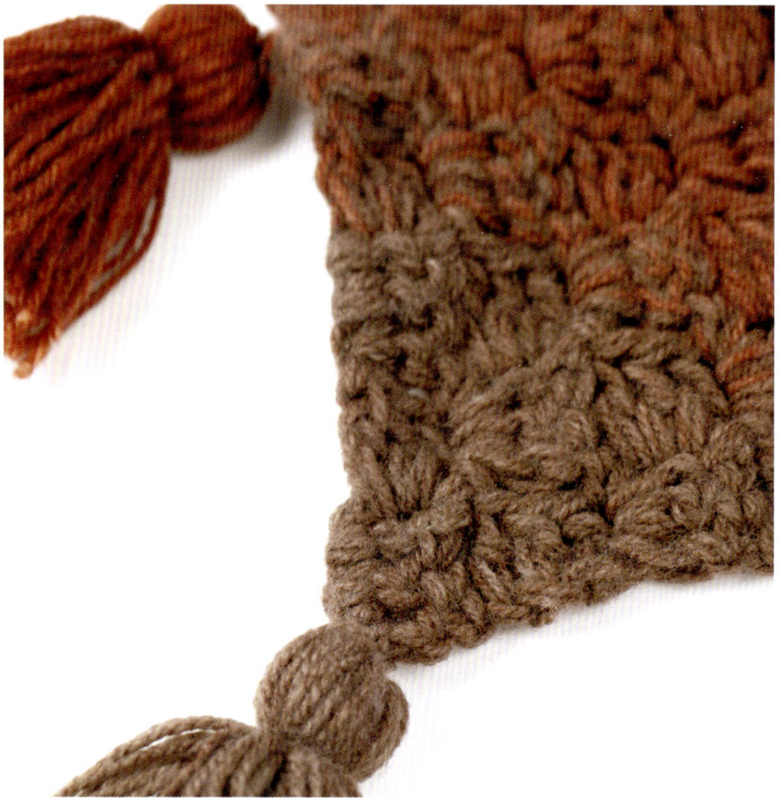

DIAGRAMM

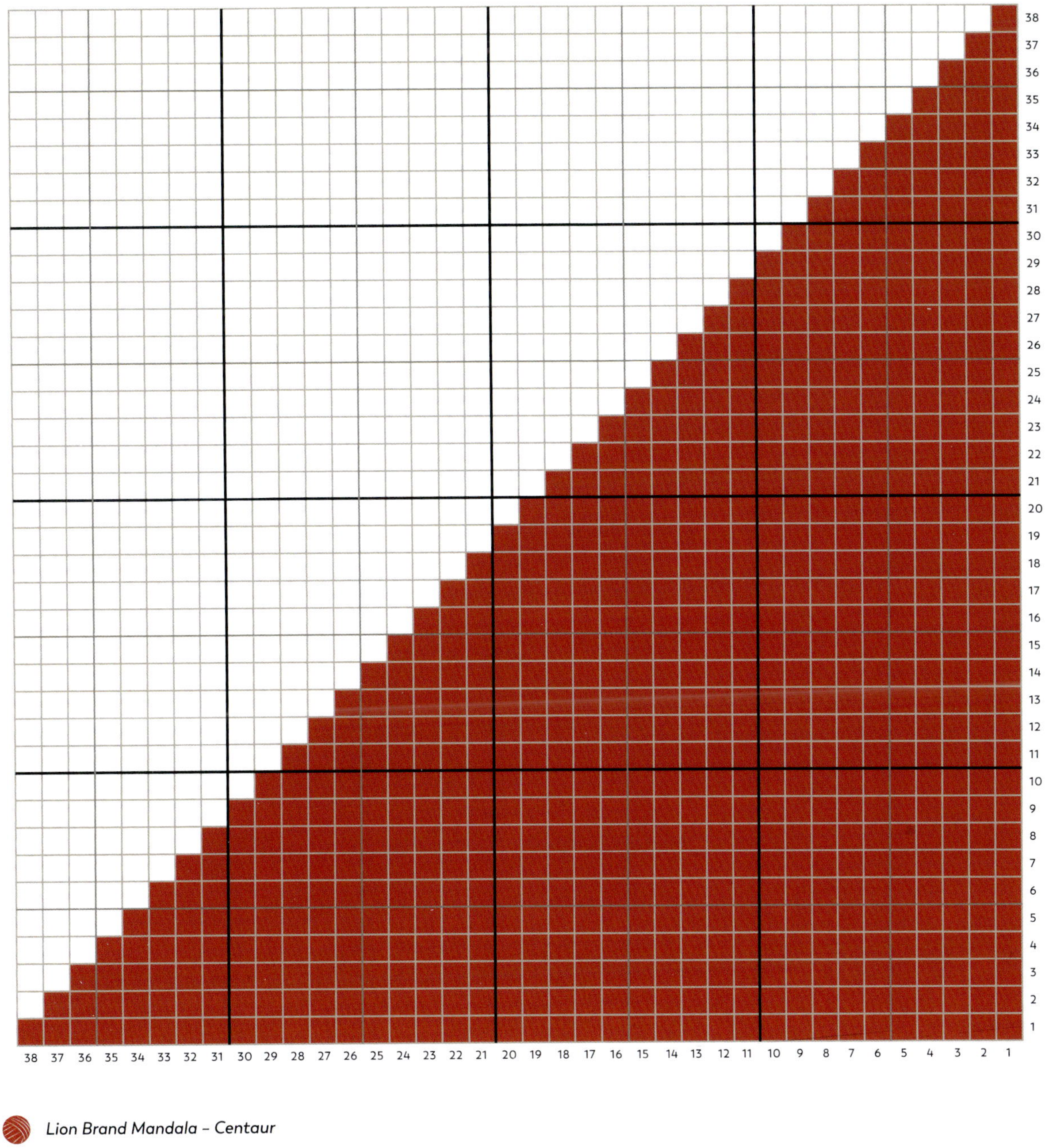
38 37 36 35 34 33 32 31 30 29 28 27 26 25 24 23 22 21 20 19 18 17 16 15 14 13 12 11 10 9 8 7 6 5 4 3 2 1
Lion Brand Mandala – Centaur

Muster

◀ **Reihe 1 (RS):** 1x Centaur

▶ **Reihe 2 (LS):** 2x Centaur

◀ **Reihe 3:** 3x Centaur

▶ **Reihe 4:** 4x Centaur

◀ **Reihe 5:** 5x Centaur

▶ **Reihe 6:** 6x Centaur

◀ **Reihe 7:** 7x Centaur

▶ **Reihe 8:** 8x Centaur

◀ **Reihe 9:** 9x Centaur

▶ **Reihe 10:** 10x Centaur

◀ **Reihe 11:** 11x Centaur

▶ **Reihe 12:** 12x Centaur

◀ **Reihe 13:** 13x Centaur

▶ **Reihe 14:** 14x Centaur

◀ **Reihe 15:** 15x Centaur

▶ **Reihe 16:** 16x Centaur

◀ **Reihe 17:** 17x Centaur

▶ **Reihe 18:** 18x Centaur

◀ **Reihe 19:** 19x Centaur

▶ **Reihe 20:** 20x Centaur

◀ **Reihe 21:** 21x Centaur

▶ **Reihe 22:** 22x Centaur

◀ **Reihe 23:** 23x Centaur

▶ **Reihe 24:** 24x Centaur

◀ **Reihe 25:** 25x Centaur

▶ **Reihe 26:** 26x Centaur

◀ **Reihe 27:** 27x Centaur

▶ **Reihe 28:** 28x Centaur

◀ **Reihe 29:** 29x Centaur

▶ **Reihe 30:** 30x Centaur

◀ **Reihe 31:** 31x Centaur

▶ **Reihe 32:** 32x Centaur

◀ **Reihe 33:** 33x Centaur

▶ **Reihe 34:** 34x Centaur

◀ **Reihe 35:** 35x Centaur

▶ **Reihe 36:** 36x Centaur

◀ **Reihe 37:** 37x Centaur

▶ **Reihe 38:** 38x Centaur

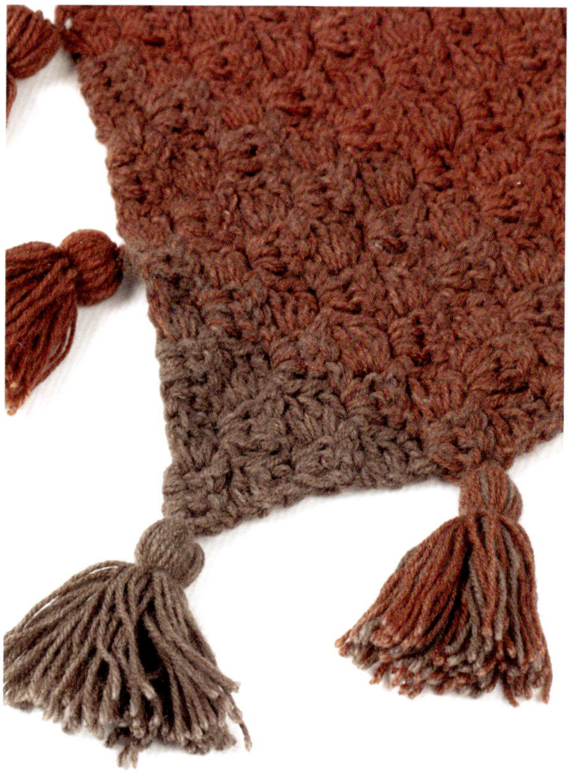

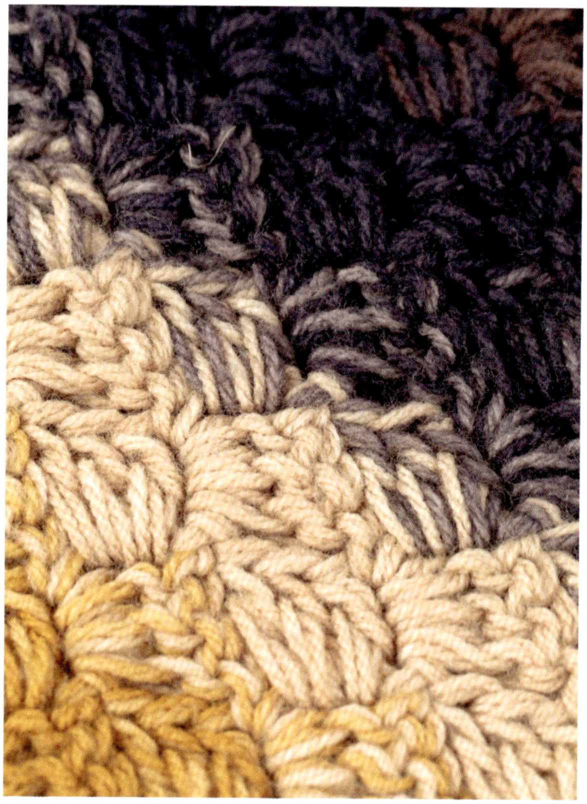

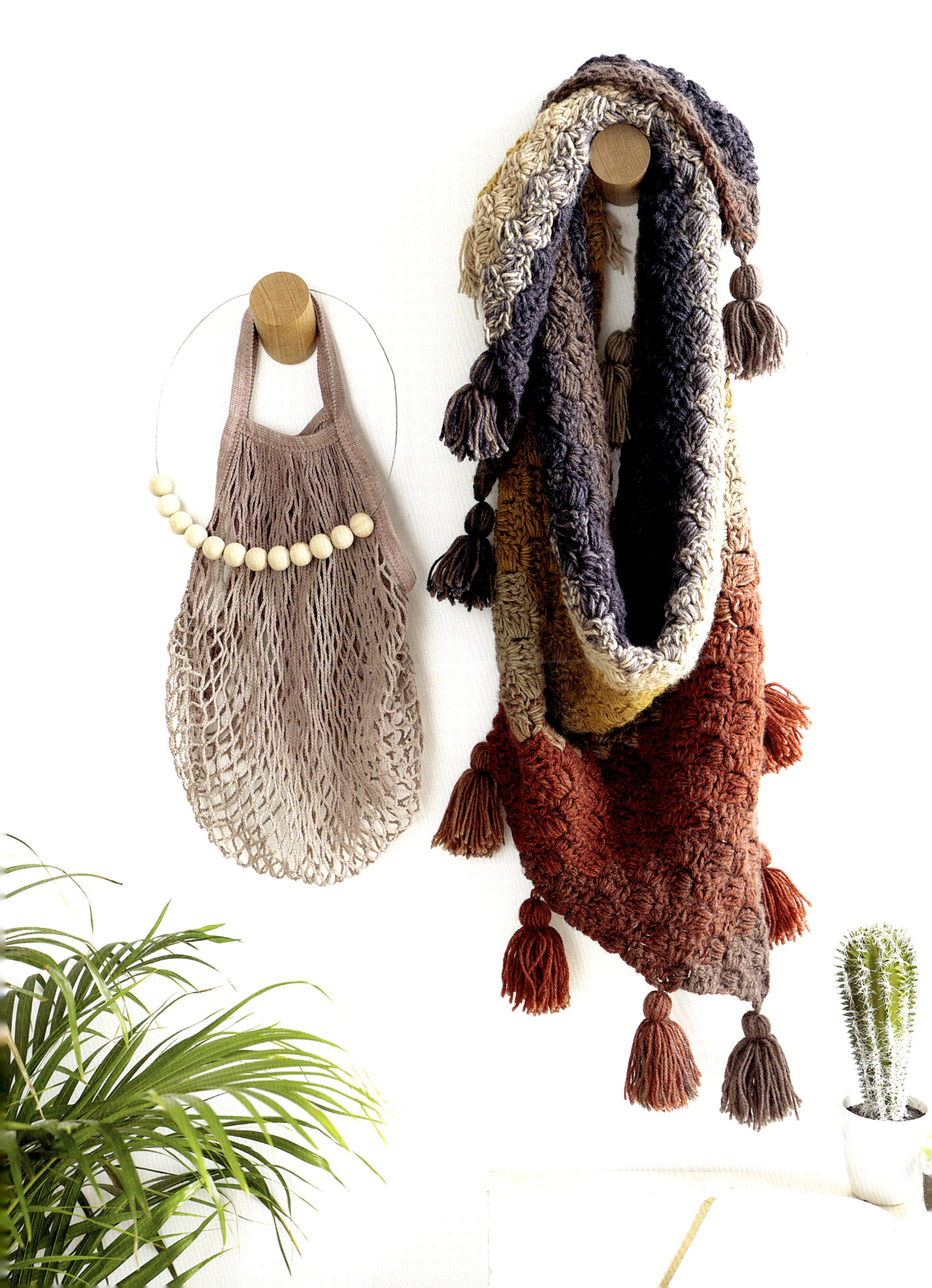

HIMMELWEIT-PONCHO

Die pixelige Eigenart des C2C eignet sich gut für geometrische Motive im indigenen Stil. Dieser Poncho besteht zwar aus einfachen Rechtecken, wirkt aber dank der grafischen Musterung überraschend edel. Eine von der Natur inspirierte Palette verleiht diesem Teil einen warmen, erdigen Charme.

Schwierigkeitsgrad

Garn

Quince & Co Owl (50 % amerikanische Wolle, 50 % Alpaca; LL = 110 m/50 g) in den Farben:

› Abyssinian; 8 (12–13) Knäuel

› Canyon; 1 (1) Knäuel

› Cerulean; 1 (1) Knäuel

› Cinnamon; 1 (2) Knäuel

› Huckleberry; 3 (4) Knäuel

Utensilien

6 mm Häkelnadel

Maße und Größen

Größen (Damen): S-M (L–2XL)

Brustumfang: 86–102 cm (107–127 cm)

Fertige Maße, wenn der Poncho flach liegt: 84 cm x 66 cm (104 cm x 75 cm)

Maschenprobe

Poncho, Hauptteil: 4 Quadrate messen etwa 8 cm mit 6 mm Häkelnadel und Quince & Co Owl

Rippenmuster: 14 M und 8 Reihen ergeben etwa 10 cm

Maschentyp

Stäbchen-C2C

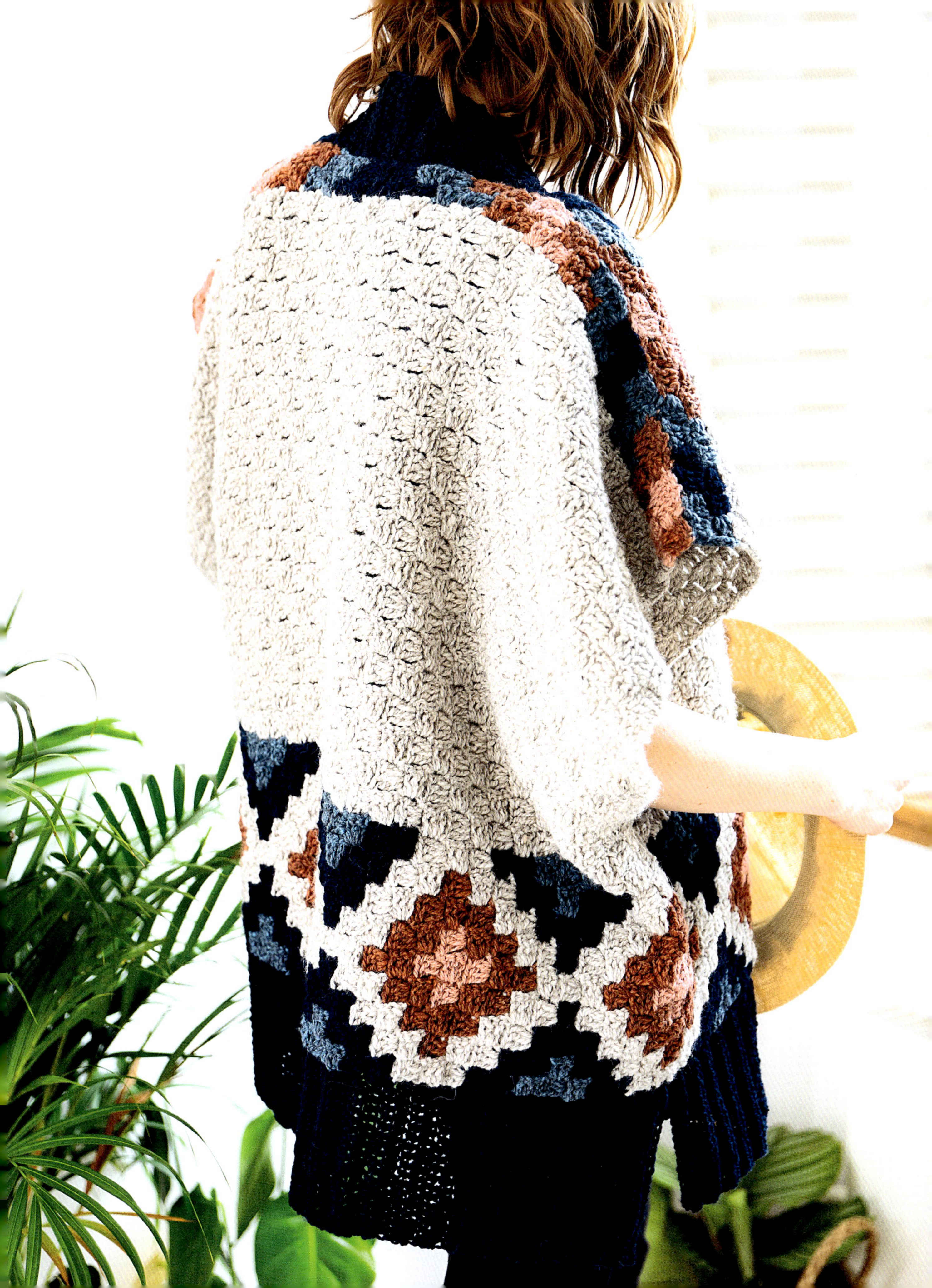

HINWEISE

◢ *Das Modell wird in 3 Hauptteilen gearbeitet und dann zusammengenäht. Die Rippenmuster-Abschnitte werden separat gearbeitet und an die Hauptteile genäht.*

◢ *Immer wenn du bei diesem Muster denkst, dass es zu viele Farben werden, um sie unter Kontrolle zu haben, schneidest du die Fäden ab und arbeitest eine Weile in nur einer Farbe. Siehe »Garn-Management: Tipps zum Zähmen des Garns«) für Ideen, wie du mit Garnspulen deine Fäden beim Häkeln unter Kontrolle halten kannst.*

◢ *Um einen längeren Poncho zu arbeiten, füge in der Mitte jedes Teils die gleiche Anzahl an einfarbigen Reihen hinzu (dadurch wird dein Projekt anders als die nachstehende Anleitung, aber die allgemeine Anzahl von Quadraten für jeden Farbbereich bleibt gleich).*

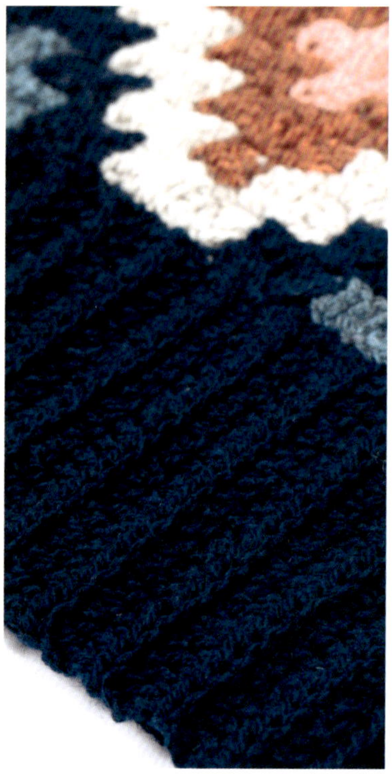

Anleitung

SO HÄKELST DU DEN PONCHO

› Arbeite das Rückenteil, das linke Vorderteil und das rechte Vorderteil in der gewünschten Größe nach Musterbeschreibungen und Diagrammen.

› Es ist wichtiger, dass das im Rippenmuster gearbeitete Teil zum Teil passt, an das es angenäht wird, als dass es mit der angegebene Reihenanzahl übereinstimmt. Du kannst die Reihenanzahl nach Bedarf erhöhen oder verringern.

› Arbeite mit Huckleberry im Rippenmuster wie folgt:

› RÜCKENTEIL-BÜNDCHEN (1 STÜCK):

Basisreihe: 20 Lm.

Reihe 1: 2 Lm überspr, je 1 hStb in jede Lm, wenden. (18 M)

Reihen 2–68 (82): 2 Lm, je 1 hStb ins hintere M-Glied jedes hStb, wenden.

Das Stück sollte nun 34 (41) vorstehende Rippen haben. Den Faden abschneiden und ein etwa 90 cm langes Ende hängen lassen.

› VORDERTEIL-BÜNDCHEN (2 STÜCK):

Basisreihe: 20 Lm.

Reihe 1: 2 Lm überspr, je 1 hStb in jede Lm, wenden. (18 M)

Reihen 2–24 (30): 2 Lm, 1 hStb ins hintere M-Glied jedes hStb, wenden.

Das Stück sollte nun 12 (15) vorstehende Rippen haben. Den Faden abschneiden und ein etwa 60 cm langes Ende hängen lassen.

› KRAGEN IM RIPPENMUSTER (1 STÜCK):

Basisreihe: 10 Lm.

Reihe 1: 2 Lm überspr, je 1 hStb in jede Lm, wenden. (8 M)

Reihen 2–125 (139): 2 Lm, 1 hStb ins hintere M-Glied jedes hStb, wenden.

Das Stück sollte nun 62 (69) vorstehende Rippen haben. Den Faden abschneiden und ein etwa 90 cm langes Ende hängen lassen.

› Spanne die Teile zunächst. Schließe dann alle Nähte mit einer Wollnadel und 1 Faden Abyssinian in dem Stich, der unter »C2C-Teile vernähen« beschrieben ist (siehe »Allgemeine Techniken«), sofern nichts anderes angegeben ist.

› Das Rückenteil-Bündchen an den unteren Rand des Rückenteils nähen und den Faden abschneiden. Die Vorderteil-Bündchen ebenso an die Vorderteile annähen.

› Das Rückenteil und die beiden Vorderteile an den Schultern rechts auf rechts zusammenstecken. Die Schulternähte schließen. Den Faden am Halsausschnitt abschneiden.

› Vorder- und Rückenteile an beiden Seiten direkt über dem unteren Rippenmuster-Abschnitt sowie 21,5–25 cm vom unteren Rand mit je 1 Nadel zusammenstecken. Die Naht zwischen den Nadeln auf der rechten und linken Seite des Ponchos schließen.

› Den Kragen rechts auf rechts am Rand des Vorderteils, entlang dem rückwärtigen Halsausschnitt und am Rand des zweiten Vorderteils feststecken, annähen und den Faden abschneiden.

› Die übrigen Fadenenden vernähen.

Muster

LINKES VORDERTEIL (ALLE GRÖSSEN)

◀ **Reihe 1 (RS):** 1x Abyssinian

▶ **Reihe 2 (LS):** 1x Huckleberry, 1x Abyssinian

◀ **Reihe 3:** 1x Cinnamon, 1x Abyssinian, 1x Huckleberry

▶ **Reihe 4:** 1x Cerulean, 1x Huckleberry, 1x Abyssinian, 1x Cinnamon

◀ **Reihe 5:** 1x Canyon, 1x Cinnamon, 1x Abyssinian, 1x Huckleberry, 1x Cerulean

▶ **Reihe 6:** 2x Cerulean, 1x Huckleberry, 1x Abyssinian, 2x Cinnamon

◀ **Reihe 7:** 3x Cinnamon, 1x Abyssinian, 3x Huckleberry

▶ **Reihe 8:** 4x Huckleberry, 4x Abyssinian

◀ **Reihe 9:** 9x Abyssinian

▶ **Reihe 10:** 5x Abyssinian, 4x Huckleberry, 1x Abyssinian

◀ **Reihe 11:** 2x Abyssinian, 3x Huckleberry, 1x Abyssinian, 4x Cinnamon, 1x Abyssinian

▶ **Reihe 12:** 1x Huckleberry, 1x Abyssinian, 3x Cinnamon, 1x Abyssinian, 1x Huckleberry, 2x Cerulean, 3x Abyssinian

◀ **Reihe 13:** 4x Abyssinian, 1x Cerulean, 1x Huckleberry, 1x Abyssinian, 1x Cinnamon, 2x Canyon, 1x Cinnamon, 1x Abyssinian, 1x Huckleberry

▶ **Reihe 14:** 1x Cerulean, 1x Huckleberry, 1x Abyssinian, 1x Cinnamon, 1x Canyon, 1x Cinnamon, 1x Abyssinian, 1x Huckleberry, 1x Cerulean, 5x Abyssinian

◀ **Reihe 15:** 6x Abyssinian, 1x Huckleberry, 1x Abyssinian, 1x Cinnamon, 2x Canyon, 1x Cinnamon, 1x Abyssinian, 1x Huckleberry, 1x Cerulean

▶ **Reihe 16:** 2x Cerulean, 1x Huckleberry, 1x Abyssinian, 3x Cinnamon, 1x Abyssinian, 1x Huckleberry, 7x Abyssinian

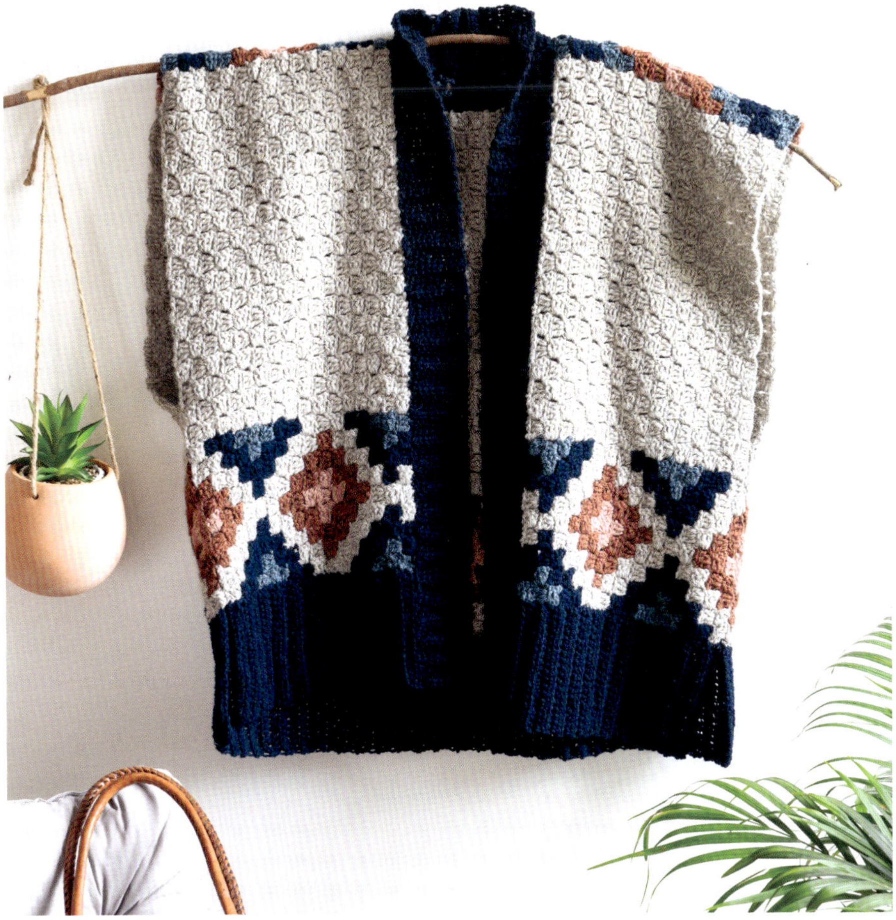

DIAGRAMM LINKES VORDERTEIL (S-M)

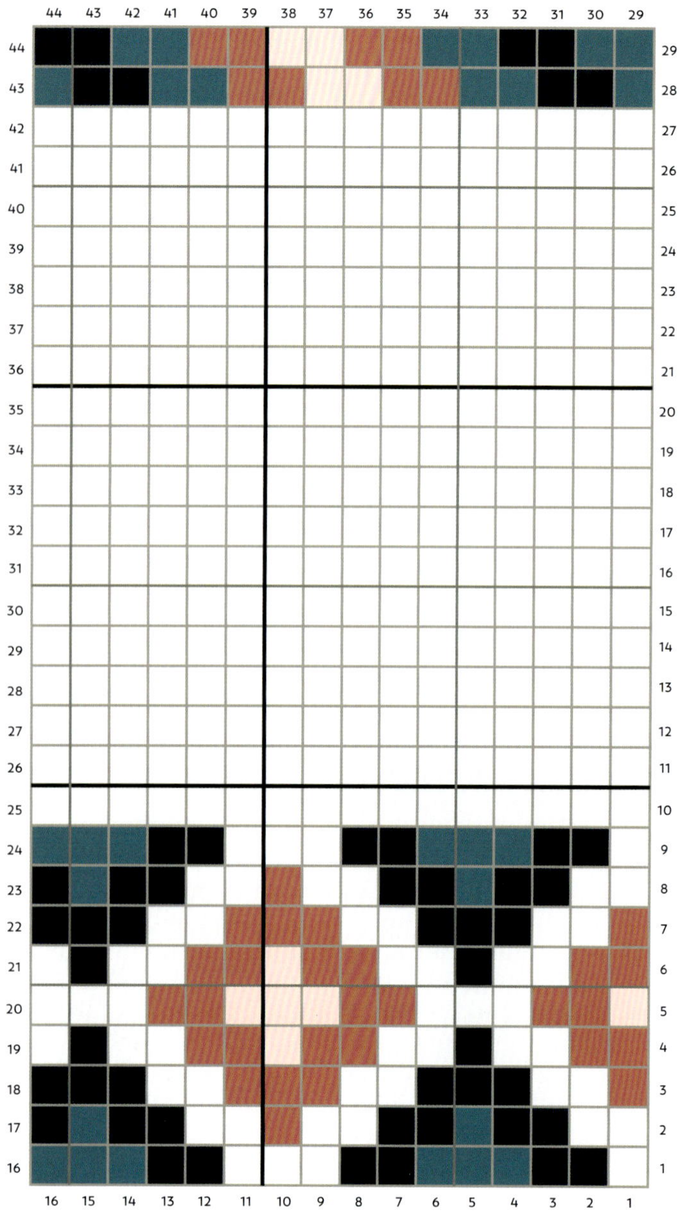

Quince & Co Owl – Abyssinian

Quince & Co Owl – Canyon

Quince & Co Owl – Cerulean

Quince & Co Owl – Cinnamon

Quince & Co Owl – Huckleberry

Nun je nach Größe wie folgt weiterarbeiten:

LINKES VORDERTEIL (S-M), FORTSETZUNG

ECKE *(zu Beginn aller Rückreihen auf der LS abnehmen, zu Beginn aller Hinreihen auf der RS zunehmen)*

◀ **Reihe 17 (RS):** 9x Abyssinian, 4x Cinnamon, 1x Abyssinian, 2x Huckleberry

▶ **Reihe 18 (LS):** 2x Huckleberry, 14x Abyssinian

◀ **Reihe 19:** 16x Abyssinian

▶ **Reihe 20:** 1x Abyssinian, 4x Huckleberry, 11x Abyssinian

◀ **Reihe 21:** 12x Abyssinian, 3x Huckleberry, 1x Abyssinian

▶ **Reihe 22:** 1x Huckleberry, 2x Cerulean, 13x Abyssinian

◀ **Reihe 23:** 14x Abyssinian, 1x Cerulean, 1x Huckleberry

▶ **Reihe 24:** 1x Cerulean, 15x Abyssinian

◀ **Reihe 25:** 16x Abyssinian

▶ **Reihe 26:** 16x Abyssinian

◀ **Reihe 27:** 16x Abyssinian

▶ **Reihe 28:** 15x Abyssinian, 1x Cerulean

◀ **Reihe 29:** 1x Cerulean, 1x Huckleberry, 14x Abyssinian

ECKE *(zu Beginn jeder Reihe abnehmen)*

▶ **Reihe 30 (LS):** 13x Abyssinian, 1x Huckleberry, 1x Cerulean

◀ **Reihe 31 (RS):** 1x Huckleberry, 1x Cerulean, 12x Abyssinian

▶ **Reihe 32:** 11x Abyssinian, 1x Cerulean, 1x Huckleberry

◀ **Reihe 33:** 1x Cerulean, 1x Cinnamon, 10x Abyssinian

▶ **Reihe 34:** 9x Abyssinian, 1x Cinnamon, 1x Cerulean

◀ **Reihe 35:** 1x Cinnamon, 1x Canyon, 8x Abyssinian

▶ **Reihe 36:** 7x Abyssinian, 1x Canyon, 1x Cinnamon

◀ **Reihe 37:** 1x Canyon, 1x Cinnamon, 6x Abyssinian

▶ **Reihe 38:** 5x Abyssinian, 1x Cinnamon, 1x Canyon

◀ **Reihe 39:** 1x Cinnamon, 1x Cerulean, 4x Abyssinian

▶ **Reihe 40:** 3x Abyssinian, 1x Cerulean, 1x Cinnamon

◀ **Reihe 41:** 1x Cerulean, 1x Huckleberry, 2x Abyssinian

▶ **Reihe 42:** 1x Abyssinian, 1x Huckleberry, 1x Cerulean

◀ **Reihe 43:** 1x Huckleberry, 1x Cerulean

▶ **Reihe 44:** 1x Huckleberry

DIAGRAMM LINKES VORDERTEIL (L–2XL)

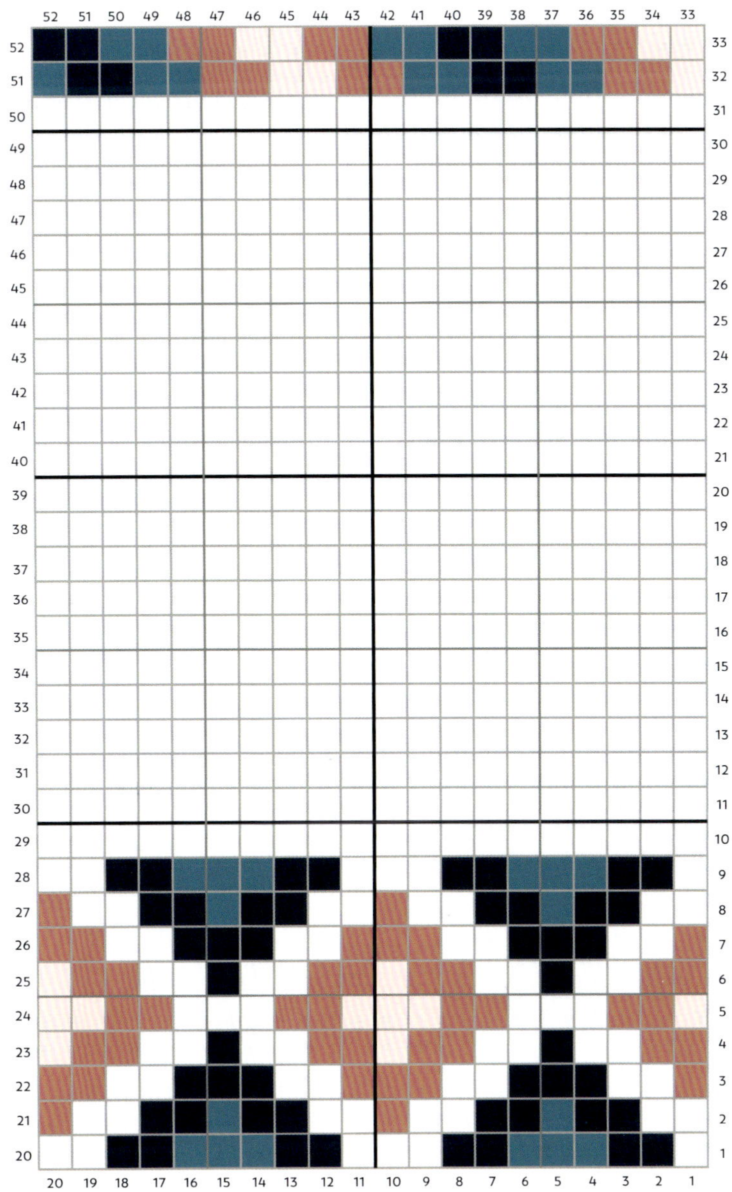

LINKES VORDERTEIL (L–2XL), FORTSETZUNG

◀ **Reihe 17 (RS):** 9x Abyssinian, 4x Cinnamon, 1x Abyssinian, 3x Huckleberry

▶ **Reihe 18 (LS):** 4x Huckleberry, 14x Abyssinian

◀ **Reihe 19:** 19x Abyssinian

▶ **Reihe 20:** 5x Abyssinian, 4x Huckleberry, 11x Abyssinian

ECKE *(zu Beginn aller Rückreihen auf der LS abnehmen, zu Beginn aller Hinreihen auf der RS zunehmen)*

◀ **Reihe 21 (RS):** 12x Abyssinian, 3x Huckleberry, 1x Abyssinian, 4x Cinnamon

▶ **Reihe 22 (LS):** 3x Cinnamon, 1x Abyssinian, 1x Huckleberry, 2x Cerulean, 13x Abyssinian

◀ **Reihe 23:** 14x Abyssinian, 1x Cerulean, 1x Huckleberry, 1x Abyssinian, 1x Cinnamon, 2x Canyon

▶ **Reihe 24:** 1x Canyon, 1x Cinnamon, 1x Abyssinian, 1x Huckleberry, 1x Cerulean, 15x Abyssinian

◀ **Reihe 25:** 16x Abyssinian, 1x Huckleberry, 1x Abyssinian, 1x Cinnamon, 1x Canyon

▶ **Reihe 26:** 1x Cinnamon, 1x Abyssinian, 1x Huckleberry, 17x Abyssinian

◀ **Reihe 27:** 19x Abyssinian, 1x Cinnamon

▶ **Reihe 28:** 20x Abyssinian

◀ **Reihe 29:** 20x Abyssinian

▶ **Reihe 30:** 20x Abyssinian

◀ **Reihe 31:** 20x Abyssinian

▶ **Reihe 32:** 19x Abyssinian, 1x Canyon

◀ **Reihe 33:** 1x Canyon, 1x Cinnamon, 18x Abyssinian

ECKE *(zu Beginn jeder Reihe abnehmen)*

▶ **Reihe 34 (LS):** 17x Abyssinian, 1x Cinnamon, 1x Canyon

◀ **Reihe 35 (RS):** 1x Cinnamon, 1x Cerulean, 16x Abyssinian

▶ **Reihe 36:** 15x Abyssinian, 1x Cerulean, 1x Cinnamon

◀ **Reihe 37:** 1x Cerulean, 1x Huckleberry, 14x Abyssinian

▶ **Reihe 38:** 13x Abyssinian, 1x Huckleberry, 1x Cerulean

◀ **Reihe 39:** 1x Huckleberry, 1x Cerulean, 12x Abyssinian

▶ **Reihe 40:** 11x Abyssinian, 1x Cerulean, 1x Huckleberry

◀ **Reihe 41:** 1x Cerulean, 1x Cinnamon, 10x Abyssinian

▶ **Reihe 42:** 9x Abyssinian, 1x Cinnamon, 1x Cerulean

◀ **Reihe 43:** 1x Cinnamon, 1x Canyon, 8x Abyssinian

▶ **Reihe 44:** 7x Abyssinian, 1x Canyon, 1x Cinnamon

◀ **Reihe 45:** 1x Canyon, 1x Cinnamon, 6x Abyssinian

▶ **Reihe 46:** 5x Abyssinian, 1x Cinnamon, 1x Canyon

◀ **Reihe 47:** 1x Cinnamon, 1x Cerulean, 4x Abyssinian

▶ **Reihe 48:** 3x Abyssinian, 1x Cerulean, 1x Cinnamon

◀ **Reihe 49:** 1x Cerulean, 1x Huckleberry, 2x Abyssinian

▶ **Reihe 50:** 1x Abyssinian, 1x Huckleberry, 1x Cerulean

◀ **Reihe 51:** 1x Huckleberry, 1x Cerulean

▶ **Reihe 52:** 1x Huckleberry

DIAGRAMM RECHTES VORDERTEIL (S–M)

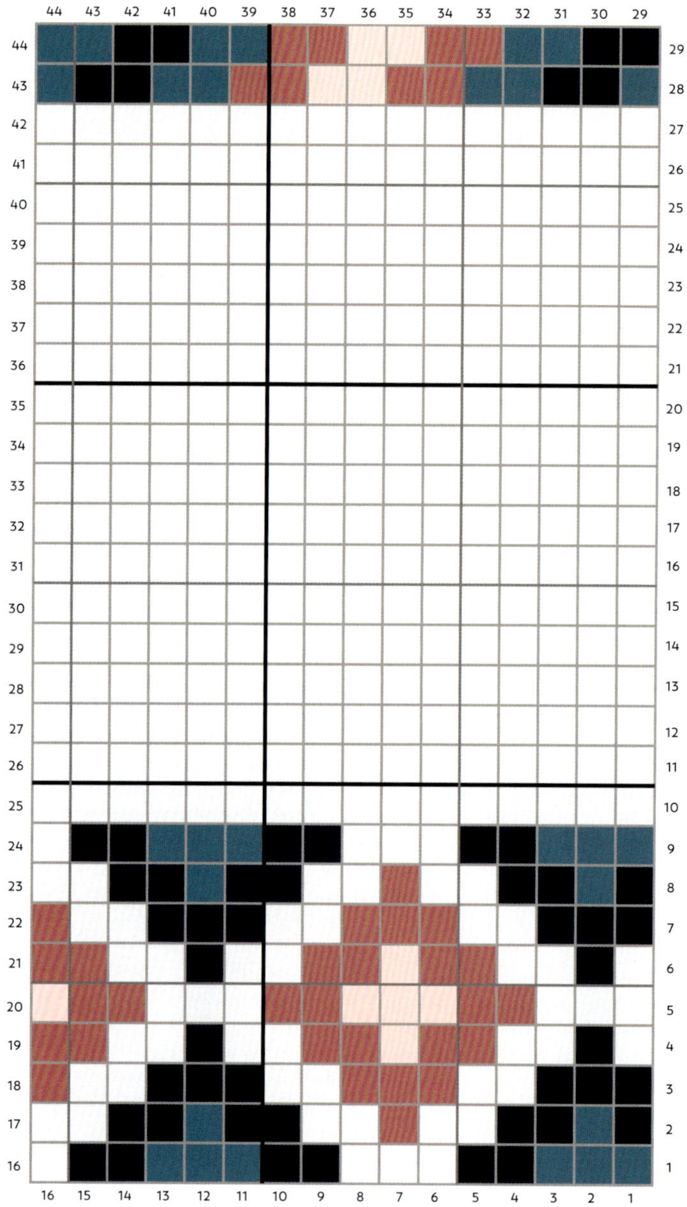

RECHTES VORDERTEIL (S–M)

◀ **Reihe 1 (RS):** 1x Cerulean

▶ **Reihe 2 (LS):** 1x Cerulean, 1x Huckleberry

◀ **Reihe 3:** 1x Huckleberry, 2x Cerulean

▶ **Reihe 4:** 3x Huckleberry, 1x Abyssinian

◀ **Reihe 5:** 1x Abyssinian, 4x Huckleberry

▶ **Reihe 6:** 6x Abyssinian

◀ **Reihe 7:** 2x Huckleberry, 5x Abyssinian

▶ **Reihe 8:** 1x Abyssinian, 4x Cinnamon, 1x Abyssinian, 2x Huckleberry

◀ **Reihe 9:** 2x Cerulean, 1x Huckleberry, 1x Abyssinian, 3x Cinnamon, 1x Abyssinian, 1x Huckleberry

▶ **Reihe 10:** 1x Huckleberry, 1x Abyssinian, 1x Cinnamon, 2x Canyon, 1x Cinnamon, 1x Abyssinian, 1x Huckleberry, 1x Cerulean, 1x Abyssinian

◀ **Reihe 11:** 2x Abyssinian, 1x Cerulean, 1x Huckleberry, 1x Abyssinian, 1x Cinnamon, 1x Canyon, 1x Cinnamon, 1x Abyssinian, 1x Huckleberry, 1x Cerulean

▶ **Reihe 12:** 1x Cerulean, 1x Huckleberry, 1x Abyssinian, 1x Cinnamon, 2x Canyon, 1x Cinnamon, 1x Abyssinian, 1x Huckleberry, 3x Abyssinian

◀ **Reihe 13:** 4x Abyssinian, 1x Huckleberry, 1x Abyssinian, 3x Cinnamon, 1x Abyssinian, 1x Huckleberry, 2x Cerulean

▶ **Reihe 14:** 3x Huckleberry, 1x Abyssinian, 4x Cinnamon, 6x Abyssinian

◀ **Reihe 15:** 11x Abyssinian, 4x Huckleberry

▶ **Reihe 16:** 16x Abyssinian

ECKE *(zu Beginn aller Rückreihen auf der LS abnehmen, zu Beginn aller Hinreihen auf der RS zunehmen)*

◀ **Reihe 17 (RS):** 8x Abyssinian, 4x Huckleberry, 4x Abyssinian

▶ **Reihe 18 (LS):** 3x Cinnamon, 1x Abyssinian, 3x Huckleberry, 9x Abyssinian

◀ **Reihe 19:** 10x Abyssinian, 2x Cerulean, 1x Huckleberry, 1x Abyssinian, 2x Cinnamon

▶ **Reihe 20:** 1x Canyon, 1x Cinnamon, 1x Abyssinian, 1x Huckleberry, 1x Cerulean, 11x Abyssinian

◀ **Reihe 21:** 12x Abyssinian, 1x Cerulean, 1x Huckleberry, 1x Abyssinian, 1x Cinnamon

▶ **Reihe 22:** 1x Cinnamon, 1x Abyssinian, 1x Huckleberry, 13x Abyssinian

◀ **Reihe 23:** 14x Abyssinian, 1x Huckleberry, 1x Abyssinian

▶ **Reihe 24:** 16x Abyssinian

◀ **Reihe 25:** 16x Abyssinian

▶ **Reihe 26:** 16x Abyssinian

◀ **Reihe 27:** 16x Abyssinian

▶ **Reihe 28:** 15x Abyssinian, 1x Cerulean

◀ **Reihe 29:** 2x Huckleberry, 14x Abyssinian

ECKE *(zu Beginn jeder Reihe abnehmen)*

▶ **Reihe 30 (LS):** 13x Abyssinian, 2x Huckleberry

◀ **Reihe 31 (RS):** 2x Cerulean, 12x Abyssinian

▶ **Reihe 32:** 11x Abyssinian, 2x Cerulean

◀ **Reihe 33:** 2x Cinnamon, 10x Abyssinian

▶ **Reihe 34:** 9x Abyssinian, 2x Cinnamon

◀ **Reihe 35:** 2x Canyon, 8x Abyssinian

▶ **Reihe 36:** 7x Abyssinian, 2x Canyon

◀ **Reihe 37:** 2x Cinnamon, 6x Abyssinian

▶ **Reihe 38:** 5x Abyssinian, 2x Cinnamon

◀ **Reihe 39:** 2x Cerulean, 4x Abyssinian

▶ **Reihe 40:** 3x Abyssinian, 2x Cerulean

◀ **Reihe 41:** 2x Huckleberry, 2x Abyssinian

▶ **Reihe 42:** 1x Abyssinian, 2x Huckleberry

◀ **Reihe 43:** 2x Cerulean

▶ **Reihe 44:** 1x Cerulean

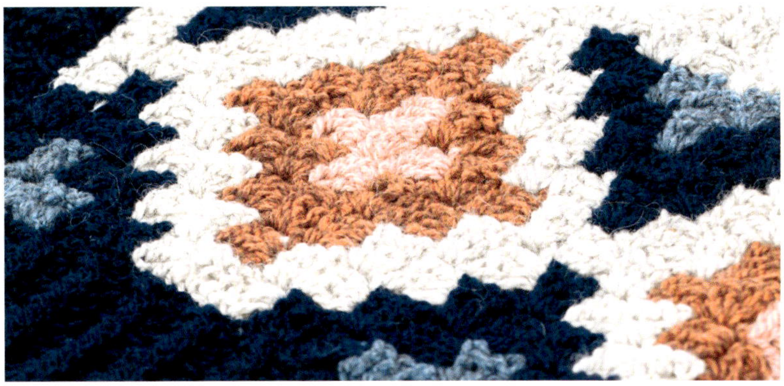

DIAGRAMM RECHTES VORDERTEIL (L–2XL)

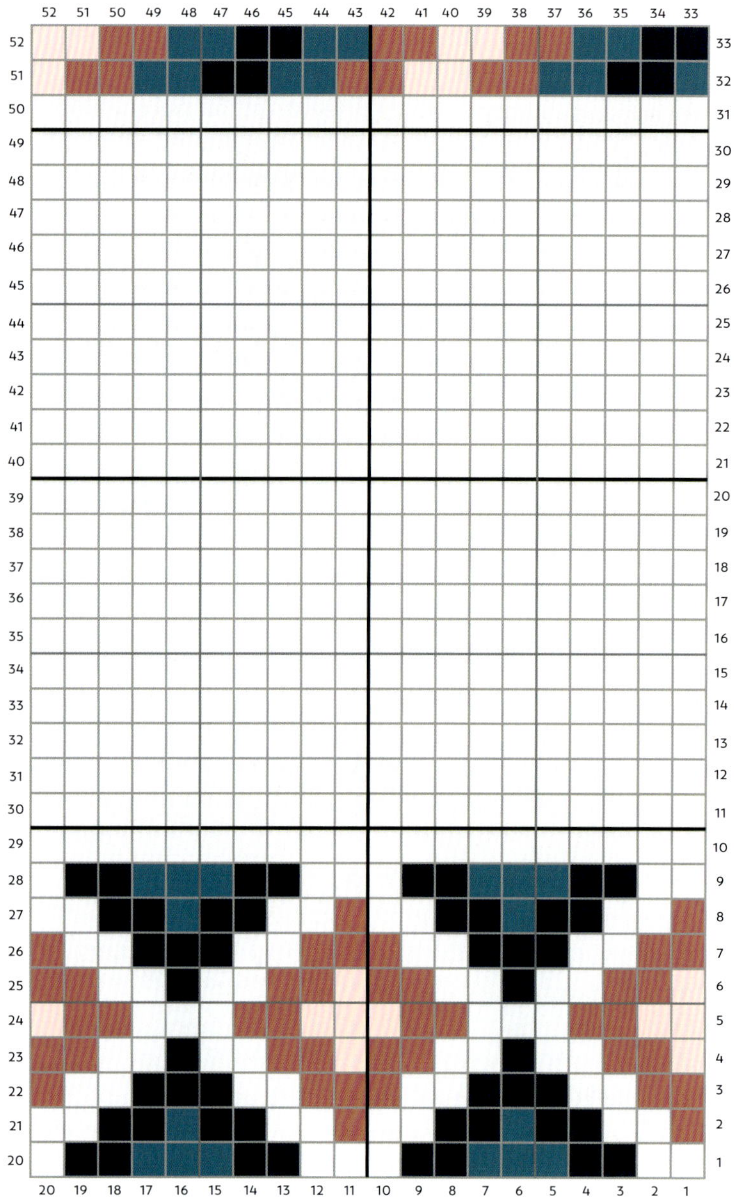

RECHTES VORDERTEIL (L–2XL)

◀ **Reihe 1 (RS):** 1x Abyssinian

▶ **Reihe 2 (LS):** 1x Abyssinian, 1x Cinnamon

◀ **Reihe 3:** 1x Cinnamon, 1x Abyssinian, 1x Huckleberry

▶ **Reihe 4:** 1x Huckleberry, 1x Abyssinian, 1x Cinnamon, 1x Canyon

◀ **Reihe 5:** 1x Canyon, 1x Cinnamon, 1x Abyssinian, 1x Huckleberry, 1x Cerulean

▶ **Reihe 6:** 1x Cerulean, 1x Huckleberry, 1x Abyssinian, 1x Cinnamon, 2x Canyon

◀ **Reihe 7:** 3x Cinnamon, 1x Abyssinian, 1x Huckleberry, 2x Cerulean

▶ **Reihe 8:** 3x Huckleberry, 1x Abyssinian, 4x Cinnamon

◀ **Reihe 9:** 5x Abyssinian, 4x Huckleberry

▶ **Reihe 10:** 10x Abyssinian

◀ **Reihe 11:** 2x Abyssinian, 4x Huckleberry, 5x Abyssinian

▶ **Reihe 12:** 1x Abyssinian, 4x Cinnamon, 1x Abyssinian, 3x Huckleberry, 3x Abyssinian

◀ **Reihe 13:** 4x Abyssinian, 2x Cerulean, 1x Huckleberry, 1x Abyssinian, 3x Cinnamon, 1x Abyssinian, 1x Huckleberry

▶ **Reihe 14:** 1x Huckleberry, 1x Abyssinian, 1x Cinnamon, 2x Canyon, 1x Cinnamon, 1x Abyssinian, 1x Huckleberry, 1x Cerulean, 5x Abyssinian

◀ **Reihe 15:** 6x Abyssinian, 1x Cerulean, 1x Huckleberry, 1x Abyssinian, 1x Cinnamon, 1x Canyon, 1x Cinnamon, 1x Abyssinian, 1x Huckleberry, 1x Cerulean

▶ **Reihe 16:** 1x Cerulean, 1x Huckleberry, 1x Abyssinian, 1x Cinnamon, 2x Canyon, 1x Cinnamon, 1x Abyssinian, 1x Huckleberry, 7x Abyssinian

◀ **Reihe 17:** 8x Abyssinian, 1x Huckleberry, 1x Abyssinian, 3x Cinnamon, 1x Abyssinian, 1x Huckleberry, 2x Cerulean

▶ **Reihe 18:** 3x Huckleberry, 1x Abyssinian, 4x Cinnamon, 10x Abyssinian

◀ **Reihe 19:** 15x Abyssinian, 4x Huckleberry

▶ **Reihe 20:** 20x Abyssinian

ECKE *(zu Beginn aller Rückreihen auf der LS abnehmen, zu Beginn aller Hinreihen auf der RS zunehmen)*

◀ **Reihe 21 (RS):** 12x Abyssinian, 4x Huckleberry, 4x Abyssinian

▶ **Reihe 22 (LS):** 3x Cinnamon, 1x Abyssinian, 3x Huckleberry, 13x Abyssinian

◀ **Reihe 23:** 14x Abyssinian, 2x Cerulean, 1x Huckleberry, 1x Abyssinian, 2x Cinnamon

▶ **Reihe 24:** 1x Canyon, 1x Cinnamon, 1x Abyssinian, 1x Huckleberry, 1x Cerulean, 15x Abyssinian

◀ **Reihe 25:** 16x Abyssinian, 1x Cerulean, 1x Huckleberry, 1x Abyssinian, 1x Cinnamon

▶ **Reihe 26:** 1x Cinnamon, 1x Abyssinian, 1x Huckleberry, 17x Abyssinian

◀ **Reihe 27:** 18x Abyssinian, 1x Huckleberry, 1x Abyssinian

▶ **Reihe 28:** 20x Abyssinian

◀ **Reihe 29:** 20x Abyssinian

▶ **Reihe 30:** 20x Abyssinian

◀ **Reihe 31:** 20x Abyssinian

▶ **Reihe 32:** 19x Abyssinian, 1x Cerulean

◀ **Reihe 33:** 2x Huckleberry, 18x Abyssinian

ECKE *(zu Beginn jeder Reihe abnehmen)*

▶ **Reihe 34 (LS):** 17x Abyssinian, 2x Huckleberry

◀ **Reihe 35 (RS):** 2x Cerulean, 16x Abyssinian

▶ **Reihe 36:** 15x Abyssinian, 2x Cerulean

◀ **Reihe 37:** 2x Cinnamon, 14x Abyssinian

▶ **Reihe 38:** 13x Abyssinian, 2x Cinnamon

◀ **Reihe 39:** 2x Canyon, 12x Abyssinian

▶ **Reihe 40:** 11x Abyssinian, 2x Canyon

◀ **Reihe 41:** 2x Cinnamon, 10x Abyssinian

▶ **Reihe 42:** 9x Abyssinian, 2x Cinnamon

◀ **Reihe 43:** 2x Cerulean, 8x Abyssinian

▶ **Reihe 44:** 7x Abyssinian, 2x Cerulean

◀ **Reihe 45:** 2x Huckleberry, 6x Abyssinian

▶ **Reihe 46:** 5x Abyssinian, 2x Huckleberry

◀ **Reihe 47:** 2x Cerulean, 4x Abyssinian

▶ **Reihe 48:** 3x Abyssinian, 2x Cerulean

◀ **Reihe 49:** 2x Cinnamon, 2x Abyssinian

▶ **Reihe 50:** 1x Abyssinian, 2x Cinnamon

◀ **Reihe 51:** 2x Canyon

▶ **Reihe 52:** 1x Canyon

RÜCKENTEIL (ALLE GRÖSSEN)

◀ **Reihe 1 (RS):** 1x Abyssinian

▶ **Reihe 2 (LS):** 1x Abyssinian, 1x Cinnamon

◀ **Reihe 3:** 1x Cinnamon, 1x Abyssinian, 1x Huckleberry

▶ **Reihe 4:** 1x Huckleberry, 1x Abyssinian, 1x Cinnamon, 1x Canyon

◀ **Reihe 5:** 1x Canyon, 1x Cinnamon, 1x Abyssinian, 1x Huckleberry, 1x Cerulean

▶ **Reihe 6:** 1x Cerulean, 1x Huckleberry, 1x Abyssinian, 1x Cinnamon, 2x Canyon

◀ **Reihe 7:** 3x Cinnamon, 1x Abyssinian, 1x Huckleberry, 2x Cerulean

▶ **Reihe 8:** 3x Huckleberry, 1x Abyssinian, 4x Cinnamon

◀ **Reihe 9:** 5x Abyssinian, 4x Huckleberry

▶ **Reihe 10:** 10x Abyssinian

◀ **Reihe 11:** 2x Abyssinian, 4x Huckleberry, 5x Abyssinian

▶ **Reihe 12:** 1x Abyssinian, 4x Cinnamon, 1x Abyssinian, 3x Huckleberry, 3x Abyssinian

◀ **Reihe 13:** 4x Abyssinian, 2x Cerulean, 1x Huckleberry, 1x Abyssinian, 3x Cinnamon, 1x Abyssinian, 1x Huckleberry

▶ **Reihe 14:** 1x Huckleberry, 1x Abyssinian, 1x Cinnamon, 2x Canyon, 1x Cinnamon, 1x Abyssinian, 1x Huckleberry, 1x Cerulean, 5x Abyssinian

◀ **Reihe 15:** 6x Abyssinian, 1x Cerulean, 1x Huckleberry, 1x Abyssinian, 1x Cinnamon, 1x Canyon, 1x Cinnamon, 1x Abyssinian, 1x Huckleberry, 1x Cerulean

▶ **Reihe 16:** 1x Cerulean, 1x Huckleberry, 1x Abyssinian, 1x Cinnamon, 2x Canyon, 1x Cinnamon, 1x Abyssinian, 1x Huckleberry, 7x Abyssinian

◀ **Reihe 17:** 8x Abyssinian, 1x Huckleberry, 1x Abyssinian, 3x Cinnamon, 1x Abyssinian, 1x Huckleberry, 2x Cerulean

▶ **Reihe 18:** 3x Huckleberry, 1x Abyssinian, 4x Cinnamon, 10x Abyssinian

◀ **Reihe 19:** 15x Abyssinian, 4x Huckleberry

▶ **Reihe 20:** 20x Abyssinian

◀ **Reihe 21:** 12x Abyssinian, 4x Huckleberry, 5x Abyssinian

▶ **Reihe 22:** 1x Abyssinian, 4x Cinnamon, 1x Abyssinian, 3x Huckleberry, 13x Abyssinian

◀ **Reihe 23:** 14x Abyssinian, 2x Cerulean, 1x Huckleberry, 1x Abyssinian, 3x Cinnamon, 1x Abyssinian, 1x Huckleberry

▶ **Reihe 24:** 1x Huckleberry, 1x Abyssinian, 1x Cinnamon, 2x Canyon, 1x Cinnamon, 1x Abyssinian, 1x Huckleberry, 1x Cerulean, 15x Abyssinian

◀ **Reihe 25:** 16x Abyssinian, 1x Cerulean, 1x Huckleberry, 1x Abyssinian, 1x Cinnamon, 1x Canyon, 1x Cinnamon, 1x Abyssinian, 1x Huckleberry, 1x Cerulean

▶ **Reihe 26:** 1x Cerulean, 1x Huckleberry, 1x Abyssinian, 1x Cinnamon, 2x Canyon, 1x Cinnamon, 1x Abyssinian, 1x Huckleberry, 17x Abyssinian

◀ **Reihe 27:** 18x Abyssinian, 1x Huckleberry, 1x Abyssinian, 3x Cinnamon, 1x Abyssinian, 1x Huckleberry, 2x Cerulean

Nun je nach Größe wie folgt weiterarbeiten:

RÜCKENTEIL (S–M), FORTSETZUNG

▶ **Reihe 28 (LS):** 3x Huckleberry, 1x Abyssinian, 4x Cinnamon, 19x Abyssinian, 1x Canyon

◀ **Reihe 29 (RS):** 1x Cinnamon, 1x Canyon, 23x Abyssinian, 4x Huckleberry

ECKE *(zu Beginn aller Rückreihen auf der LS abnehmen, zu Beginn aller Hinreihen auf der RS zunehmen)*

▶ **Reihe 30 (LS):** 27x Abyssinian, 1x Cinnamon, 1x Canyon

◀ **Reihe 31 (RS):** 1x Canyon, 1x Cinnamon, 18x Abyssinian, 4x Huckleberry, 5x Abyssinian

▶ **Reihe 32:** 1x Abyssinian, 4x Cinnamon, 1x Abyssinian, 3x Huckleberry, 18x Abyssinian, 1x Cerulean, 1x Cinnamon

◀ **Reihe 33:** 1x Cinnamon, 1x Cerulean, 18x Abyssinian, 2x Cerulean, 1x Huckleberry, 1x Abyssinian, 3x Cinnamon, 1x Abyssinian, 1x Huckleberry

▶ **Reihe 34:** 1x Huckleberry, 1x Abyssinian, 1x Cinnamon, 2x Canyon, 1x Cinnamon, 1x Abyssinian, 1x Huckleberry, 1x Cerulean, 18x Abyssinian, 1x Huckleberry, 1x Cerulean

◀ **Reihe 35:** 1x Cerulean, 1x Huckleberry, 18x Abyssinian, 1x Cerulean, 1x Huckleberry, 1x Abyssinian, 1x Cinnamon, 1x Canyon, 1x Cinnamon, 1x Abyssinian, 1x Huckleberry, 1x Cerulean

▶ **Reihe 36:** 1x Cerulean, 1x Huckleberry, 1x Abyssinian, 1x Cinnamon, 2x Canyon, 1x Cinnamon, 1x Abyssinian, 1x Huckleberry, 18x Abyssinian, 1x Cerulean, 1x Huckleberry

◀ **Reihe 37:** 1x Huckleberry, 1x Cerulean, 18x Abyssinian, 1x Huckleberry, 1x Abyssinian, 3x Cinnamon, 1x Abyssinian, 1x Huckleberry, 2x Cerulean

▶ **Reihe 38:** 3x Huckleberry, 1x Abyssinian, 4x Cinnamon, 19x Abyssinian, 1x Cinnamon, 1x Cerulean

◀ **Reihe 39:** 1x Cerulean, 1x Cinnamon, 23x Abyssinian, 4x Huckleberry

▶ **Reihe 40:** 27x Abyssinian, 1x Canyon, 1x Cinnamon

◀ **Reihe 41:** 1x Cinnamon, 1x Canyon, 18x Abyssinian, 4x Huckleberry, 5x Abyssinian

ECKE *(zu Beginn jeder Reihe abnehmen)*

▶ **Reihe 42 (LS):** 4x Cinnamon, 1x Abyssinian, 3x Huckleberry, 18x Abyssinian, 1x Cinnamon, 1x Canyon

◀ **Reihe 43 (RS):** 1x Canyon, 1x Cinnamon, 18x Abyssinian, 2x Cerulean, 1x Huckleberry, 1x Abyssinian, 3x Cinnamon

▶ **Reihe 44:** 2x Canyon, 1x Cinnamon, 1x Abyssinian, 1x Huckleberry, 1x Cerulean, 18x Abyssinian, 1x Cerulean, 1x Cinnamon

◀ **Reihe 45:** 1x Cinnamon, 1x Cerulean, 18x Abyssinian, 1x Cerulean, 1x Huckleberry, 1x Abyssinian, 1x Cinnamon, 1x Canyon

▶ **Reihe 46:** 1x Canyon, 1x Cinnamon, 1x Abyssinian, 1x Huckleberry, 18x Abyssinian, 1x Huckleberry, 1x Cerulean

◀ **Reihe 47:** 1x Cerulean, 1x Huckleberry, 18x Abyssinian, 1x Huckleberry, 1x Abyssinian, 1x Cinnamon

DIAGRAMM RÜCKENTEIL (S–M)

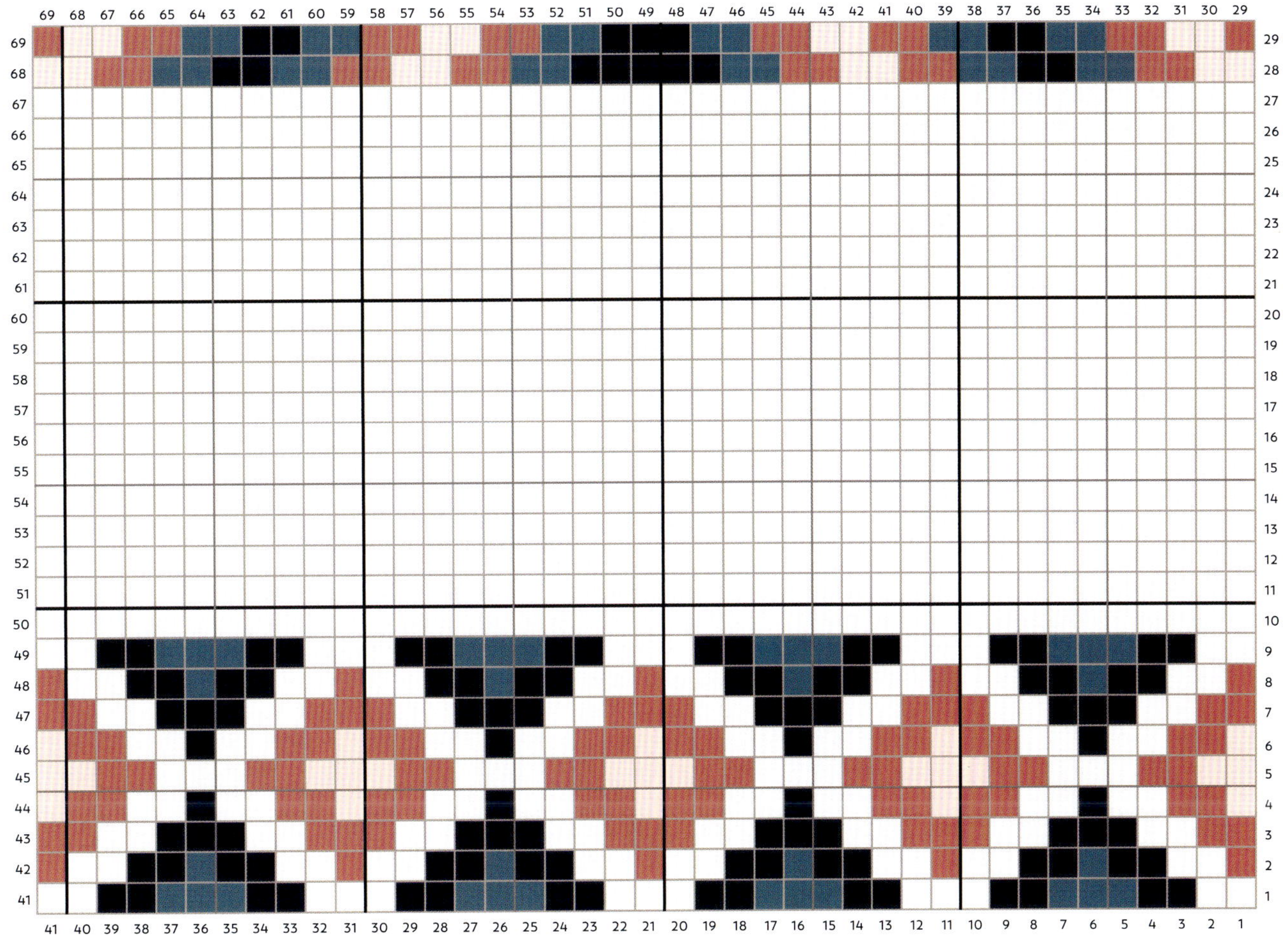

▶ **Reihe 48:** 1x Cinnamon, 19x Abyssinian, 2x Huckleberry

◀ **Reihe 49:** 2x Huckleberry, 19x Abyssinian

▶ **Reihe 50:** 18x Abyssinian, 2x Huckleberry

◀ **Reihe 51:** 2x Cerulean, 17x Abyssinian

▶ **Reihe 52:** 16x Abyssinian, 2x Cerulean

◀ **Reihe 53:** 2x Cinnamon, 15x Abyssinian

▶ **Reihe 54:** 14x Abyssinian, 2x Cinnamon

◀ **Reihe 55:** 2x Canyon, 13x Abyssinian

▶ **Reihe 56:** 12x Abyssinian, 2x Canyon

◀ **Reihe 57:** 2x Cinnamon, 11x Abyssinian

▶ **Reihe 58:** 10x Abyssinian, 2x Cinnamon

◀ **Reihe 59:** 2x Cerulean, 9x Abyssinian

▶ **Reihe 60:** 8x Abyssinian, 2x Cerulean

◀ **Reihe 61:** 2x Huckleberry, 7x Abyssinian

▶ **Reihe 62:** 6x Abyssinian, 2x Huckleberry

◀ **Reihe 63:** 2x Cerulean, 5x Abyssinian

▶ **Reihe 64:** 4x Abyssinian, 2x Cerulean

◀ **Reihe 65:** 2x Cinnamon, 3x Abyssinian

▶ **Reihe 66:** 2x Abyssinian, 2x Cinnamon

◀ **Reihe 67:** 2x Canyon, 1x Abyssinian

▶ **Reihe 68:** 2x Canyon

◀ **Reihe 69:** 1x Cinnamon

DIAGRAMM RÜCKENTEIL (L-2XL)

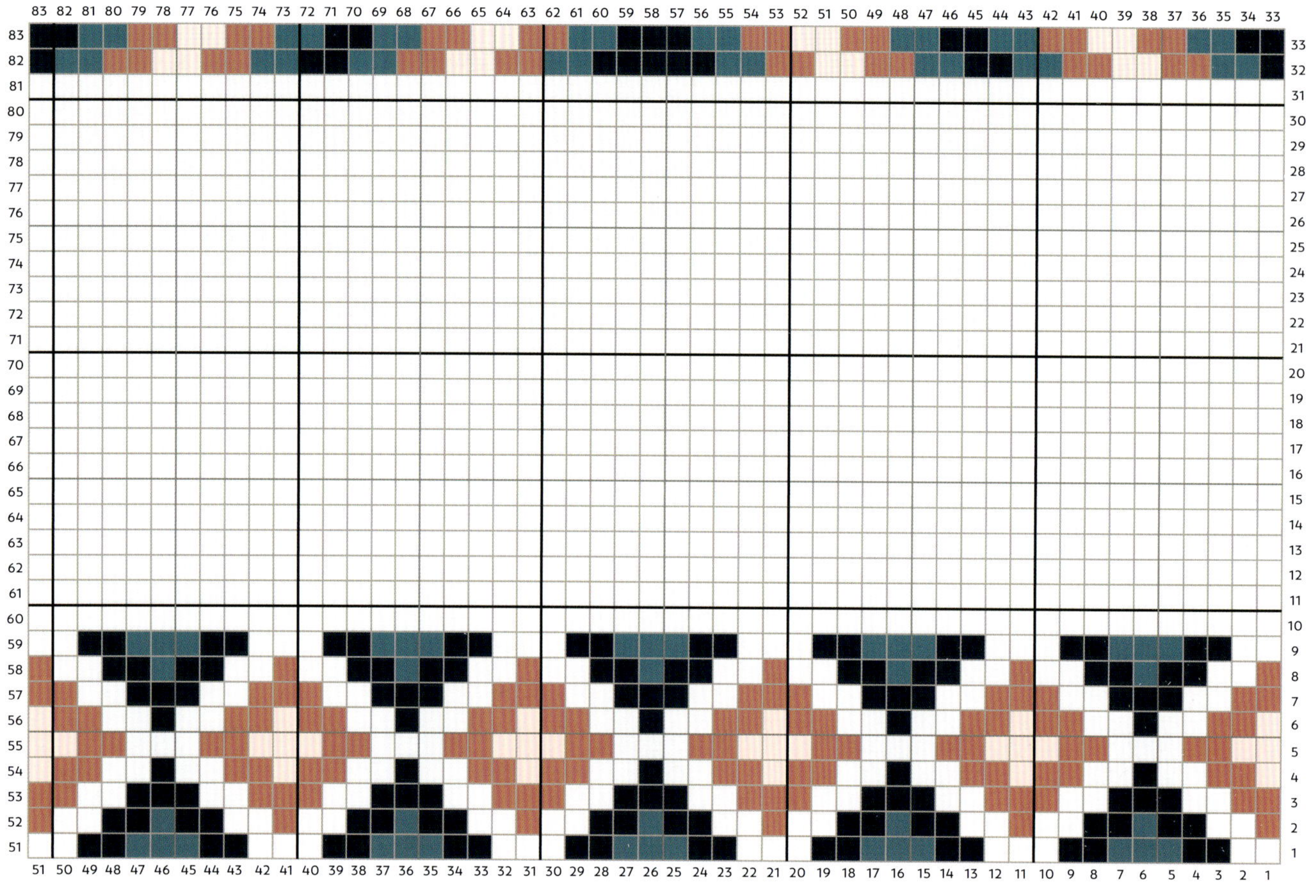

RÜCKENTEIL (L-2XL), FORTSETZUNG

▶ **Reihe 28 (LS):** 3x Huckleberry, 1x Abyssinian, 4x Cinnamon, 20x Abyssinian

◀ **Reihe 29 (RS):** 25x Abyssinian, 4x Huckleberry

▶ **Reihe 30:** 30x Abyssinian

◀ **Reihe 31:** 22x Abyssinian, 4x Huckleberry, 5x Abyssinian

▶ **Reihe 32:** 1x Abyssinian, 4x Cinnamon, 1x Abyssinian, 3x Huckleberry, 22x Abyssinian, 1x Huckleberry

◀ **Reihe 33:** 1x Huckleberry, 1x Cerulean, 22x Abyssinian, 2x Cerulean, 1x Huckleberry, 1x Abyssinian, 3x Cinnamon, 1x Abyssinian, 1x Huckleberry

ECKE *(zu Beginn aller Rückreihen auf der LS abnehmen, zu Beginn aller Hinreihen auf der RS zunehmen)*

▶ **Reihe 34 (LS):** 1x Huckleberry, 1x Abyssinian, 1x Cinnamon, 2x Canyon, 1x Cinnamon, 1x Abyssinian, 1x Huckleberry, 1x Cerulean, 22x Abyssinian, 1x Cerulean, 1x Huckleberry

◀ **Reihe 35 (RS):** 1x Cerulean, 1x Cinnamon, 22x Abyssinian, 1x Cerulean, 1x Huckleberry, 1x Abyssinian, 1x Cinnamon, 1x Canyon, 1x Cinnamon, 1x Abyssinian, 1x Huckleberry, 1x Cerulean

▶ **Reihe 36:** 1x Cerulean, 1x Huckleberry, 1x Abyssinian, 1x Cinnamon, 2x Canyon, 1x Cinnamon, 1x Abyssinian, 1x Huckleberry, 22x Abyssinian, 1x Cinnamon, 1x Cerulean

◀ **Reihe 37:** 1x Cinnamon, 1x Canyon, 22x Abyssinian, 1x Huckleberry, 1x Abyssinian, 3x Cinnamon, 1x Abyssinian, 1x Huckleberry, 2x Cerulean

▶ **Reihe 38:** 3x Huckleberry, 1x Abyssinian, 4x Cinnamon, 23x Abyssinian, 1x Canyon, 1x Cinnamon

◀ **Reihe 39:** 1x Canyon, 1x Cinnamon, 27x Abyssinian, 4x Huckleberry

▶ **Reihe 40:** 31x Abyssinian, 1x Cinnamon, 1x Canyon

◀ **Reihe 41:** 1x Cinnamon, 1x Cerulean, 22x Abyssinian, 4x Huckleberry, 5x Abyssinian

▶ **Reihe 42:** 1x Abyssinian, 4x Cinnamon, 1x Abyssinian, 3x Huckleberry, 22x Abyssinian, 1x Cerulean, 1x Cinnamon

◀ **Reihe 43:** 1x Cerulean, 1x Huckleberry, 22x Abyssinian, 2x Cerulean, 1x Huckleberry, 1x Abyssinian, 3x Cinnamon, 1x Abyssinian, 1x Huckleberry

▶ **Reihe 44:** 1x Huckleberry, 1x Abyssinian, 1x Cinnamon, 2x Canyon, 1x Cinnamon, 1x Abyssinian, 1x Huckleberry, 1x Cerulean, 22x Abyssinian, 1x Huckleberry, 1x Cerulean

◀ **Reihe 45:** 1x Huckleberry, 1x Cerulean, 22x Abyssinian, 1x Cerulean, 1x Huckleberry, 1x Abyssinian, 1x Cinnamon, 1x Canyon, 1x Cinnamon, 1x Abyssinian, 1x Huckleberry, 1x Cerulean

▶ **Reihe 46:** 1x Cerulean, 1x Huckleberry, 1x Abyssinian, 1x Cinnamon, 2x Canyon, 1x Cinnamon, 1x Abyssinian, 1x Huckleberry, 22x Abyssinian, 1x Cerulean, 1x Huckleberry

◀ **Reihe 47:** 1x Cerulean, 1x Cinnamon, 22x Abyssinian, 1x Huckleberry, 1x Abyssinian, 3x Cinnamon, 1x Abyssinian, 1x Huckleberry, 2x Cerulean

▶ **Reihe 48:** 3x Huckleberry, 1x Abyssinian, 4x Cinnamon, 23x Abyssinian, 1x Cinnamon, 1x Cerulean

◀ **Reihe 49:** 1x Cinnamon, 1x Canyon, 27x Abyssinian, 4x Huckleberry

▶ **Reihe 50:** 31x Abyssinian, 1x Canyon, 1x Cinnamon

◀ **Reihe 51:** 1x Canyon, 1x Cinnamon, 22x Abyssinian, 4x Huckleberry, 5x Abyssinian

ECKE *(zu Beginn jeder Reihe abnehmen)*

▶ **Reihe 52 (LS):** 4x Cinnamon, 1x Abyssinian, 3x Huckleberry, 22x Abyssinian, 1x Cinnamon, 1x Canyon

◀ **Reihe 53 (RS):** 1x Cinnamon, 1x Cerulean, 22x Abyssinian, 2x Cerulean, 1x Huckleberry, 1x Abyssinian, 3x Cinnamon

▶ **Reihe 54:** 2x Canyon, 1x Cinnamon, 1x Abyssinian, 1x Huckleberry, 1x Cerulean, 22x Abyssinian, 1x Cerulean, 1x Cinnamon

◀ **Reihe 55:** 1x Cerulean, 1x Huckleberry, 22x Abyssinian, 1x Cerulean, 1x Huckleberry, 1x Abyssinian, 1x Cinnamon, 1x Canyon

▶ **Reihe 56:** 1x Canyon, 1x Cinnamon, 1x Abyssinian, 1x Huckleberry, 22x Abyssinian, 1x Huckleberry, 1x Cerulean

◀ **Reihe 57:** 2x Huckleberry, 22x Abyssinian, 1x Huckleberry, 1x Abyssinian, 1x Cinnamon

▶ **Reihe 58:** 1x Cinnamon, 23x Abyssinian, 2x Huckleberry

◀ **Reihe 59:** 2x Huckleberry, 23x Abyssinian

▶ **Reihe 60:** 22x Abyssinian, 2x Cerulean

◀ **Reihe 61:** 2x Cerulean, 21x Abyssinian

▶ **Reihe 62:** 20x Abyssinian, 2x Cinnamon

◀ **Reihe 63:** 2x Cinnamon, 19x Abyssinian

▶ **Reihe 64:** 18x Abyssinian, 2x Canyon

◀ **Reihe 65:** 2x Canyon, 17x Abyssinian

▶ **Reihe 66:** 16x Abyssinian, 2x Cinnamon

◀ **Reihe 67:** 2x Cinnamon, 15x Abyssinian

▶ **Reihe 68:** 14x Abyssinian, 2x Cerulean

◀ **Reihe 69:** 2x Cerulean, 13x Abyssinian

▶ **Reihe 70:** 12x Abyssinian, 2x Huckleberry

◀ **Reihe 71:** 2x Huckleberry, 11x Abyssinian

▶ **Reihe 72:** 10x Abyssinian, 2x Cerulean

◀ **Reihe 73:** 2x Cerulean, 9x Abyssinian

▶ **Reihe 74:** 8x Abyssinian, 2x Cinnamon

◀ **Reihe 75:** 2x Cinnamon, 7x Abyssinian

▶ **Reihe 76:** 6x Abyssinian, 2x Canyon

◀ **Reihe 77:** 2x Canyon, 5x Abyssinian

▶ **Reihe 78:** 4x Abyssinian, 2x Cinnamon

◀ **Reihe 79:** 2x Cinnamon, 3x Abyssinian

▶ **Reihe 80:** 2x Abyssinian, 2x Cerulean

◀ **Reihe 81:** 2x Cerulean, 1x Abyssinian

▶ **Reihe 82:** 2x Huckleberry

◀ **Reihe 83:** 1x Huckleberry

FARBVERLAUF-DECKENPONCHO

Ein Kleidungsstück in C2C-Technik zu arbeiten, mag zunächst etwas anspruchsvoll wirken. Dieser Poncho besteht jedoch aus 4 einfachen Rechtecken, die zu einem stilvollen Kleidungsstück zusammengepuzzelt werden, das dich das ganze Jahr über begleiten wird. Da dieses Garn einen eigenen Farbverlauf hat, brauchst du keine Farbwechsel vorzunehmen und am Ende auch nur wenige Fäden zu vernähen.

Schwierigkeitsgrad

✚ ✚ ✚

Garn

Lion Brand Scarfie (78 % Acryl, 22 % Wolle; 285 m pro 150 g-Knäuel, das entspricht einer LL = 95 m/50 g) in der Farbe:

› Ochre/Navy (203); 5 (6) Knäuel – Navy

Utensilien

6,5 mm Häkelnadel

5 mm Häkelnadel

4 mm Häkelnadel

Maschenmarkierer oder Sicherheitsnadeln

Maße und Größen

Größen (Damen): S-M (L-XL)

Brustumfang: 86–102 cm (107–122 cm)

Fertige Maße (ohne Kragen): 89 cm x 71 cm (99 cm x 76 cm)

Maschenprobe

4 Quadrate messen 9 cm mit 6,5 mm Häkelnadel und Lion Brand Scarfie

Maschentyp

Stäbchen-C2C

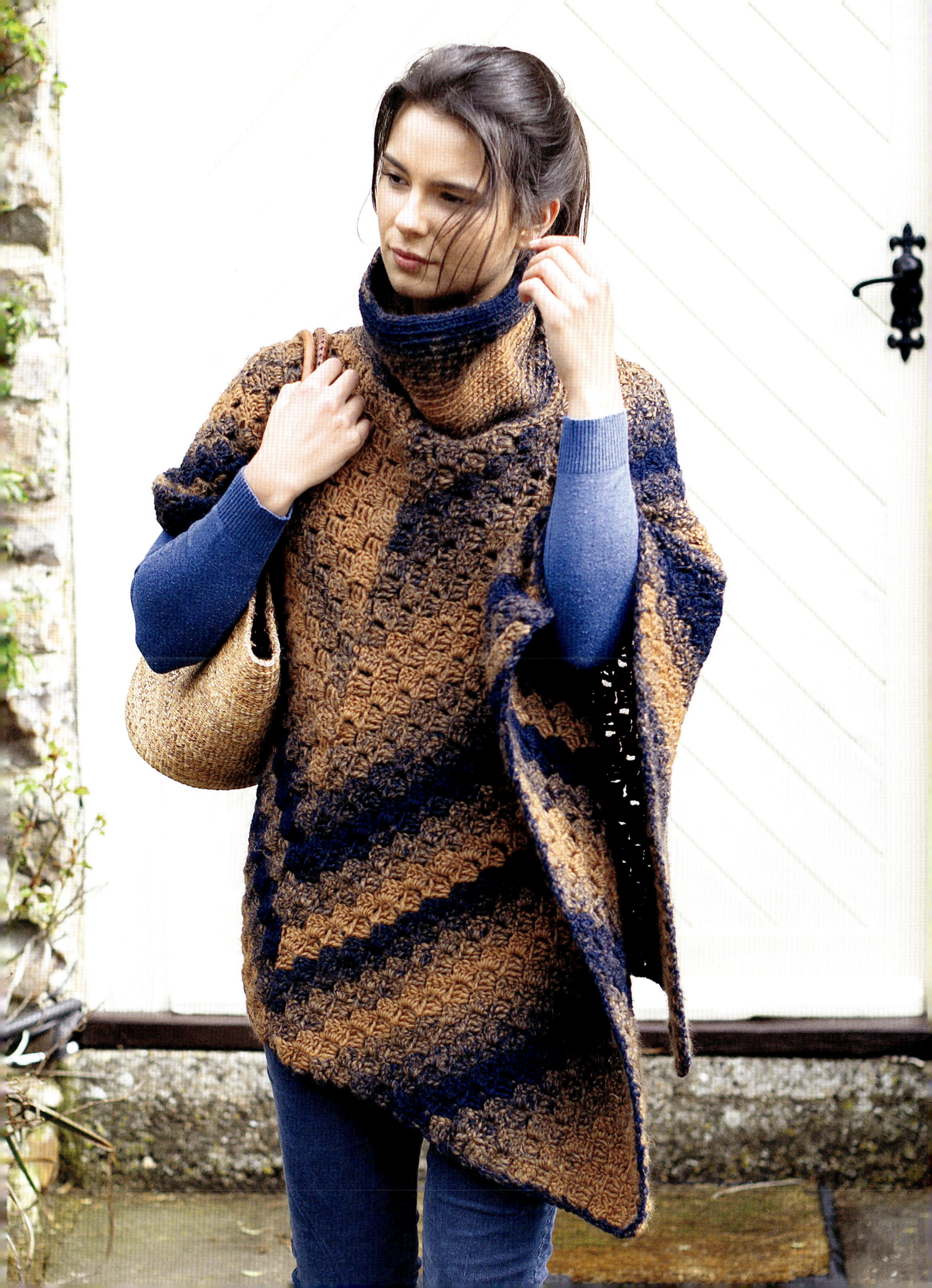

HINWEISE

◢ *Um die Größe deines Ponchos anzupassen, kannst du in den Hauptrechtecken Reihen hinzufügen oder weglassen. Wenn du ein Garn anderer Stärke verwendest, arbeite einfach so viele Quadrate wie nötig für folgende Maße:*

Jedes Rechteck im Vorderteil misst:
S-M: 44,5 cm x 63,5 cm
L-XL: 51 cm x 65 cm

Jedes Rechteck im Rückenteil misst:
S-M: 44,5 cm x 71 cm
L-XL: 51 cm x 76 cm

◢ *Wenn du als Garn Lion Brand Scarfie verwendest, achte darauf, dass du die vorderen 2 Rechtecke am selben Punkt im Farbverlauf des Garns beginnst, um einen relativ symmetrischen Look zu erzielen (wiederhole dies für die Rechtecke im Rückenteil, die jedoch nicht den Vorderteilen entsprechen müssen).*

◢ *Mit einfarbigem Garn häkele einfach ein großes Rechteck für das Vorderteil und ein großes Rechteck für das Rückenteil. Multipliziere dazu die Breite des Diagramms mit 2. Verändere die Höhe des Rechtecks nicht.*

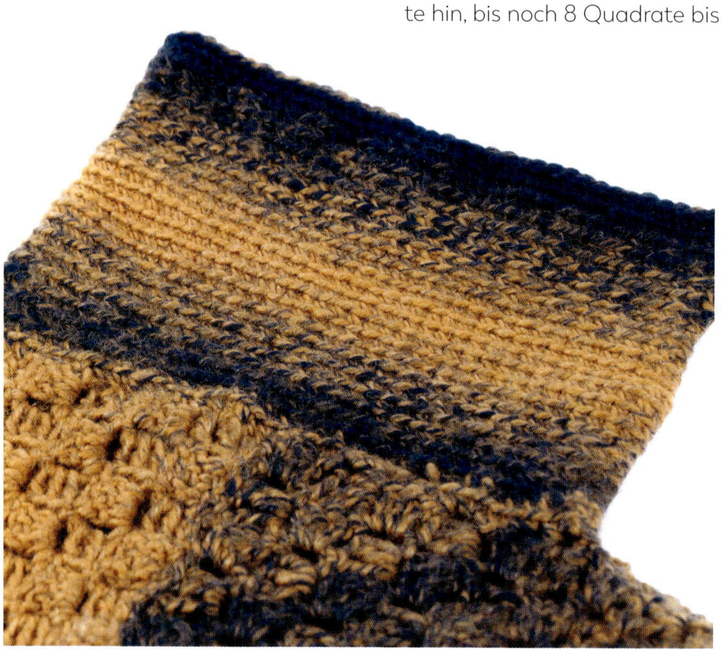

Anleitung

SO HÄKELST DU DEN PONCHO

› Arbeite 2 Rechtecke für das Vorderteil und 2 Rechtecke für das Rückenteil nach der Musterbeschreibung und dem Diagramm.

› Die Stücke haben eigentlich keine RS oder LS. Wähle beim Zusammennähen (für beide Größen) daher einfach die schönsten Seiten als RS.

› Lege die Rechtecke für das Vorderteil mit der LS nach oben flach hin. Lege sie an den langen Rändern zusammen, sodass ein nach unten zeigender Pfeil entsteht. Mit einem Faden in der Hauptfarbe und einer Wollnadel nähe die beiden Vorderteile an den langen Seiten mit der Saumtechnik zusammen (siehe »Allgemeine Techniken: C2C-Teile zusammennähen«). Wdh dies mit den Rechtecken für das Rückenteil.

› Lege das Vorderteil rechts auf rechts auf das zusammengenähte Rückenteil. Stecke die Schultern zusammen. Nähe und schließe sie vom äußeren Schulterrand zur Mitte hin, bis noch 8 Quadrate bis zur Mitte übrig sind. Wdh dies für die andere Schulter. Für den Halsausschnitt sollten insgesamt 16 Quadrate auf der Vorder- und Rückseite offen bleiben.

› Wende den Poncho auf rechts und fahre mit dem Halsausschnitt fort:

› Schlinge das Garn für den Halsausschnitt (für beide Größen) an der rückwärtigen Mittelnaht an. Arbeite auf der RS in Runden mit der 5 mm Häkelnadel.

Runde 1: 1 Lm, 78 fM rings um den Halsausschnitt häkeln, mit 1 Km in die 1. fM zur Runde schließen. (78 M)

Runden 2–8: 1 Lm, je 1 fM nur ins hintere M-Glied jeder fM, mit 1 Km in die 1. fM zur Runde schließen.

Zur 4 mm Häkelnadel wechseln und fortfahren:

Runden 9–23: Die Runde 2 wdh.

Runde 24: 1 Lm, je 1 Km nur ins hintere M-Glied jeder fM, mit 1 Km in die 1. fM zur Runde schließen.

Den Faden abschneiden.

› Für die Borte (beider Größen) das Garn an einer beliebigen Stelle am äußeren Rand des Ponchos anschlingen und 1 Runde fM (siehe »Allgemeine Techniken: Borte aus festen Maschen«) um den gesamten Poncho häkeln. Den Faden abschneiden.

› Die restlichen Fadenenden vernähen.

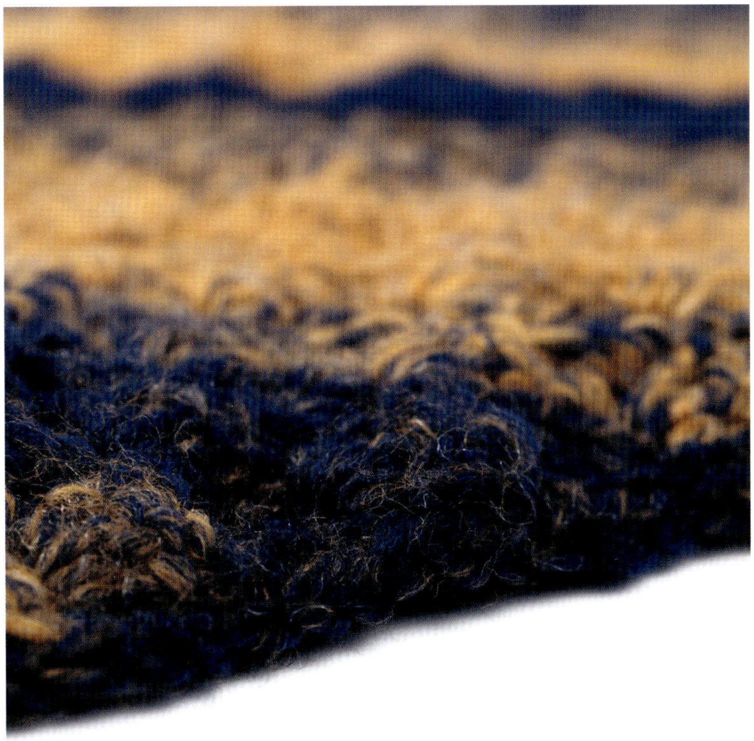

TIPP

Einen ähnlichen Look erzielst du mit einfarbigem Garn der Kategorie 5 und Streifen in Kontrastfarbe in derselben Sequenz in allen Rechtecken.

VORDERTEIL (ALLE GRÖSSEN)

◀ **Reihe 1 (RS):** 1x Navy

▶ **Reihe 2 (LS):** 2x Navy

◀ **Reihe 3:** 3x Navy

▶ **Reihe 4:** 4x Navy

◀ **Reihe 5:** 5x Navy

▶ **Reihe 6:** 6x Navy

◀ **Reihe 7:** 7x Navy

▶ **Reihe 8:** 8x Navy

◀ **Reihe 9:** 9x Navy

▶ **Reihe 10:** 10x Navy

◀ **Reihe 11:** 11x Navy

▶ **Reihe 12:** 12x Navy

◀ **Reihe 13:** 13x Navy

▶ **Reihe 14:** 14x Navy

◀ **Reihe 15:** 15x Navy

▶ **Reihe 16:** 16x Navy

◀ **Reihe 17:** 17x Navy

▶ **Reihe 18:** 18x Navy

◀ **Reihe 19:** 19x Navy

▶ **Reihe 20:** 20x Navy

Je nach Größe wie folgt weiterarbeiten:

VORDERTEIL (S–M), FORTSETZUNG

ECKE *(zu Beginn aller Rückreihen auf der LS abnehmen, zu Beginn aller Hinreihen auf der RS zunehmen)*

◀ **Reihe 21 (RS):** 20x Navy

▶ **Reihe 22 (LS):** 20x Navy

◀ **Reihe 23:** 20x Navy

▶ **Reihe 24:** 20x Navy

◀ **Reihe 25:** 20x Navy

▶ **Reihe 26:** 20x Navy

◀ **Reihe 27:** 20x Navy

▶ **Reihe 28:** 20x Navy

ECKE *(zu Beginn jeder Reihe abnehmen)*

◀ **Reihe 29 (RS):** 19x Navy

▶ **Reihe 30 (LS):** 18x Navy

◀ **Reihe 31:** 17x Navy

▶ **Reihe 32:** 16x Navy

◀ **Reihe 33:** 15x Navy

▶ **Reihe 34:** 14x Navy

◀ **Reihe 35:** 13x Navy

▶ **Reihe 36:** 12x Navy

◀ **Reihe 37:** 11x Navy

▶ **Reihe 38:** 10x Navy

◀ **Reihe 39:** 9x Navy

▶ **Reihe 40:** 8x Navy

◀ **Reihe 41:** 7x Navy

▶ **Reihe 42:** 6x Navy

◀ **Reihe 43:** 5x Navy

▶ **Reihe 44:** 4x Navy

◀ **Reihe 45:** 3x Navy

▶ **Reihe 46:** 2x Navy

◀ **Reihe 47:** 1x Navy

VORDERTEIL (L-XL), FORTSETZUNG

◀ **Reihe 21 (RS):** 21x Navy

▶ **Reihe 22 (LS):** 22x Navy

◀ **Reihe 23:** 23x Navy

DIAGRAMM VORDERTEIL (S–M)

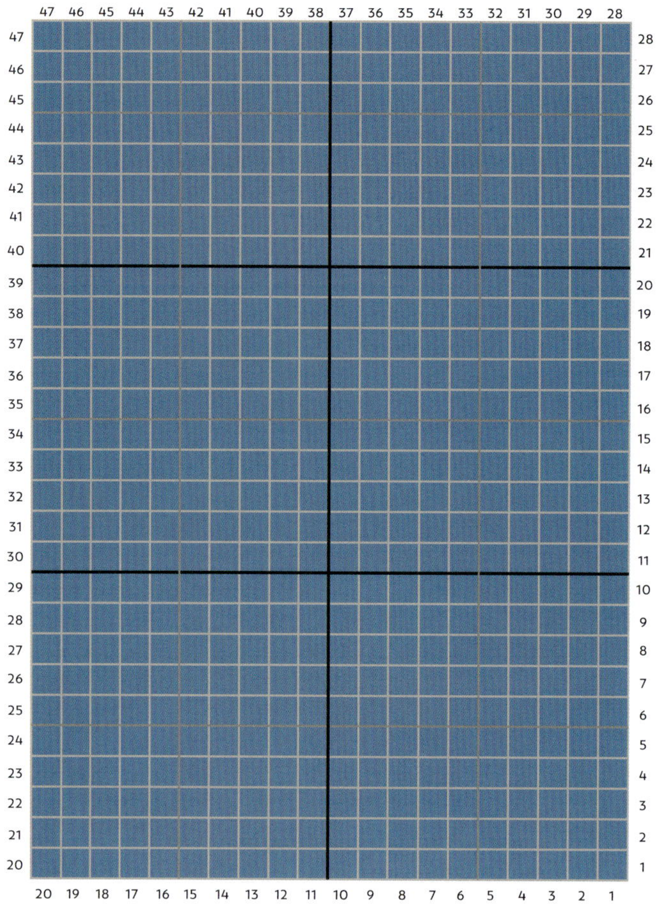

Lion Brand Scarfie – Ochre/Navy

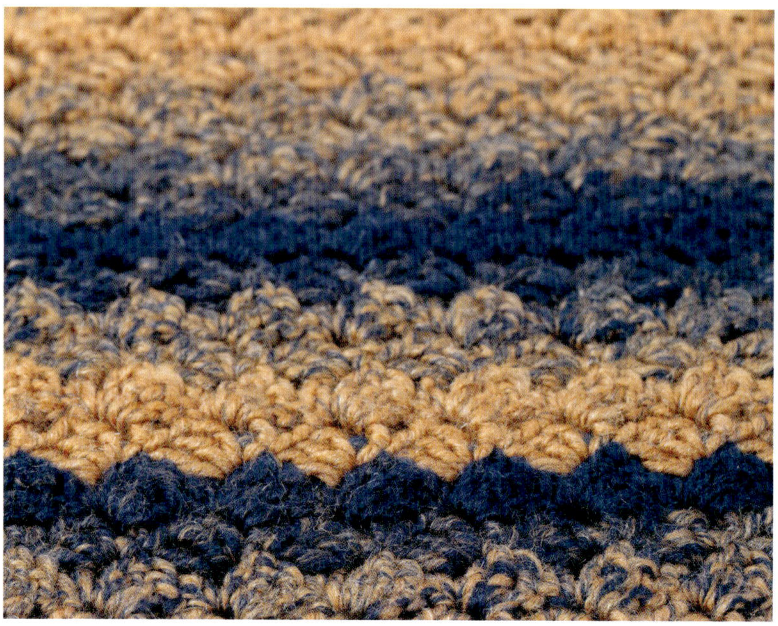

DIAGRAMM VORDERTEIL (L-XL)

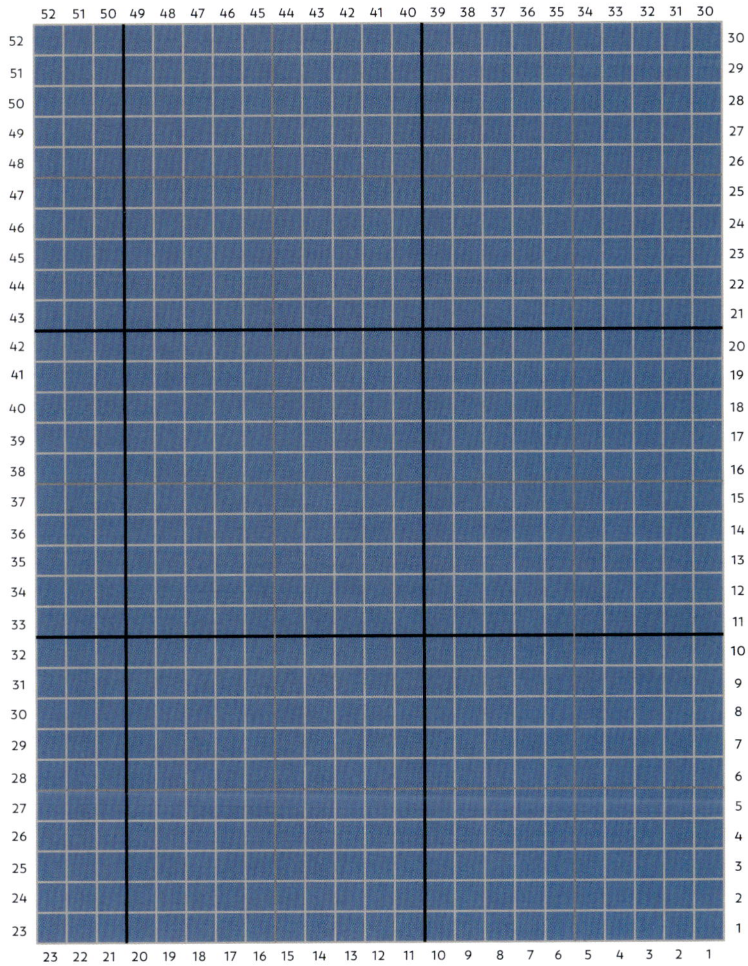

ECKE *(zu Beginn aller Rückreihen auf der LS abnehmen, zu Beginn aller Hinreihen auf der RS zunehmen)*

- ▶ **Reihe 24 (LS):** 23x Navy
- ◀ **Reihe 25 (RS):** 23x Navy
- ▶ **Reihe 26:** 23x Navy
- ◀ **Reihe 27:** 23x Navy
- ▶ **Reihe 28:** 23x Navy
- ◀ **Reihe 29:** 23x Navy
- ▶ **Reihe 30:** 23x Navy

ECKE *(zu Beginn jeder Reihe abnehmen)*

- ◀ **Reihe 31 (RS):** 22x Navy
- ▶ **Reihe 32 (LS):** 21x Navy
- ◀ **Reihe 33:** 20x Navy
- ▶ **Reihe 34:** 19x Navy
- ◀ **Reihe 35:** 18x Navy
- ▶ **Reihe 36:** 17x Navy
- ◀ **Reihe 37:** 16x Navy
- ▶ **Reihe 38:** 15x Navy
- ◀ **Reihe 39:** 14x Navy
- ▶ **Reihe 40:** 13x Navy
- ◀ **Reihe 41:** 12x Navy
- ▶ **Reihe 42:** 11x Navy
- ◀ **Reihe 43:** 10x Navy
- ▶ **Reihe 44:** 9x Navy
- ◀ **Reihe 45:** 8x Navy
- ▶ **Reihe 46:** 7x Navy
- ◀ **Reihe 47:** 6x Navy
- ▶ **Reihe 48:** 5x Navy
- ◀ **Reihe 49:** 4x Navy
- ▶ **Reihe 50:** 3x Navy
- ◀ **Reihe 51:** 2x Navy
- ▶ **Reihe 52:** 1x Navy

DIAGRAMM RÜCKENTEIL (S–M)

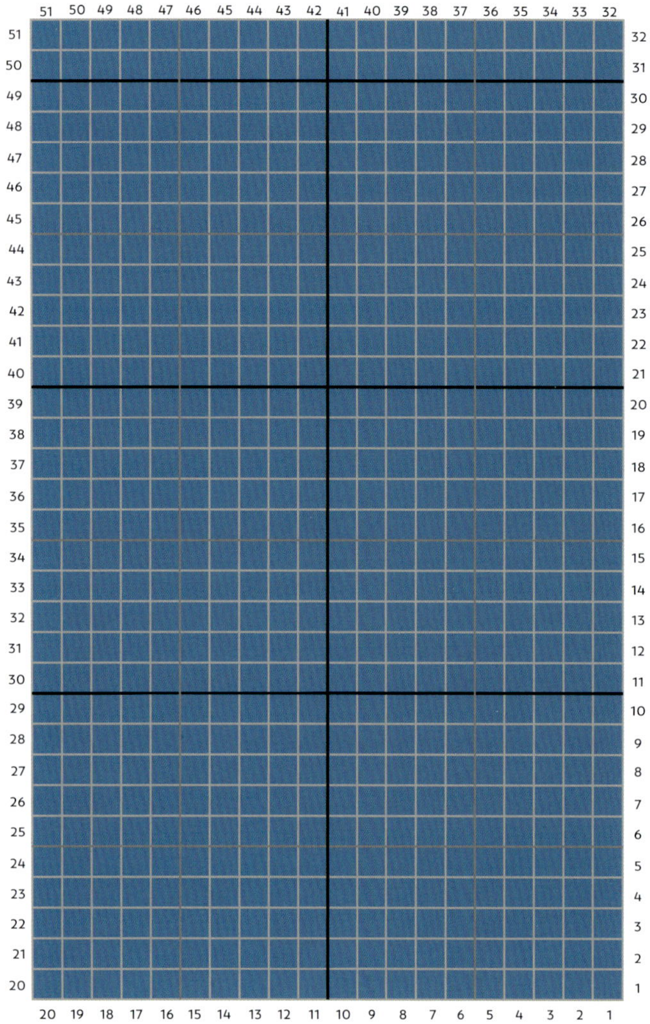

RÜCKENTEIL (ALLE GRÖSSEN)

◀ **Reihe 1 (RS):** 1x Navy

▶ **Reihe 2 (LS):** 2x Navy

◀ **Reihe 3:** 3x Navy

▶ **Reihe 4:** 4x Navy

◀ **Reihe 5:** 5x Navy

▶ **Reihe 6:** 6x Navy

◀ **Reihe 7:** 7x Navy

▶ **Reihe 8:** 8x Navy

◀ **Reihe 9:** 9x Navy

▶ **Reihe 10:** 10x Navy

◀ **Reihe 11:** 11x Navy

▶ **Reihe 12:** 12x Navy

◀ **Reihe 13:** 13x Navy

▶ **Reihe 14:** 14x Navy

◀ **Reihe 15:** 15x Navy

▶ **Reihe 16:** 16x Navy

◀ **Reihe 17:** 17x Navy

▶ **Reihe 18:** 18x Navy

◀ **Reihe 19:** 19x Navy

▶ **Reihe 20:** 20x Navy

Je nach Größe wie folgt weiterarbeiten:

RÜCKENTEIL (S–M), FORTSETZUNG:

ECKE *(zu Beginn aller Rückreihen auf der LS abnehmen, zu Beginn aller Hinreihen auf der RS zunehmen)*

◀ **Reihe 21 (RS):** 20x Navy

▶ **Reihe 22 (LS):** 20x Navy

◀ **Reihe 23:** 20x Navy

▶ **Reihe 24:** 20x Navy

◀ **Reihe 25:** 20x Navy

▶ **Reihe 26:** 20x Navy

◀ **Reihe 27:** 20x Navy

▶ **Reihe 28:** 20x Navy

◀ **Reihe 29:** 20x Navy

▶ **Reihe 30:** 20x Navy

◀ **Reihe 31:** 20x Navy

▶ **Reihe 32:** 20x Navy

ECKE *(zu Beginn jeder Reihe abnehmen)*

◀ **Reihe 33 (RS):** 19x Navy

▶ **Reihe 34 (LS):** 18x Navy

◀ **Reihe 35:** 17x Navy

▶ **Reihe 36:** 16x Navy

◀ **Reihe 37:** 15x Navy

▶ **Reihe 38:** 14x Navy

◀ **Reihe 39:** 13x Navy

▶ **Reihe 40:** 12x Navy

◀ **Reihe 41:** 11x Navy

▶ **Reihe 42:** 10x Navy

◀ **Reihe 43:** 9x Navy

▶ **Reihe 44:** 8x Navy

◀ **Reihe 45:** 7x Navy

▶ **Reihe 46:** 6x Navy

◀ **Reihe 47:** 5x Navy

▶ **Reihe 48:** 4x Navy

◀ **Reihe 49:** 3x Navy

▶ **Reihe 50:** 2x Navy

◀ **Reihe 51:** 1x Navy

RÜCKENTEIL (L-XL), FORTSETZUNG

◀ **Reihe 21 (RS):** 21x Navy

▶ **Reihe 22 (LS):** 22x Navy

◀ **Reihe 23:** 23x Navy

ECKE *(zu Beginn aller Rückreihen auf der LS abnehmen, zu Beginn aller Hinreihen auf der RS zunehmen)*

▶ **Reihe 24 (LS):** 23x Navy

◀ **Reihe 25 (RS):** 23x Navy

▶ **Reihe 26:** 23x Navy

◀ **Reihe 27:** 23x Navy

▶ **Reihe 28:** 23x Navy

◀ **Reihe 29:** 23x Navy

▶ **Reihe 30:** 23x Navy

◀ **Reihe 31:** 23x Navy

▶ **Reihe 32:** 23x Navy

◀ **Reihe 33:** 23x Navy

▶ **Reihe 34:** 23x Navy

ECKE *(zu Beginn jeder Reihe abnehmen)*

◀ **Reihe 35 (RS):** 22x Navy

▶ **Reihe 36 (LS):** 21x Navy

◀ **Reihe 37:** 20x Navy

▶ **Reihe 38:** 19x Navy

◀ **Reihe 39:** 18x Navy

▶ **Reihe 40:** 17x Navy

◀ **Reihe 41:** 16x Navy

▶ **Reihe 42:** 15x Navy

◀ **Reihe 43:** 14x Navy

▶ **Reihe 44:** 13x Navy

◀ **Reihe 45:** 12x Navy

▶ **Reihe 46:** 11x Navy

◀ **Reihe 47:** 10x Navy

▶ **Reihe 48:** 9x Navy

◀ **Reihe 49:** 8x Navy

▶ **Reihe 50:** 7x Navy

◀ **Reihe 51:** 6x Navy

▶ **Reihe 52:** 5x Navy

◀ **Reihe 53:** 4x Navy

▶ **Reihe 54:** 3x Navy

◀ **Reihe 55:** 2x Navy

▶ **Reihe 56:** 1x Navy

DIAGRAMM RÜCKENTEIL (L-XL)

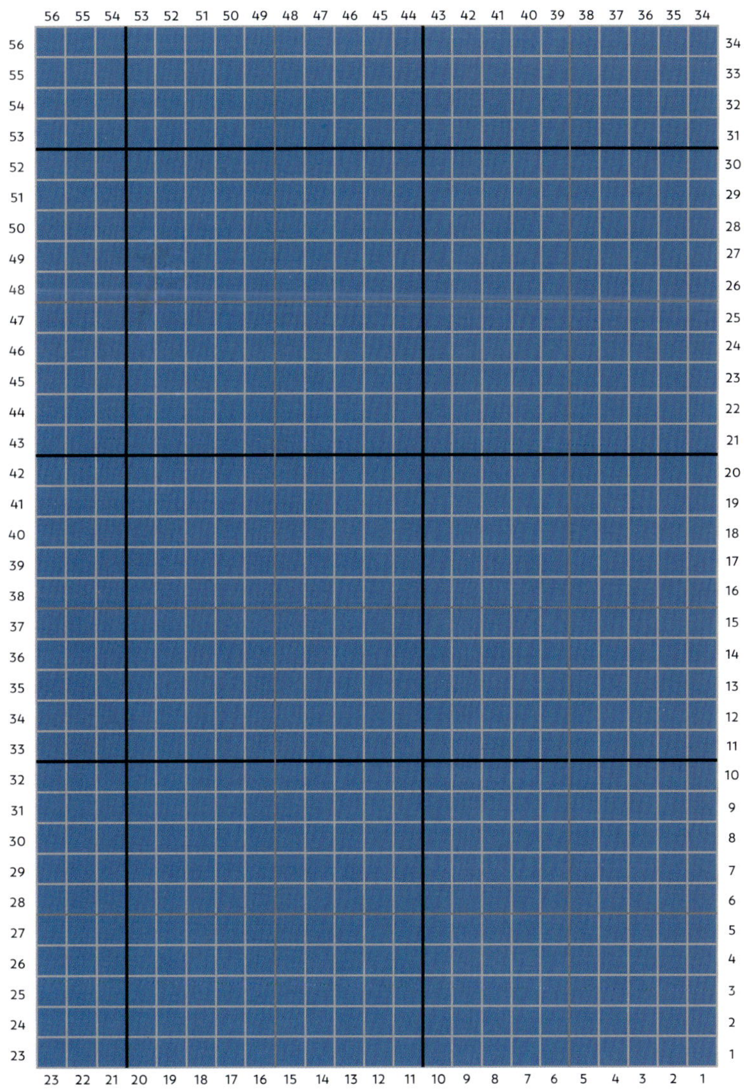

Techniken

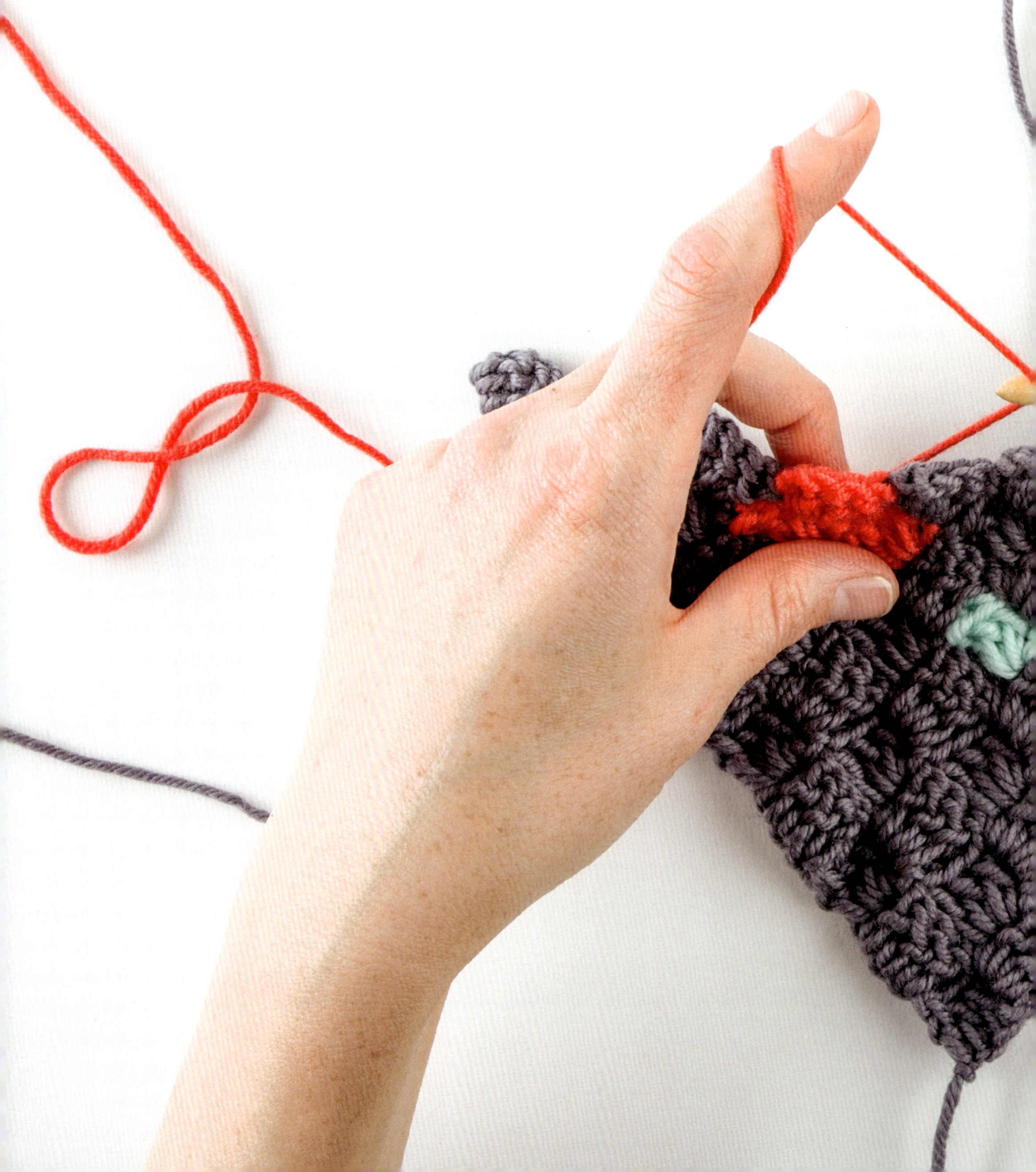

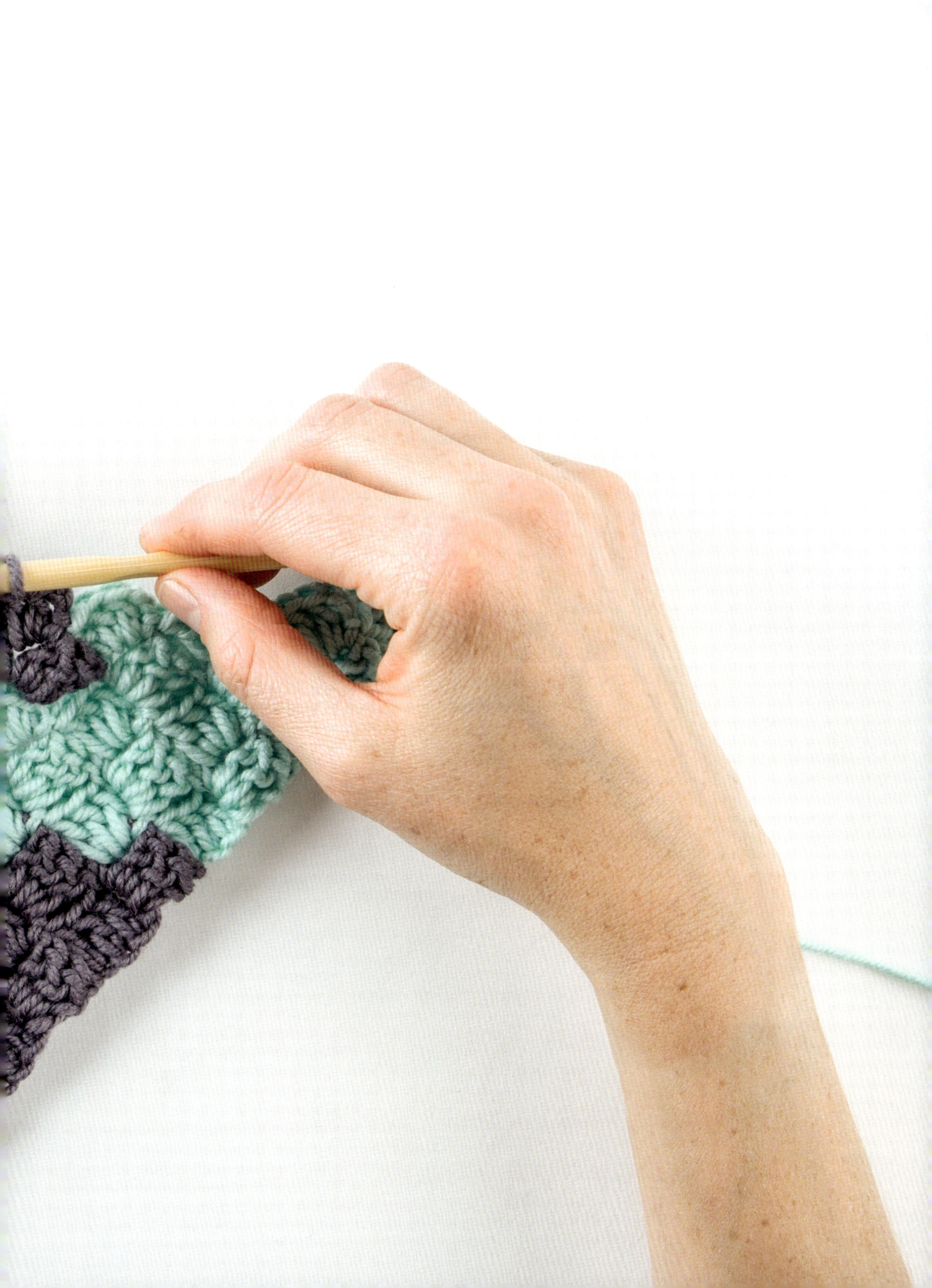

Grundlagen beim Häkeln

VORAB EIN TIPP:

Wenn du gerne nach englischsprachigen Anleitungen arbeitest, achte darauf, dass es Unterschiede zwischen den US- und den UK-Bezeichnungen der Maschen gibt!

D	US/UK
Feste Masche(n) (fM)	Single Crochet (cs)/ Double Crochet (dc)
Halbe(s) Stäbchen (hStb)	Half Double Crochet (hdc)/ Half Treble Crochet (htr)
Stäbchen (Stb)	Double Crochet (dc)/ Treble Crochet (tr)

ABKÜRZUNGEN

- **C2C** – Corner to corner
- **fM** – feste Masche(n)
- **hStb** – halbe(s) Stäbchen
- **Km** – Kettmasche(n)
- **Lm** – Luftmasche(n)
- **2 Lm-Kette** – Kette aus 2 Luftmaschen
- **3 Lm-Kette** – Kette aus 3 Luftmaschen
- **LS** – linke Seite(n)
- **M** – Masche(n)
- **RS** – rechte Seite(n)
- **Stb** – Stäbchen
- **überspr** – überspringe(n)
- **wdh** – wiederhole(n)

KETTMASCHE

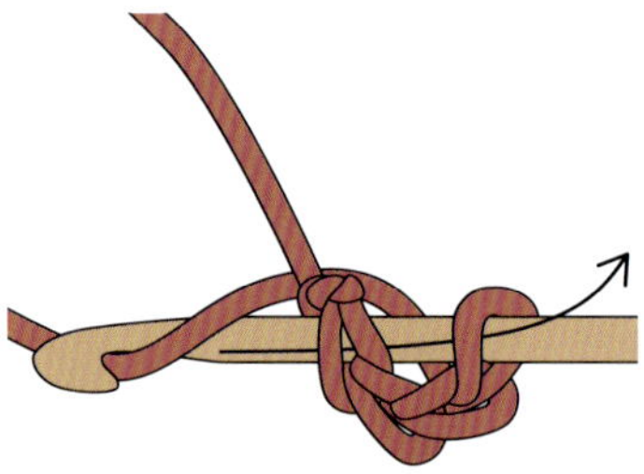

Stich die Nadel von vorne nach hinten in die M ein, Umschlag und den Faden durch alle Schlingen auf der Nadel ziehen.

LUFTMASCHE

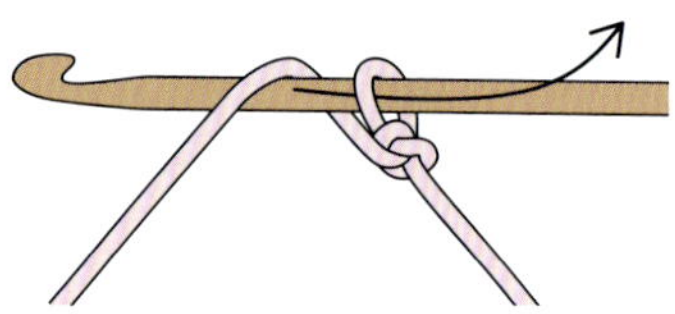

Umschlag und den Faden durch die Schlinge auf der Nadel ziehen.

FESTE MASCHE

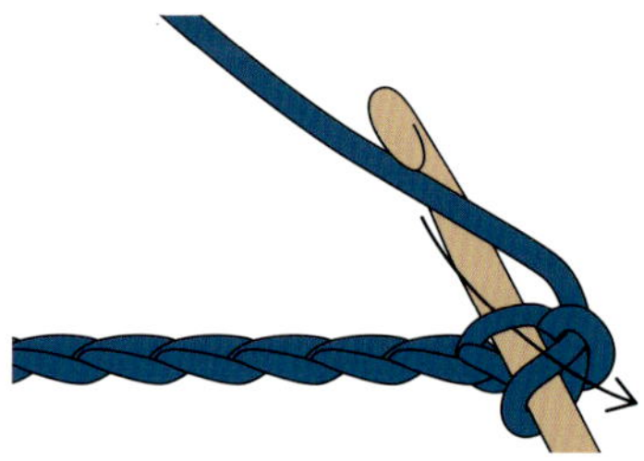

Stich die Nadel von vorne nach hinten in die M ein, Umschlag und den Faden durch die M ziehen (2 Schlingen auf der Nadel).

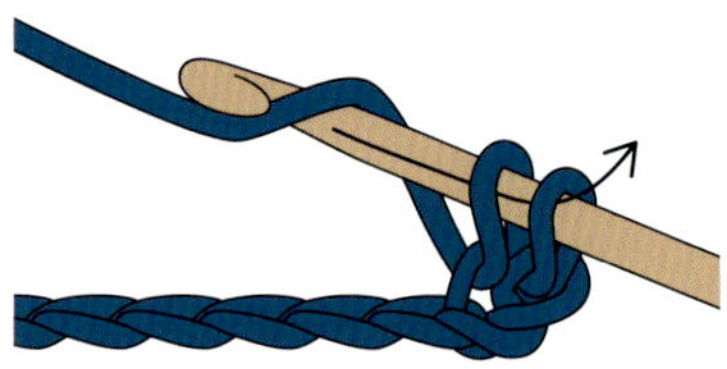

Umschlag und den Faden durch beide Schlingen auf der Nadel ziehen (1 Schlinge auf der Nadel).

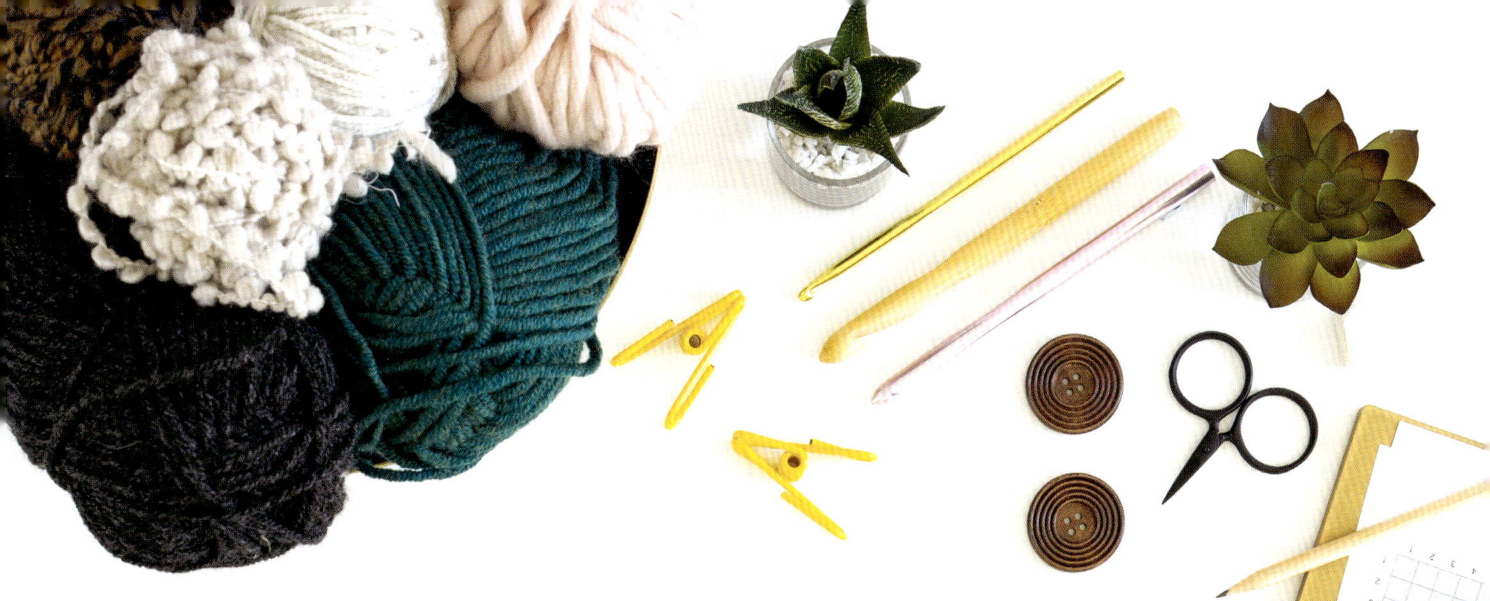

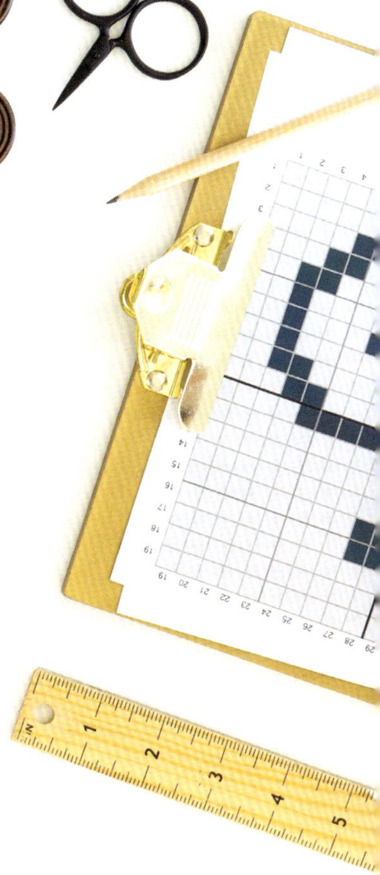

HALBES STÄBCHEN

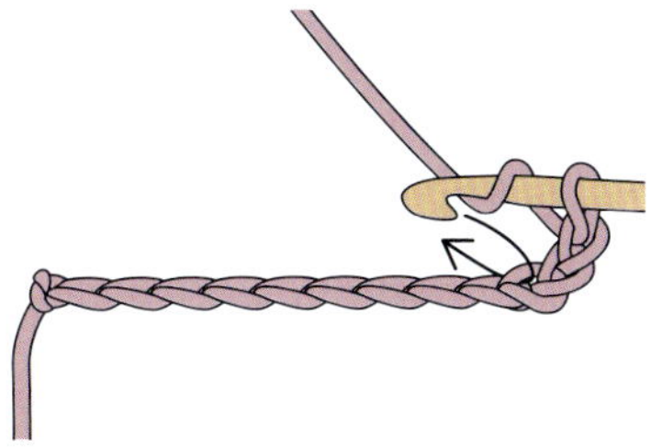

Umschlag, die Nadel von vorne nach hinten in die M einstechen, Umschlag und den Faden durch die M ziehen (3 Schlingen auf der Nadel).

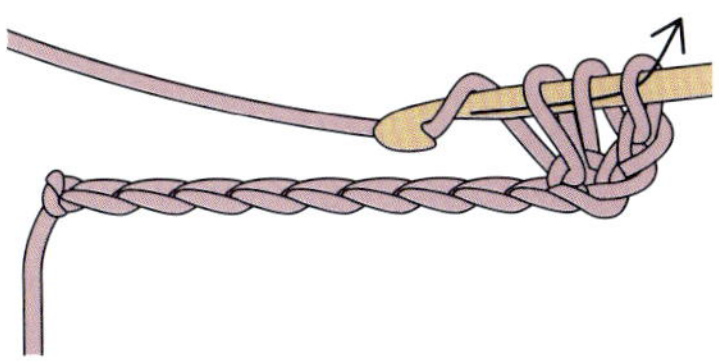

Umschlag und den Faden durch alle 3 Schlingen auf der Nadel ziehen (1 Schlinge auf der Nadel).

STÄBCHEN

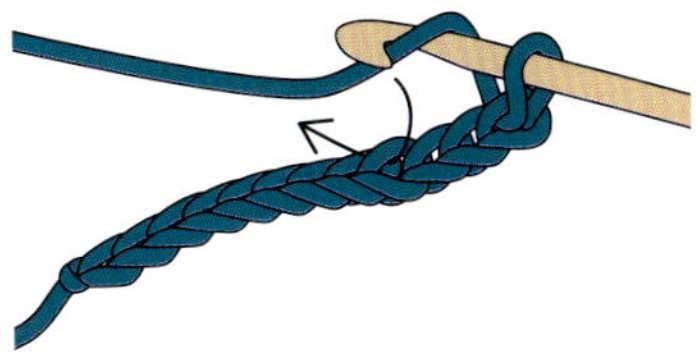

Umschlag, die Nadel von vorne nach hinten in die M einstechen, Umschlag und den Faden durch die M ziehen (3 Schlingen auf der Nadel).

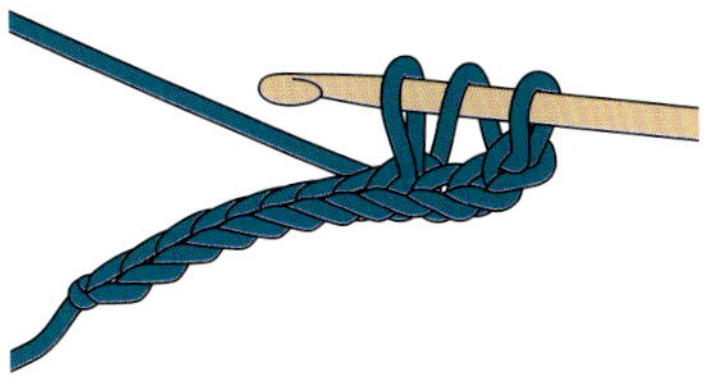

Umschlag und den Faden durch die ersten 2 Schlingen auf der Nadel ziehen (2 Schlingen auf der Nadel).

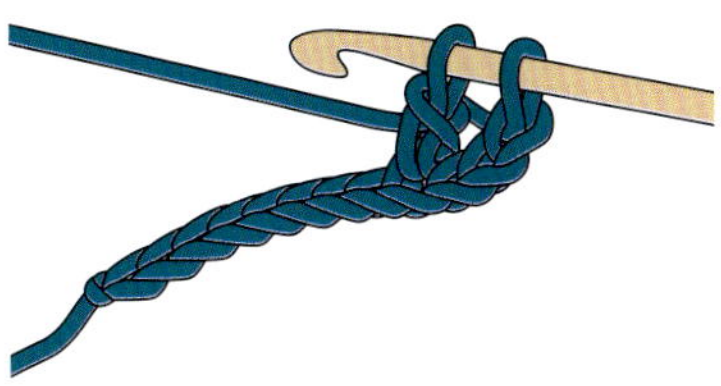

Umschlag und den Faden durch die beiden Schlingen auf der Nadel ziehen (1 Schlinge auf der Nadel).

Allgemeine Techniken

FERTIGSTELLEN EINES GESTUFTEN RANDS BEI STÄBCHEN-C2C

Diese Technik wird verwendet, um den Pinselstrich-Schal fertigzustellen.

Schritt 1: 4 Km entlang dem oberen Rand des letzten C2C-Quadrats.

Schritt 2: (1 fM, 1 hStb, 1 Stb) in die 3 Lm-Kette desselben Quadrats.

Schritt 3: 1 Km in die 3 Lm-Kette des nächsten Quadrats.

Schritte 2 und 3 wdh, mit 1 Km in das letzte Quadrat der Reihe enden.

1

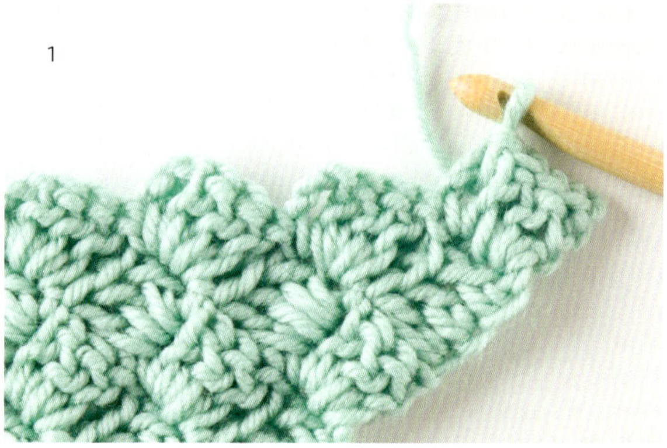

2

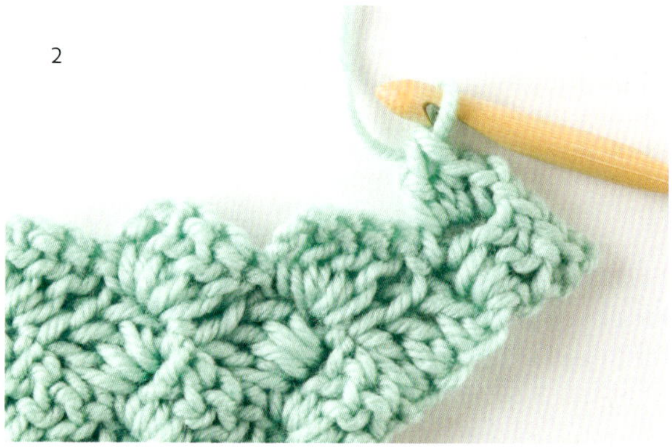

3

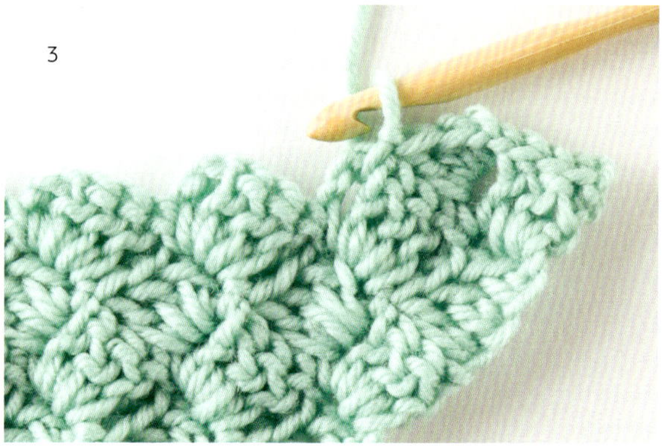

4

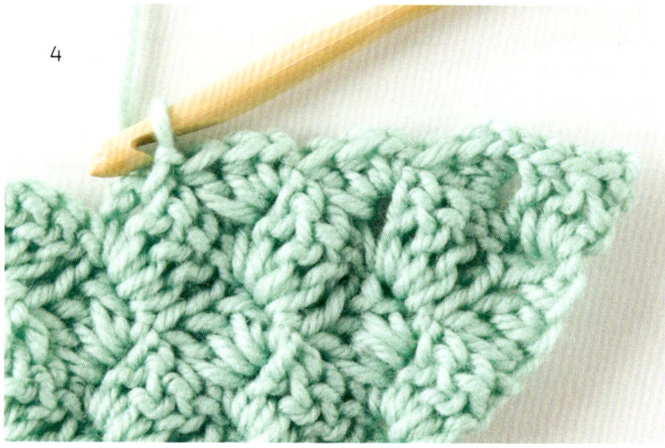

BORTE AUS FESTEN MASCHEN

Diese einfache Borte kann bei jedem C2C-Projekt als Grundborte dienen. Anschließend kannst du in weiteren Runden noch eine dekorative Borte hinzufügen, wenn du willst.

Das Garn mit 1 Km zwischen 2 Quadraten anschlingen.

Schritt 1: 1 Lm, 1 fM in die gleiche Lücke zwischen 2 Quadraten.

Schritt 2: 2 Lm, 1 Quadrat überspr.

Schritt 3: 1 fM in die nächste Lücke zwischen 2 Quadraten.

Schritt 4: Je 2 fM in die Ecken arbeiten.

Die Schritte 2 bis 3 wdh. Dabei die Ecken wie oben beschrieben arbeiten. Mit (2 Lm, 1 Km) in die 1. fM zur Runde schließen.

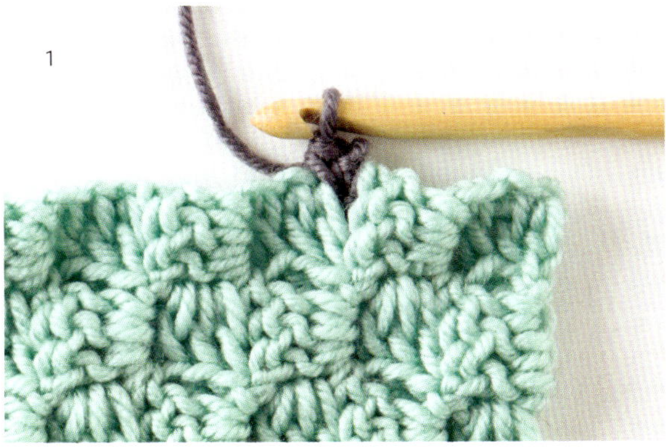

1

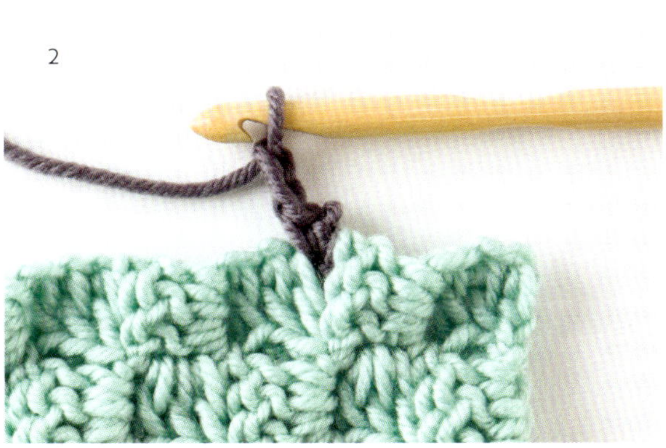

2

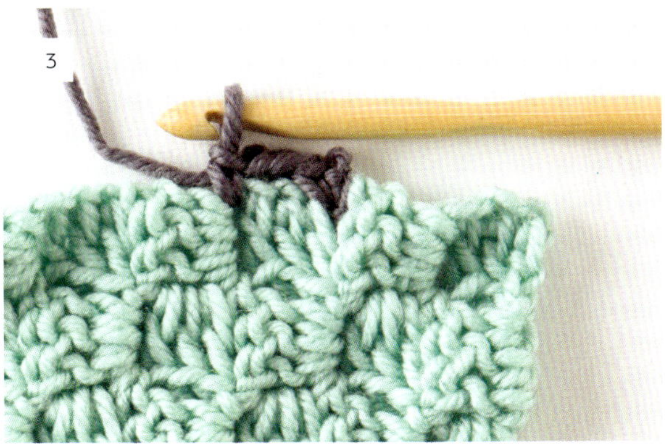

3

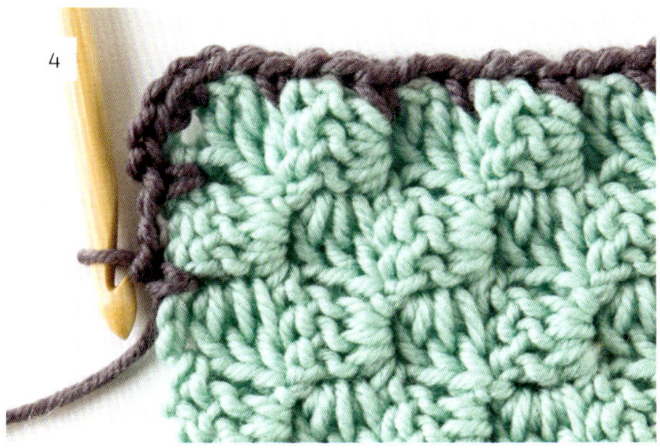

4

KREBSMASCHENBORTE (UMGEKEHRTE FESTE MASCHEN)

Die Krebsmasche wird wie eine typische fM gearbeitet. Der einzige Unterschied besteht in der Richtung, in die gehäkelt wird.

Wird eine Krebsmaschenborte über eine Borte aus fM gehäkelt, je 1 Krebsmasche in jede fM und je 2 Krebsmaschen in jede 2 Lm-Kette arbeiten.

Schritt 1: Das Garn mit 1 Km zwischen 2 Quadraten anschlingen.

Schritt 2: Rechtshänder*innen – Die Häkelnadel in die M rechts neben der letzten Einstichstelle einstechen (statt links wie sonst). Linkshänder*innen – Die Häkelnadel in die M links neben der letzten Einstichstelle einstechen (statt rechts wie sonst).

Schritt 3: Umschlag.

Krebsmasche für Rechtshänder*innen

1

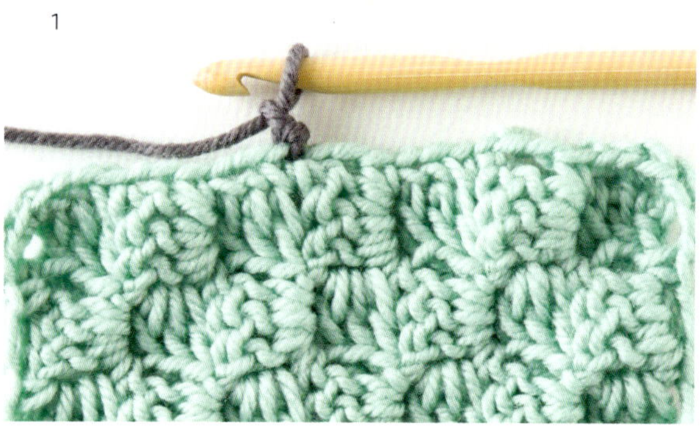

2

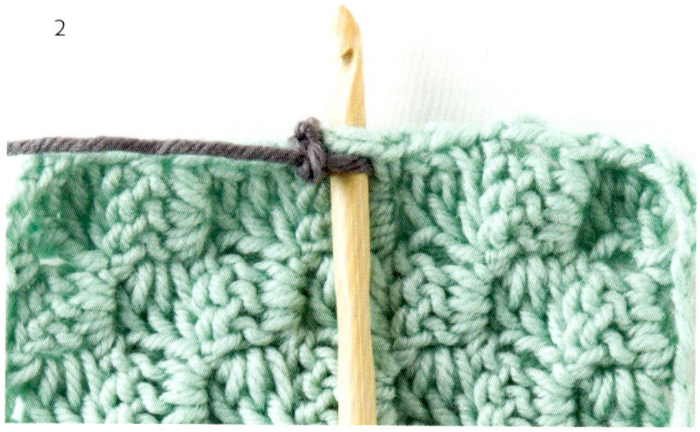

3

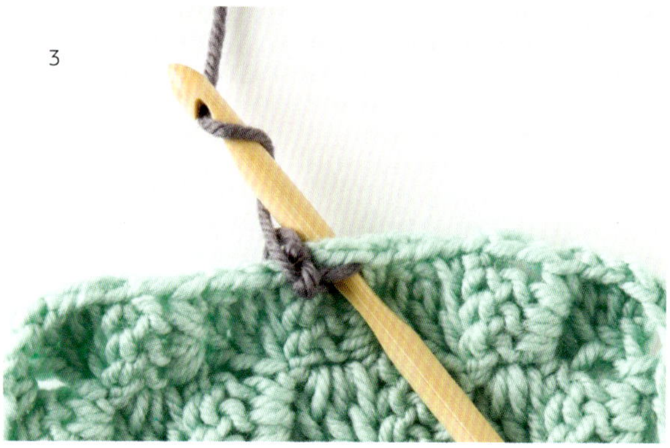

4

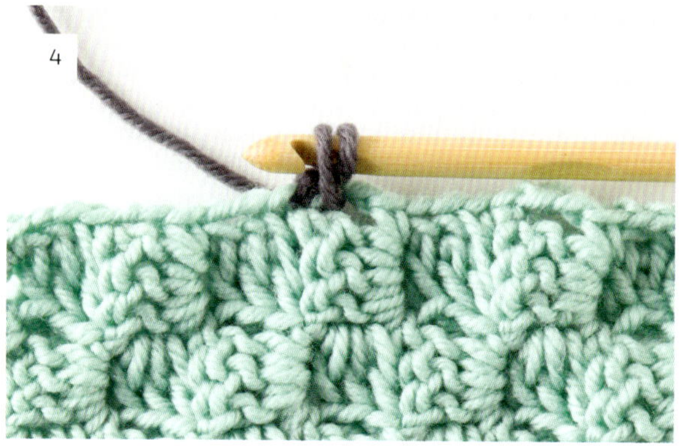

5

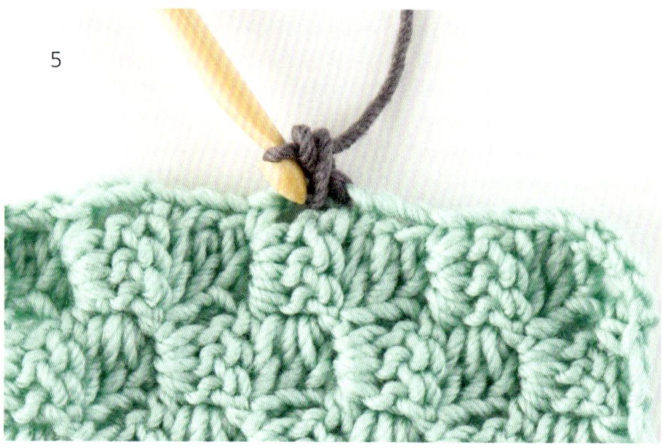

6

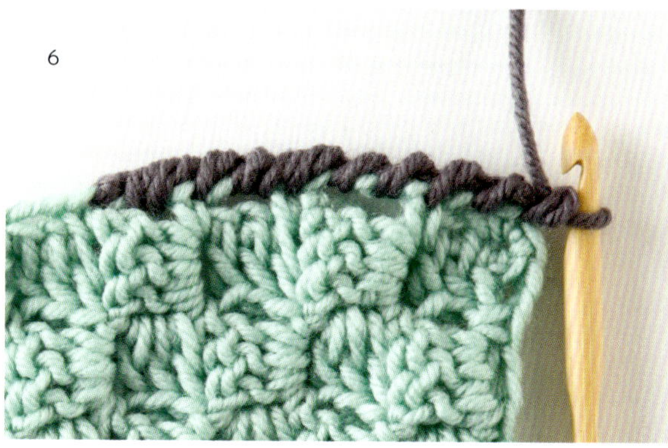

Schritt 4: Den Faden durch die M ziehen. 2 Schlingen auf der Nadel.

Schritt 5: Umschlag und den Faden durch 2 Schlingen auf der Nadel ziehen. 1 Krebsmasche ist fertig.

Die Schritte 2–5 wdh.

Krebsmasche für Linkshänder*innen

1

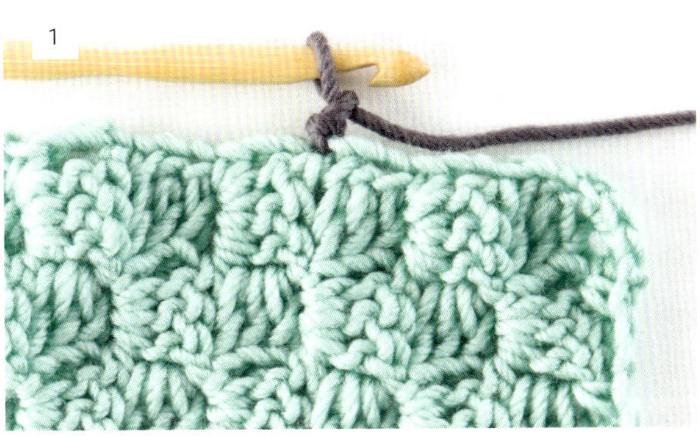

2

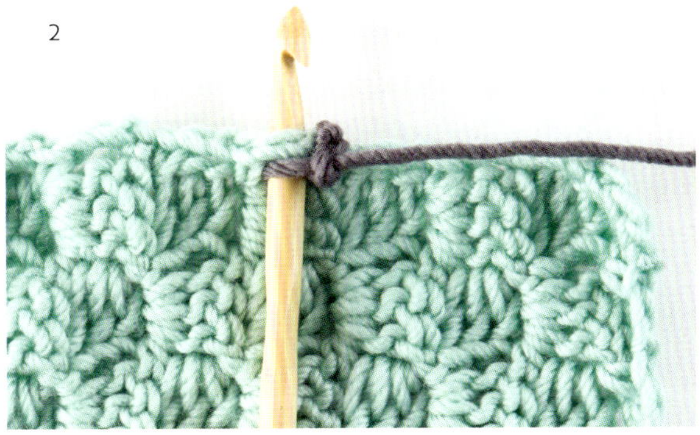

3

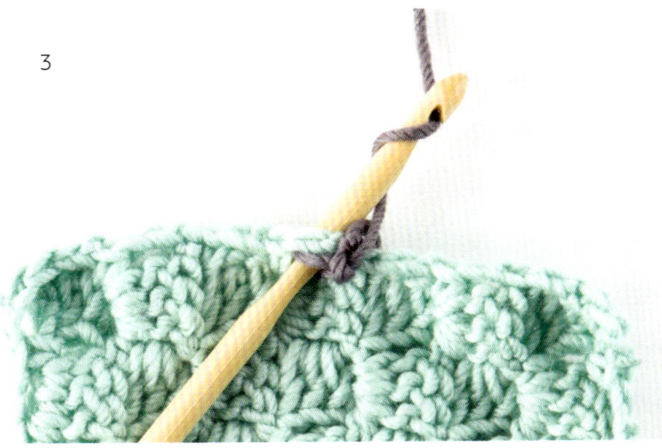

4

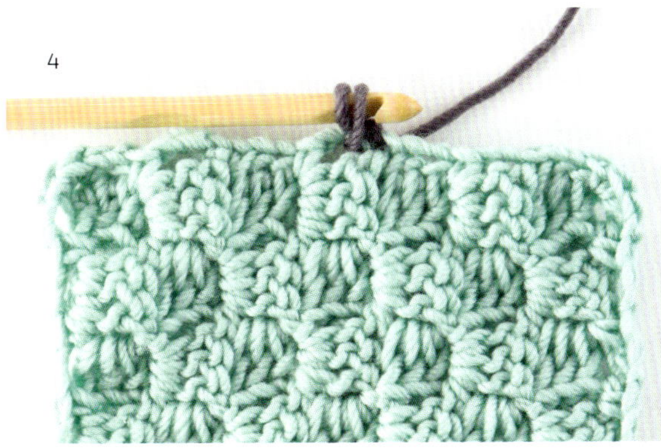

5

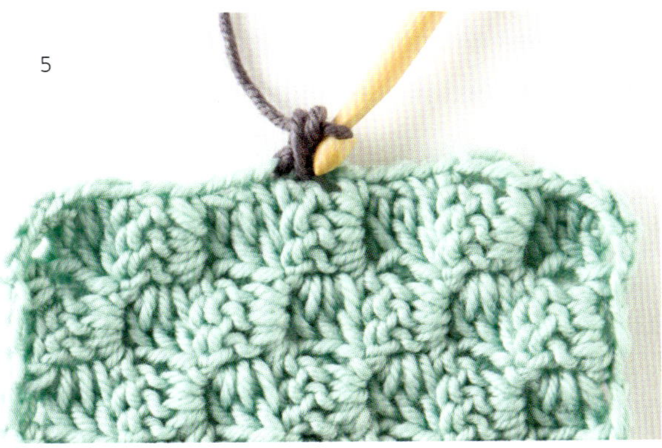

6

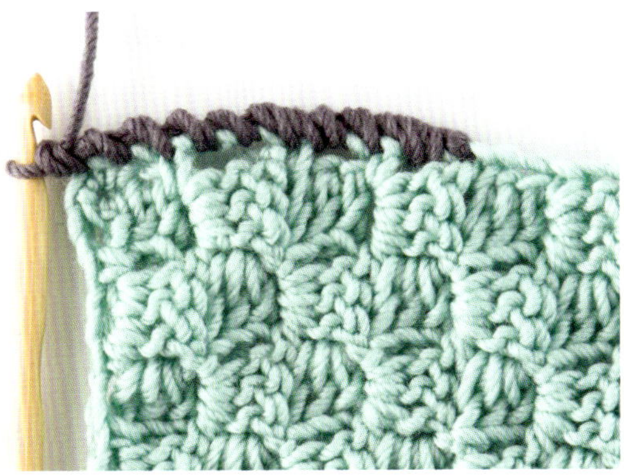

C2C-TEILE ZUSAMMENNÄHEN

Mit dieser einfachen Saumtechnik entstehen oft die unauffälligsten Nähte zwischen C2C-Quadraten.

Lege die Teile mit den linken Seiten nach oben flach hin. Richte die C2C-Quadrate sorgfältig auf beiden Seiten aus. Beginne die Naht vom unteren/äußeren Rand der Teile, so vorhanden.

Schritt 1: Stich die Wollnadel am rechten Teil von unten nach oben ein. Ziehe den Faden hindurch.

Schritt 2: Stich die Wollnadel am linken Teil von unten nach oben ein. Ziehe den Faden hindurch.

Wdh die Schritte 1 und 2, bis die Naht geschlossen ist.

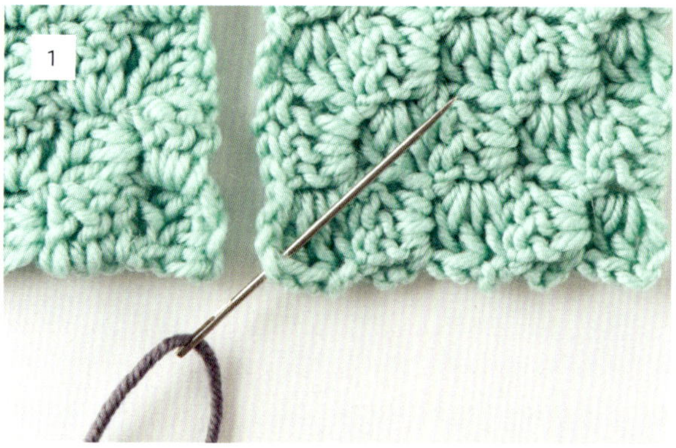

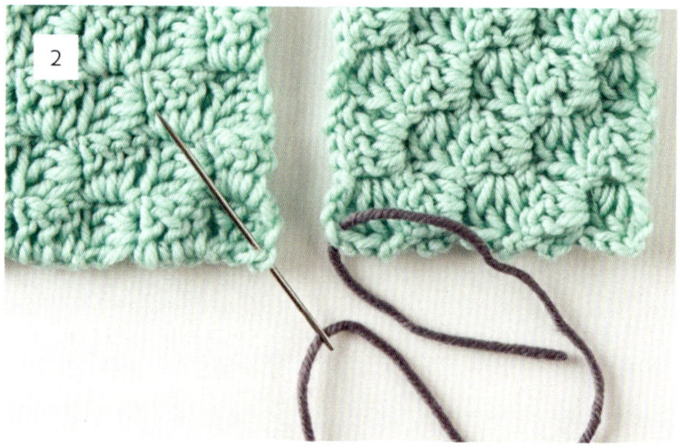

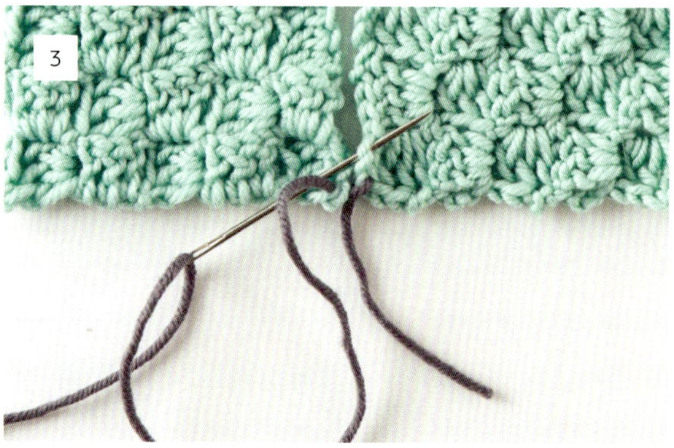

4

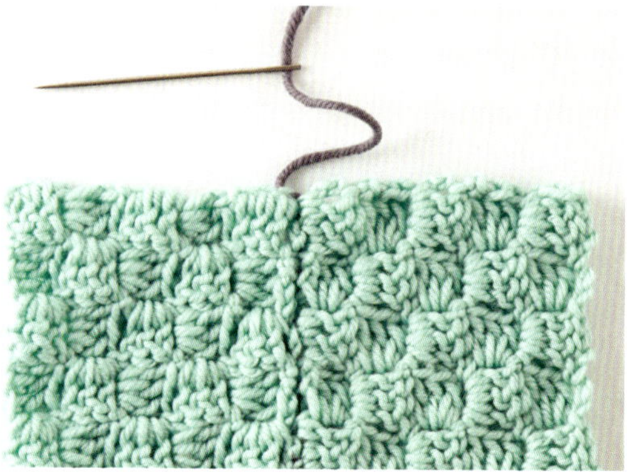

EINE QUASTE ANFERTIGEN

Verwende einen Tassel-Maker oder ein Stück Pappe, um eine Quaste in beliebiger Länge anzufertigen.

Schritt 1: Während ein 25 cm langes Stück Faden quer darunter liegt, das Garn längs aufwickeln und den 25 cm langen Faden oben verknoten.

Schritt 2: Alle gewickelten Fäden unten durchschneiden.

Schritt 3: 1 Faden von etwa 25 cm Länge oben um die Quaste knoten, um eine »Kugel« zu bilden. Die Fadenenden mit einer Häkelnadel in die Mitte der Quaste ziehen.

Schritt 4: (Optional) Um eine dicke Quaste anzufertigen, einen weiteren Faden um die Quaste knoten, um eine 2. »Kugel« zu bilden. Die Fadenenden mit einer Häkelnadel in die Mitte der Quaste ziehen. Die Quaste unten abschneiden, sodass alle Fäden ungefähr die gleiche Länge haben.

Die Quaste mit dem verknoteten Faden oben an deinem Projekt befestigen. Anschließend die Fadenenden vom Befestigen der Quaste durch die Kugel(n) in die Mitte der Quaste ziehen, um sie zu verstecken. Gegebenenfalls nochmals abschneiden.

1

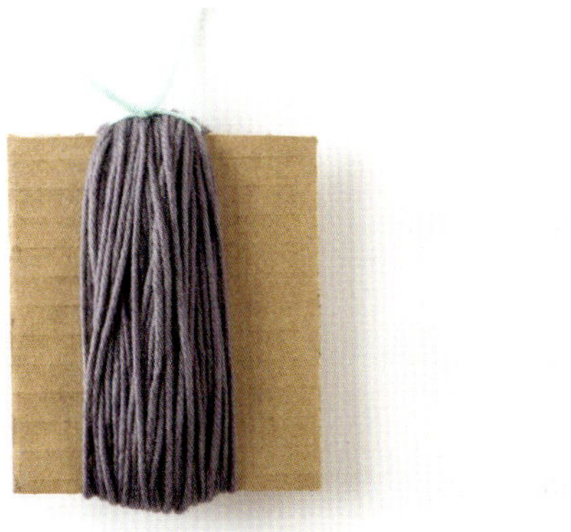

2

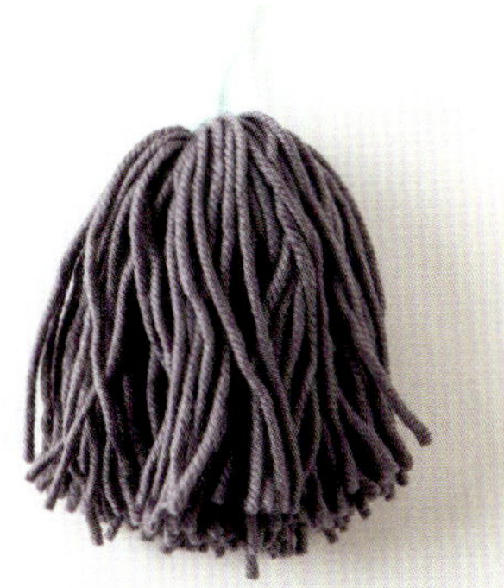

3

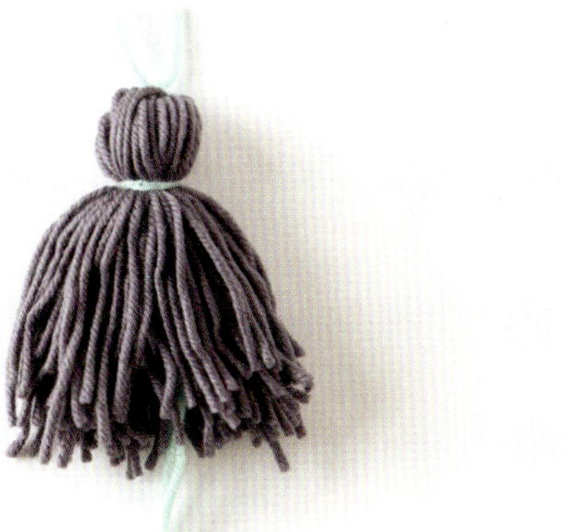

4

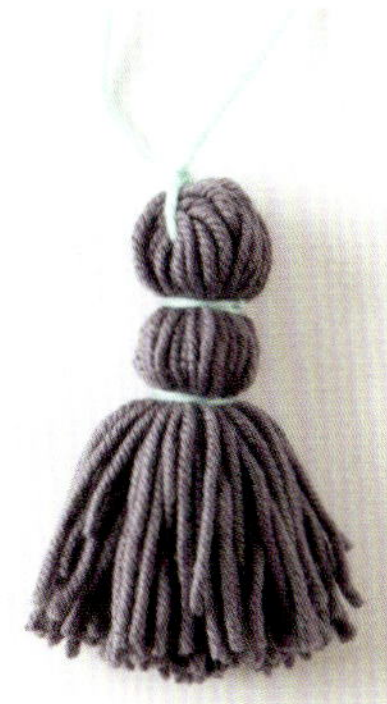

FRANSEN ANBRINGEN

Schritt 1: Die Häkelnadel von der RS des Projekts aus einstechen.

Schritt 2: Die Fäden hindurchziehen, um eine Schlinge zu bilden.

Schritt 3: Die Fäden durch die Schlinge ziehen.

Schritt 4: Festziehen.

Die Schritte 1–4 wdh.

1

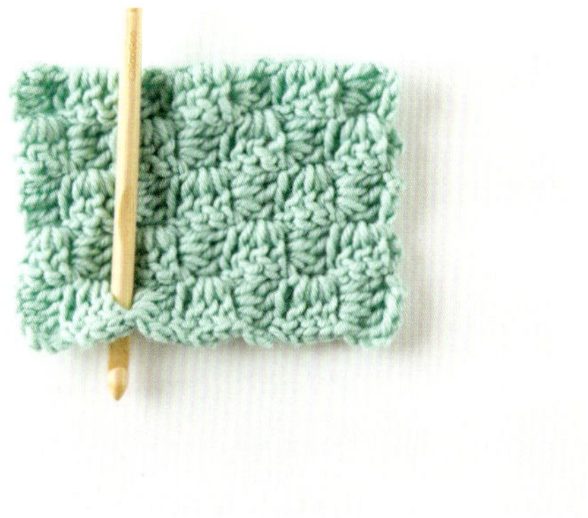

2

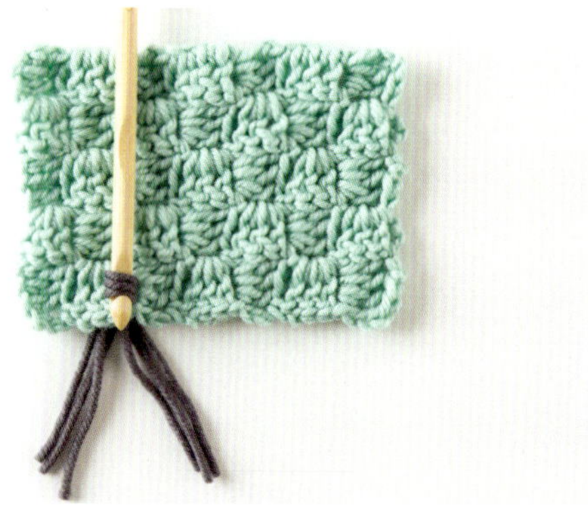

3

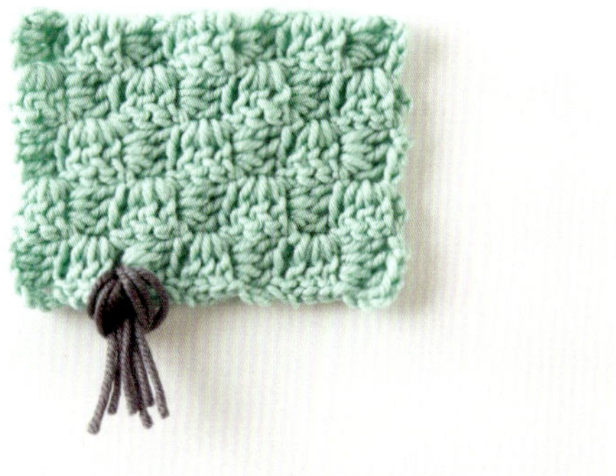

4

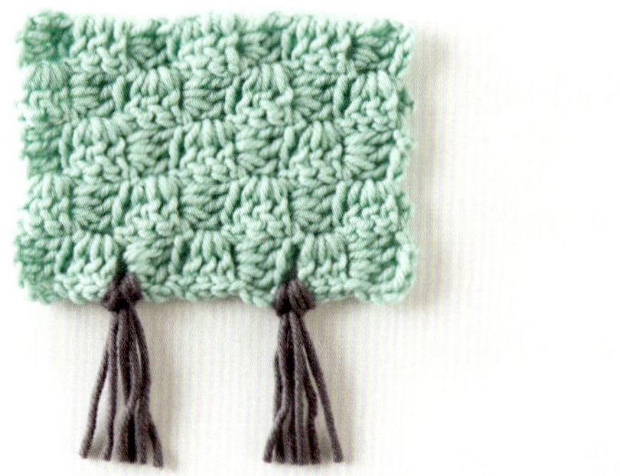

MATRATZENSTICH

Schritt 1: Die Nadel von links nach rechts in die Eckmaschen beider Teile einstechen und durchziehen.

Schritt 2: Die Nadel von rechts nach links in die nächste M des rechten Teils und noch einmal durch die vorherige M des linken Teils einstechen und durchziehen.

Schritt 3: Die Nadel von links nach rechts in die nächste M des linken Teils und wieder durch die vorherige M des rechten Teils einstechen und durchziehen.

Die Schritte 2 und 3 wdh, bis die Naht geschlossen ist.

1

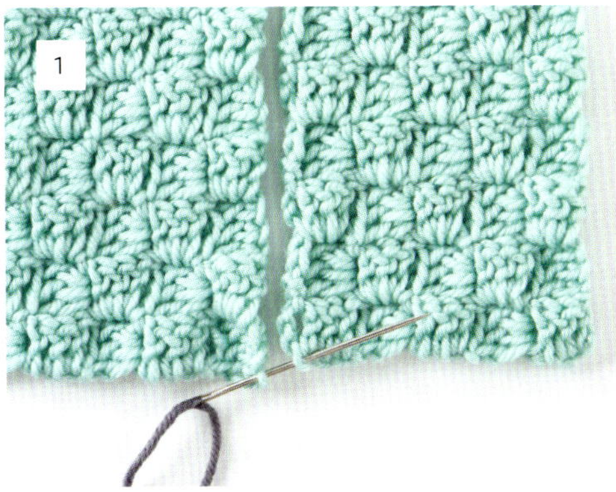

2

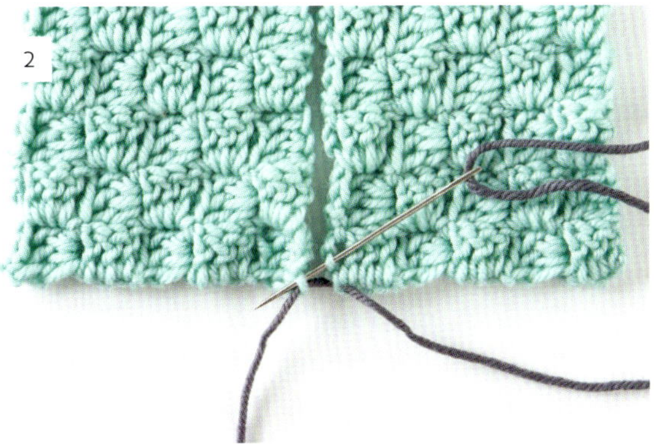

3

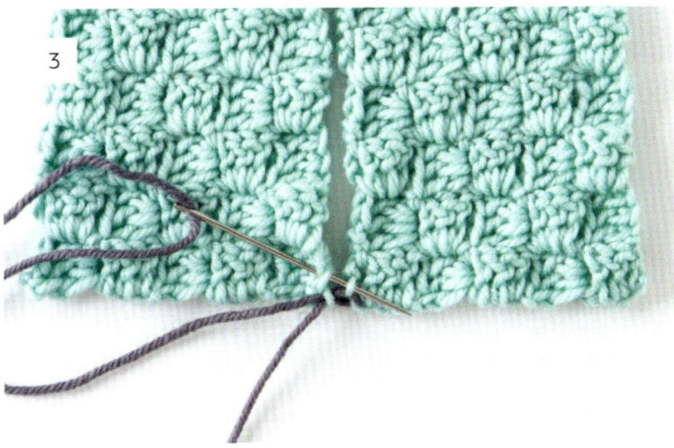

4

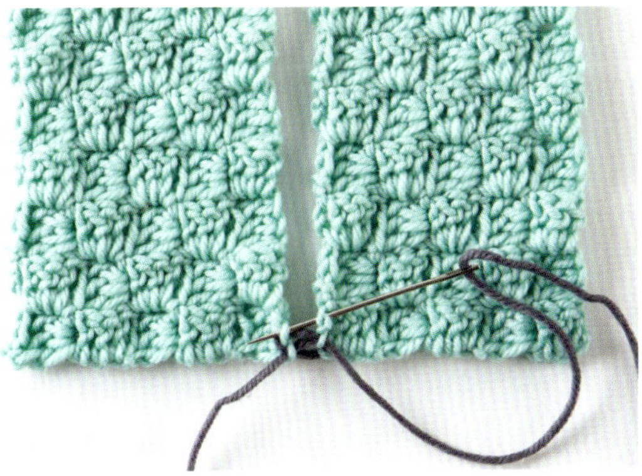

5

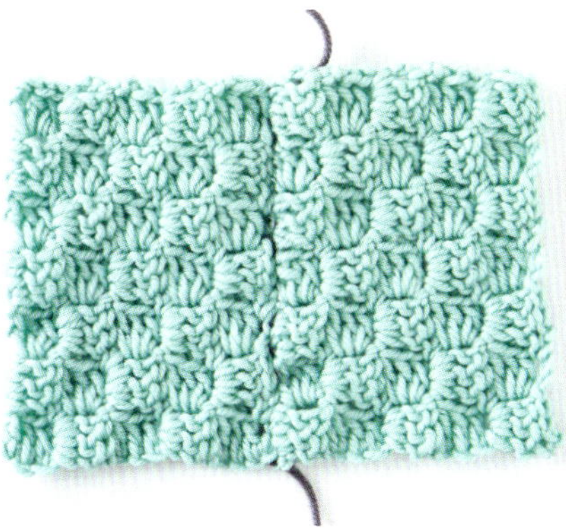

Adressen

GARN

Bernat
yarnspirations.com

Caron
yarnspirations.com

Lion Brand Yarn
lionbrand.com

Quince & Co
quinceandco.com

StyleCraft
stylecraft-yarns.co.uk

SewandSo
sewandso.co.uk

C2C-HÄKELN

Im Internet gibt es unzählige kreative Häkler*innen, die ihr Know-how und ihre Ideen teilen. Hier sind ein paar Adressen, unter denen du online kostenlose C2C-Diagramme findest.

Daisy Farm Crafts
daisyfarmcrafts.com

The Crochet Crowd
thecrochetcrowd.com

Heart Hook Home
hearthookhome.com

Make & Do Crew
makeanddocrew.com

Repeat Crafter Me
repeatcrafterme.com

1 Dog Woof
1dogwoof.com

Stitch Fiddle
stitchfiddle.com

Danksagung

Ich bin meinen Eltern und Großeltern unglaublich dankbar, deren Kreativität und Fleiß den Weg für alles geebnet haben, was ich jemals gemacht habe. Mama, dieses Buch gäbe es nicht, wärest du nicht so fest von meiner Fähigkeit überzeugt gewesen, es zu schaffen, und hättest du die Projekte nicht mit mir zusammen gemacht. Wir haben wirklich Glück, dass ich deinen Geduldsmuskel schon so früh in meinem Leben trainiert habe. Mike, du bist der Ehemann und Häkelberater, von dem ich nicht wusste, dass es ihn überhaupt gibt. Meinen Schwestern, Jame und Mich und meiner Schwiegermutter Charmaine: danke, dass ihr dieses Projekt unterstützt, ausgehalten und mit mir gefeiert habt. Alicia, danke, dass du dich um meine Familie gekümmert hast, damit ich mich um dieses Buch kümmern konnte. Und an meine süßen Mädels, S + Z – auf dass ihr immer Freude am Machen haben werdet. Ich habe euch so lieb!

An meinen Verlag sowie an Lynne Rowe, Lektorin und Garnliebhaberin: danke für alles, was ihr getan habt, damit dieses Buch so gut wie nur möglich werden konnte.

Und schließlich an alle, die mich auf meinem Weg mit Make & Do Crew begleitet haben: danke, dass ihr die nettesten und inspirierendsten Häkler*innen im Internet seid. Ihr seid einfach nicht zu übertreffen.

Über die Autorin

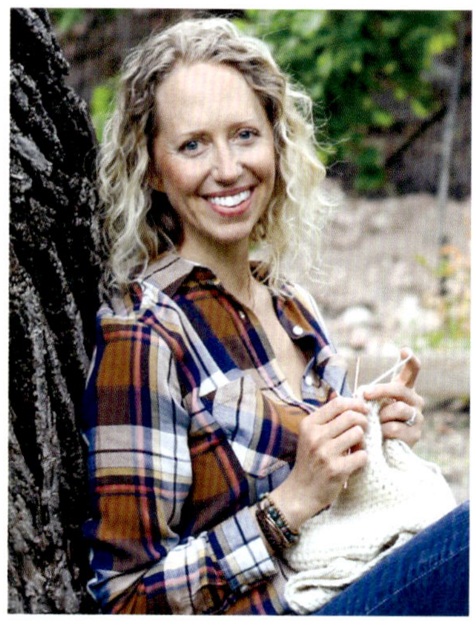

Jess Coppom brauchte schon immer etwas, um ihre Hände zu beschäftigen, und vermutet, dass sie vielleicht sogar schon ihre eigene Plazenta in Utero gestrickt hat. Nach einem Jahrzehnt in der Werbebranche startete Jess den Häkel-Blog MakeAndDoCrew.com. Jetzt teilt sie dort, oft unterstützt von ihrer unglaublich kreativen Mutter und ihren beiden Schwestern, kostenlose Häkelanleitungen und einfache Tutorials und arbeitet regelmäßig mit ihren Lieblingsgarnfirmen und -verlegern zusammen.

Jess lebt in Colorado mit ihren beiden kleinen Töchtern, die liebend gerne Gehäkeltes wieder auftrennen, und ihrem geduldigen Mann, dem es nichts ausmacht, in einem ständig wachsenden Garnnetz zu leben.

Sieh dir Jess‘ Anleitungen und Tutorials unter MakeAndDoCrew.com an und folge ihr in den sozialen Medien unter @makeanddocrew

Register

Abnehmen 10, 14–15, 116
Anleitungen 10, 11
- Dezente Pfeildecke 32–34
- Eisblumen-Decke 54–55
- Fahrrad-Kissen 64–66
- Farbverlauf-Deckenponcho 109–113
- Gobelin-Kissen 70–73
- Herzenssache-Waschlappen 76–77
- Himmelweit-Poncho 95–105
- Kuscheliger Oversize-Schlauchschal 84–85
- Pinselstrich-Schal 90
- Plus-Teppich 80–81
- Skihütten-Kissen 58–61
- Spiegelbild-Decke 48–49
- Weltenbummler-Babydecke 42–44
- Wolkenkratzer-Babydecke 26–28
- Zickzack-Beanie 39

Arbeit umdrehen 19
Beanie, Zickzack 36–39
Begriffe 116
Borten
- Decken 42,54
- Feste Masche 119
- Kissen 58
- Krebsmasche 120–121
- Poncho 108
- Schals 88
- Waschlappen 76

Decken 10
- Dezente Pfeildecke 30–35
- Eisblumen-Decke 52–55
- Spiegelbild-Decke 46–51
- Weltenbummler-Babydecke 40–45
- Wolkenkratzer-Babydecke 24–29

Dezente Pfeildecke 30–35
Diagonale Blockmasche 10
Diagramme
- Dezente Pfeildecke 35
- Eisblumen-Decke 55
- Fahrrad-Kissen 67
- Farbverlauf-Deckenponcho 110–113
- Gobelin-Kissen 73
- Herzenssache-Waschlappen 77
- Himmelweit-Poncho 96–100, 103/104
- Kuscheliger Oversize-Schlauchschal 85
- Lesen 11
- Pinselstrich-Schal 89
- Plus-Teppich 81
- Skihütten-Kissen 61
- Spiegelbild-Decke 49
- Weltenbummler-Babydecke 45
- Wolkenkratzer-Babydecke 29
- Zickzack-Beanie 39

Dreiecks-Designs 86–91
Eigenes Design 11
Eisblumen-Decke 52–55
Fäden vernähen 18, 21
Fadenenden
- Überhäkeln 18
- Vernähen 21

Fahrrad-Kissen 62–67
Farblegende 10
Farbverlauf-Deckenponcho 106–113
Farbwechsel 16–17, 18
- Anfangsreihe 17

Feste Masche (fM)
- Borten aus festen Maschen 119
- Technik 116

Fransen 124
Garn
- Art 10
- Management 18–21
- Rollen 19
- Zähmen 19–20

Gestufte Ränder, Fertigstellen 118
Gobelin-Kissen 68–73
Graphghan 10
Halbes Stäbchen (hStb) 116
- Maschentechnik 117
- und Abnehmen 15
- und Farbwechsel 16–17
- und Zunehmen 13

Herz-Designs 74–77
Herzenssache-Waschlappen 74–77
Himmelweit-Poncho 92–105
Kettmasche (Km) 116
Kissen
- Fahrrad-Kissen 62–67
- Gobelin-Kissen 68–73
- Skihütten-Kissen 56–61

Klammerspulen 58, 66
Knopflöcher 84
Krebsmaschen 120–121
Kuscheliger Oversize-Schlauchschal 82–85
Lauflänge 10
Linke Seite (LS) 116
Lücke 116
Luftmasche (Lm) 116
Material 6
Matratzenstich 125
Mützen, Zickzack-Beanie 36–39
Nähte 122
Pinselstrich-Schal 86–91
Plus-Teppich 78–81
Ponchos
- Farbverlauf-Deckenponcho 106–113
- Himmelweit-Poncho 92–105

Quadrate 10, 16
Quasten 123
Rechte Seite (RS) 116
Rippenmuster 38, 84, 94
Rückseite 17
Schal, Pinselstrich 86–91
Schlauchschal, Oversize 82–85
Skihütten-Kissen 56–61
Spiegelbild-Decke 46–51
Spulen-Management 6, 7, 19–20
Stäbchen (Stb) 116
- Maschentechnik 117
- und Abnehmen 14
- und Farbwechsel 16–17
- und Fertigstellen von gestuften Rändern 118
- und Zunehmen 12

Stitch Fiddle 11, 126
Techniken 114–125
Teile zusammennähen 122
Teppich, Plus 78–81
Überspringen (überspr) 116
Utensilien 6, 20
Waschlappen, Herzenssache 74–77
Weltenbummler-Babydecke 40–45
Wolkenkratzer-Babydecke 24–29
Wollnadeln 6
Zickzack-Beanie 36–39
Zunehmen 10, 12–13, 116

Originalausgabe unter dem Titel *Corner to Corner Crochet – 15 contemporary C2C projects* erschienen bei: © 2018 SewandSo, an imprint of F&W Media International, Ltd

Text and Designs © 2018 Jess Coppom
Layout and Photography © 2018 F&W Media International, Ltd

Content Director: Ame Verso
Acquisitions Editor: Sarah Callard
Managing Editor: Jeni Hennah
Project Editor: Lynne Reihee
Proofreader: Cheryl BReihen
Design Manager: Lorraine Inglis
Designers: Ali Stark and Sarah Reihentree
Art Direction: Prudence Rogers
Photographers: Jason Jenkins, George Boe and Shaun Matthew Graves
Production Manager: Beverley Richardson

Für die deutsche Ausgabe:
Verantwortlich: Helgrid van Impelen
Übersetzung: Karen Lühning
Lektorat: Stephanie van der Linden
Produktmanagement und Satz: VerlagsService Dietmar Schmitz GmbH
Cover und Umschlag: Louise Lemke
Herstellung: Bettina Schippel
Repro: LUDWIG:media
Printed in Turkey through Asia Pacific Offset

Die Deutsche Nationalbibliothek verzeichnet diese Publikation in der Deutschen Nationalbibliografie; detaillierte bibliografische Daten sind im Internet über http://dnb.d-nb.de abrufbar.

ISBN 978-3-8410-6712-8

Besuchen Sie uns im Internet:
www.christophorus-verlag.de